青少年事务社会工作丛书

《青少年社会工作服务指南》

QINGSHAONIAN SHEHUI GONGZUO FUWU ZHINAN

解读

JIEDU

U0958850

主编　许莉娅　副主编　彭振　王颖

全国社会工作标准化技术委员会
中国社会工作学会　组织编写
广州市团校

中国社会出版社
国家一级出版社·全国百佳图书出版单位

图书在版编目（CIP）数据

《青少年社会工作服务指南》解读／许莉娅主编．
—北京：中国社会出版社，2019.8
（青少年事务社会工作丛书／史柏年主编）
ISBN 978-7-5087-6212-8

Ⅰ.①青… Ⅱ.①许… Ⅲ.①青少年—社会工作—中国—指南 Ⅳ.①D432.6-62

中国版本图书馆 CIP 数据核字（2019）第 172475 号

书　　名：《青少年社会工作服务指南》解读
主　　编：许莉娅

出 版 人：浦善新
终 审 人：李　浩
责任编辑：张　杰

出版发行：中国社会出版社　**邮政编码**：100032
通联方式：北京市西城区二龙路甲 33 号
电　　话：编辑室：（010）58124815
销售部：（010）58124853
（010）58124852
网　　址：www.shcbs.com.cn
shcbs.mca.gov.cn

社工图书专营店

印刷装订：中国电影出版社印刷厂
开　　本：170mm×240mm　1/16
印　　张：19
字　　数：350 千字
版　　次：2019 年 11 月第 1 版
印　　次：2019 年 11 月第 1 次印刷
定　　价：60.00 元

中国社会出版社微信公众号

“青少年事务社会工作丛书”编委会

《〈青少年社会工作服务指南〉解读》编写组

主　编：许莉娅

副主编：彭　振　王　颖

撰稿人　（按姓氏笔画排序）：

王　玥　王渭巍　王　颖　林　霞

赵记辉　彭　振　韩　辉

前　言

2018年12月28日，国家标准化管理委员会发布了社会工作领域首个国家标准《青少年社会工作服务指南》，并于2019年7月1日起实施。为配合做好《青少年社会工作服务指南》的宣贯工作，在共青团中央社会联络部、民政部慈善事业促进和社会工作司的大力支持下，在广州市团校的资助下，全国社会工作标准化技术委员会、中国社会工作学会组织编写了“青少年事务社会工作丛书”。

该套丛书包括《青少年事务社会工作》《青少年事务社会工作实务案例》和《〈青少年社会工作服务指南〉解读》。其中，《青少年事务社会工作》系统梳理了有关青少年事务社会工作的概念、内容和方法，是青少年事务社会工作领域培训和学习的基础教材；《青少年事务社会工作实务案例》在征集全国青少年事务社会工作真实案例的基础上深入剖析而成，凝聚了理论界和实务界的原创智慧；《〈青少年社会工作服务指南〉解读》可以更好地帮助读者把握指南的制定原意和标准条款。

我们相信，该套丛书的出版将有力推动我国青少年社会工作服务的专业化和规范化进程，更好地促进青少年事务社会工作的发展。

丛书编写组

目录

MULU

第一章 《青少年社会工作服务指南》概述 ……………… (1)

第一节 《指南》的背景、起草过程和作用 ……………… (1)

第二节 《指南》的内容结构与适用范围 ……………… (6)

第三节 《指南》涉及的专业术语及定义 ……………… (8)

第四节 《指南》的实施要求和注意事项……………… (11)

第二章 《指南·原则》解读 ……………… (12)

第一节 主体性原则 ……………… (12)

第二节 发展性原则 ……………… (17)

第三节 整体性原则 ……………… (21)

第三章 《指南·内容》解读 ……………… (26)

第一节 思想引导 ……………… (26)

第二节 身心健康促进 ……………… (32)

第三节 婚恋交友支持 ……………… (46)

第四节 就业创业支持 ……………… (54)

第五节 社会融入与参与支持 ……………… (63)

第六节 社会保障支持 ……………… (68)

第七节 合法权益维护 ……………… (74)

第八节 违法犯罪预防 ……………… (79)

第九节 其他 ……………… (84)

第四章 《指南·方法》解读 ………………………………………… (90)
第一节 基本方法 ………………………………………………… (90)
第二节 针对特定需要的介入方法 ……………………………… (139)

第五章 《指南·流程》解读 ………………………………………… (163)
第一节 接触预估 ………………………………………………… (164)
第二节 服务设计 ………………………………………………… (184)
第三节 服务实施 ………………………………………………… (217)
第四节 成效评估 ………………………………………………… (236)

第六章 《指南·管理》解读 ………………………………………… (255)
第一节 制度建设 ………………………………………………… (255)
第二节 质量管理 ………………………………………………… (268)
第三节 督导制度 ………………………………………………… (276)
第四节 档案管理 ………………………………………………… (282)
第五节 人员要求 ………………………………………………… (289)

后 记 ………………………………………………………………… (295)

第一章 《青少年社会工作服务指南》概述

第一节 《指南》的背景、起草过程和作用

2018 年 12 月 28 日，国家标准化管理委员会发布《青少年社会工作服务指南》（GB/T 36967—2018），该标准自 2019 年 7 月 1 日起正式实施。《青少年社会工作服务指南》（以下简称《指南》）由民政部和共青团中央共同提出，由全国社会工作标准化技术委员会（SAC/TC534）归口。本《指南》的起草单位包括：中央团校、山东青年政治学院、上海市阳光社区青少年事务中心、中国社会工作学会、北京厚德社会工作事务所、华东理工大学、上海青年管理干部学院、上海科学技术职业学院、南京市爱心传递社会工作服务中心、山东女子学院、济南山青社会工作服务中心、广州市民政局、广州市团校、广州市社会工作协会、深圳市龙岗区至诚社会工作服务中心。《指南》的主要起草人包括：孙莹、张剑、许莉娅、廖焕标、赵记辉、陈元元、张佳华、马连平、彭振、费梅苹、陈树强、陆士桢、刘爱平、王婷、王雷、郑雄、王渭巍、赵伟、李佳轩、李璐洁、黎志芬、孙鸿平、丘英文、鄢勇兵、郭名倞、王颖。《指南》是我国社会工作领域首部国家标准，它的出台对切实保障和提升青少年社会工作服务质量具有重要的促进作用，也为工会、妇联等群团组织的标准化建设发挥了引领和示范作用。

一、《指南》出台的背景

青少年是国家的未来、民族的希望，青少年兴则民族兴，青年强则国家强，促进青少年更好成长、更快发展是国家的基础性、战略性工程。

从国家政策层面看，党和政府一直非常重视青少年工作。2007 年，团中央等五部门联合下发了《关于开展青少年事务社会工作者试点工作的意见》（中青联发〔2007〕41 号），确定了 13 个城市（城区）作为全国首批

青少年事务社会工作试点城市（城区）。2014 年年初，在总结前期试点的基础上，团中央、民政部等六个部门又联合下发了《关于加强青少年事务社会工作专业人才队伍建设的意见》。2017 年 4 月 13 日，中共中央、国务院印发了《中长期青年发展规划（2016—2025 年）》，并发出通知，要求各地区各部门结合实际认真贯彻落实。这是我国青年发展事业的重要里程碑。专门面向青年群体制定和出台规划，这在中华人民共和国历史上是第一次。制定和实施规划，是党和政府在青年工作领域从理念到实践的一次深化与创新，是推进国家治理能力和治理体系现代化的战略选择。2017 年 7 月 19 日，团中央联合民政部、财政部制定下发了《关于做好政府购买青少年社会工作服务的意见》，列出了政府要购买的青少年社会工作服务清单，提出以探索和完善政府购买青少年社会工作服务的主要内容、购买方式、标准规范、监管机制、绩效评价和保障措施等为重点，力争到 2025 年，基本建立比较完善的政府购买青少年社会工作服务制度。这些政策的出台大力推动了各地青少年社会工作服务的开展，青少年社会工作服务组织迅速成长，青少年社会工作人才队伍不断壮大，青少年社会工作服务项目逐渐增多，服务模式和手法不断创新。特别是《关于做好政府购买青少年社会工作服务的意见》中，明确提出了“研究规范青少年社会工作服务标准，指导各地明确服务原则、方法、流程、管理、保障等内容，方便承接主体掌握，便于购买主体监管。各地可根据本地实际和项目特点，对青少年社会工作服务标准进行细化和量化，增强可操作性。购买主体要及时对服务标准的执行情况进行梳理，总结经验，推动逐步完善服务标准体系”的要求，这是《指南》制定的根本目标。

从青少年的现实需要看，青少年是社会中最活跃的群体，是推动经济社会发展的生力军和后备力量。我国有青少年 3.8 亿人，其中有大量贫困家庭青少年、残疾青少年、城市流动青少年、农村留守青少年和需要特殊关怀的青少年，他们正处于由未成年人向成年人转变、由家庭和学校向社会迈进的转折阶段，处于世界观、人生观、价值观形成的关键时期。随着经济社会的快速发展，当代青少年在学习、生活条件总体改善的同时，在成长发展过程中也面临着新的困难和问题，迫切需要专业化、个性化的社会工作服务。因此，规范开展青少年社会工作服务，切实满足青少年的需要，是我们目前青少年工作的当务之急。

从青少年社会工作发展的现状看，党的十六届六中全会中作出建设宏大社会工作人才队伍的决策部署以来，我国社会工作取得了蓬勃发展，截至 2018 年 12 月，社会工作专业人才资源总量已达 120 余万人，其中持证社会工作者达 44 万人，社会工作者正逐步成为社会治理的一支新兴力量。2016 年 6 月，中共中央办公厅印发的《共青团中央改革方案》中提出“到 2020 年努力建成 20 万人的青少年事务社会工作人才队伍”。2017 年 4 月，中共中央、国务院印发《中长期青年发展规划（2016—2025 年）》，该规划将“青少年事务社会工作专业人才队伍建设工程”列入 10 个要重点实施的项目。据不完全统计，2014 年以来各省级团委参与的政府购买青少年社会工作服务项目共 141 个，占项目总数的 49%。青少年社会工作服务从数量到质量、从服务内容到服务对象都实现了井喷式的增长，但在服务原则、服务内容、服务方法、服务流程和服务管理等方面尚未形成明确的规范和指引，专业化水平有待进一步提高。青少年社会工作领域也呼吁相关标准出台，为从事青少年事务的社会工作者和青少年社会工作服务机构提出规范性的指引，这样有助于引导青少年社会工作专业人员明确职责、做好专业服务、规范专业行为、提高专业水准，切实提升青少年社会工作服务的科学化、规范化和专业化水平。

二、《指南》的起草过程

《指南》的研究、起草历时三年多的时间。经过标准起草组成员，全国社会工作标准化技术委员会秘书处，民政部慈善事业促进和社会工作司，共青团中央权益部、社会联络部以及全国青少年社会工作领域学者和实务工作者等多方努力，于 2019 年 7 月 1 日正式实施。标准的起草出台主要经历了以下五个阶段：

第一阶段 预研究与起草阶段（2015 年 4 月—2016 年 9 月）。2015 年 4 月，共青团中央权益部与中国社会工作学会（全国社会工作标准化技术委员会秘书处）签订协议，组织专家团队开展青少年事务社会工作标准研究，并由中国青年政治学院孙莹教授和山东青年政治学院张剑教授牵头起草《青少年社会工作服务指南（草案稿）》。2016 年 5 月 13—15 日标委会秘书处在北京组织召开专题研讨会，对草案稿进行讨论，明确了《指南》的定位及基本框架，明确了《指南》编写的原则和依据，组成了《指南》编写的核心起草组。2016 年 6 月 17—19 日标委会秘书处在广州市团校召开了起草小组专题讨论会，围绕草案稿进行了全面的讨论和修改。

第二阶段 立项与论证阶段（2016 年 10 月—2018 年 5 月）。起草组在全国范围内进行调研论证，走访了北京社区青年汇、上海市阳光社区青少年事务中心、广州启创社会工作服务中心、济南山青社会工作服务中心、南京爱心传递社会工作服务中心、深圳市龙岗区至诚社会工作服务中心等青少年社会工作服务机构，并与相关领域专家学者研究论证。2016 年 10 月 26 日，标委会秘书处在福州召开专题研讨会，征求专家意见。2016 年 12 月 9 日全国社会工作标准化技术委员会在北京组织召开 2016 年年会，会中进一步征求相关专家意见。通过近一年的意见收集和修改，形成标准讨论稿，并按程序申请国家标准立项。本标准于 2018 年 1 月由国家标准化管理委员会下达任务计划（计划号：20173920-T-314）。

为体现该标准的时代性和本土化特点，起草组根据国家《中长期青年发展规划（2016—2025 年）》《关于做好政府购买青少年社会工作服务的意见》（中青联发〔2017〕16 号）等最新文件精神，组织专家对标准讨论稿进一步修改完善，并多次与共青团中央相关部门沟通交流、开会研讨，也将部分业务主管部门和实务部门纳入起草组，进一步充实了标准的起草队伍。经过充分酝酿和修改，形成了该标准的征求意见稿。

第三阶段 征求意见阶段（2018 年 6—7 月）。2018 年 6 月 12 日—7 月 11 日，该标准在民政部网站公开征求意见。共收到来自 15 个单位或个人的 94 条意见和建议。此项标准征求意见还得到了共青团中央的大力支持，团中央书记处领导对本《指南》十分重视，给予了具体的指导。起草组对意见进行了汇总处理，对标准稿进行了修改完善，形成了送审稿。

第四阶段 技术审查阶段（2018 年 7 月 16 日）。2018 年 7 月 16 日，全国社会工作标准化技术委员会组织召开《青少年社会工作服务指南》国家标准技术审查会，来自民政部、共青团中央、全国社会工作标准化技术委员会、青少年社会工作服务机构等方面的 36 位专家组成了审查委员会（其中有 31 位委员到会，达到全体委员的 3/4），审查委员会的主任委员由肖成龙研究员担任。审查委员会一致同意该国家标准通过审查，并建议按所提出的意见修改后尽快形成报批稿，作为推荐性国家标准，报送民政部和国家标准化管理委员会。

第五阶段 报批发布阶段（2018 年 7—12 月）。技术审查会结束后，标委会秘书处还邀请中国标准化研究院专家对标准进行了函审，起草组根据修改意见再次进行修改补充。2018 年 8 月 1 日由民政部科学技术办公室组织召开专家审查会，会后起草组根据专家意见进行了修改，形成最终的报批稿，上报国家标准化管理委员会。经过国家标准化管理委员会专家初审、复审、终审等30多项行政程序，《青少年社会工作服务指南》于2018年12月28日正式发布。

三、《指南》的意义和作用

《指南》的发布与实施为从事青少年服务的社会工作者提供了基本的服务标准与规范，为购买和评估青少年社会工作服务提供了具体的评价指标，能够更有效地推进青少年社会工作服务的发展，提升青少年社会工作服务的权威性。

一是为从事青少年服务的社会工作者提供基本的服务标准与规范指引。我国青少年社会工作开展的时间较早，早期各地青少年社会工作主要为解决青少年犯罪问题，近年来青少年社会工作的目标已从补救性拓展到预防性和发展性。面对范围更广的服务对象和更加多元的青少年需要，青少年社会工作者应如何设计服务、开展服务、有效服务是值得进一步探讨的问题。《指南》的出台回应了这一问题，并提出了青少年社会工作服务的基本原则、内容、方法、流程和管理等基础性、关键性的操作指引，引导服务的规范开展。

二是能够更有效地推进青少年社会工作服务的发展。总体来看，青少年社会工作服务仍然存在政策制度不健全、人才队伍建设发展较慢、专业化程度不高等问题，现有的服务未能充分满足广大青少年的实际需求，服务质量与服务对象的期望之间还有一定的距离。《指南》的发布一方面能够将社会工作的理论运用到具体实务中，提高从事青少年服务的社会工作者的专业化程度；另一方面能够使处于发展初期的青少年社会工作服务组织找到未来发展的方向，从而从整体上促进青少年社会工作服务的发展。

三是为购买和评估青少年社会工作服务提供具体的评价指标。团中央联合民政部、财政部制定下发《关于做好政府购买青少年社会工作服务的意见》，鼓励政府购买青少年社会工作服务，并列出了政府要购买的青少年社会工作服务清单，但是对于服务方法、流程和服务管理并没有提出具体的要求。《指南》的发布对相关要求进行了补充，提供了具体的、可以操作的要求，为政府购买服务提供了必要的参考依据，也给出了青少年社会工作服务评估的基本框架和内容，为下一步开展服务评估奠定了基础。

四是可以提升青少年社会工作服务的权威性。社会工作者在日常工作中最常被问到的两个问题是“社会工作者是干什么的”和“社会工作者和志愿者有什么区别”，服务对象和社会公众常常会质疑社会工作者的身份和权威性。《指南》的发布不仅为从事青少年社会工作服务的社会工作者树立信心，同时也给不了解不熟悉青少年社会工作的人提供了学习的机会和渠道。作为国家标准颁布，更体现了其严肃性和权威性。

总之，《青少年社会工作服务指南》的制定及实施，将大力推进青少年社会工作服务的规范化进程，从而促进青少年社会工作的专业化发展，为广大青少年提供更加优质的服务。

第二节 《指南》的内容结构与适用范围

一、《指南》的内容结构

本《指南》主要包括范围、规范性引用文件、术语和定义、原则、内容、方法、流程、管理以及参考文献等，正文共 8 章。具体文本包括九个部分：

第一部分，范围。对标准的基本内容和适用范围作出说明。

第二部分，规范性引用文件。就标准在起草过程中遵循的标准性文件进行说明，一般包括标准文件及国家政策文件。本章中列出的《社会工作者职业道德指引》（2012-12-28　民政部）和《社会工作者继续教育办法》（2009-09-07　民政部），在 8.5 人员要求中进行了引用。

第三部分，术语和定义。对本标准中使用的“青少年”“青少年需要”“青少年社会工作服务”“青少年社会工作服务机构”四个专业术语作出界定和解释。

第四部分，原则。依据中共中央、国务院印发的《中长期青年发展规划(2016—2025 年）》中的指导思想，明确了青少年社会工作服务的三大原则：主体性原则、发展性原则、整体性原则。

第五部分，内容。《中长期青年发展规划（2016—2025 年）》和《关于做好政府购买青少年社会工作服务的意见》明确了青少年社会工作服务的 9 个领域，主要包括思想引导、身心健康促进、婚恋交友支持、就业创业支持、社会融入与参与支持、社会保障支持、合法权益维护、违法犯罪预防和其他服务。

第六部分，方法。依据我国本土青少年社会工作常用的实务工作方法以及国际上成熟的服务方法，分为基本方法和针对特定需要的介入方法。其中，基本方法包括个案工作、小组工作、社区工作等社会工作直接方法和社会工作行政、社会政策和社会工作研究等间接方法；针对特定需要的介入方法包括危机介入、家庭治疗、外展服务、历奇辅导、朋辈辅导、向导服务等。

第七部分，流程。依据社会工作通用过程，结合我国本土青少年社会工作实务工作流程，归纳梳理提炼出四阶段的工作流程，主要包括接触预估、服务设计、服务实施和成效评估四个阶段。

第八部分，管理。依据现有法规政策，结合我国青少年社会工作现实情况编写，主要包括制度建设、质量管理、督导制度、档案管理和人员要求五项内容。对青少年社会工作服务机构的制度建设、质量管理、督导制度和档案管理进行规范，并对开展青少年社会工作服务的社会工作者提出具体要求。

第九部分，参考文献。《指南》给出了 7 个参考文献，包括已发布的社会工作行业标准、青少年领域国家层面的法规政策等，是本《指南》起草的重要依据和参考，也是值得使用者认真学习和研读的相关资料。

二、《指南》的适用范围

本《指南》适用于以青少年为对象开展的社会工作服务。

从服务对象角度来看，本《指南》适用的服务对象既包括困境青少年，也包括有需要的非困境青少年。从本《指南》对“青少年”的定义、原则和内容等各章节都能够体现出，该标准的服务对象涵盖了所有青少年群体，同时更为注重青少年的发展性需要。

从使用者角度来看，本《指南》既适用于从事青少年社会工作服务的社会工作者，也适用于为青少年提供服务的各类社会服务组织及群团部门，如各级团组织特别是基层团组织、12355 青少年服务台、青少年宫、青年志愿者协会、少年司法机构、青少年维权岗、维权类组织、青年中心、社区青年汇、青年家园等。特别要说明的是，《指南》对开展青少年社会工作服务的社会工作者的要求是需获得国家颁发的社会工作者职业水平证书或者具备国家承认的社会工作专业大学专科及以上学历。

从服务类型来看，本《指南》适用于社会工作服务，强调服务的专业性，术语 3.3 也对“青少年社会工作服务”进行了界定。社会工作的专业性体现在其方法和流程之中，《指南》的第 6 章和第 7 章也给出了具体要求。

第三节 《指南》涉及的专业术语及定义

本《指南》对“青少年”“青少年需要”“青少年社会工作服务”“青少年社会工作服务机构”4 个术语进行了界定。之所以对这 4 个术语进行界定，主要是因为这 4 个术语是标准中的核心概念，且在已经正式公布的标准性文件中还没有进行解释。

原文

3.1 青少年 adolescences

年龄范围为 6—35 周岁的人。

解读

依据《中国少年先锋队章程》《中长期青年发展规划（2016—2025 年）》及青少年社会工作实际服务情况规定，本标准所指的青少年年龄范围是 6—35 周岁。《中国少年先锋队章程》中规定“少先队员为 6—14 周岁的少年儿童”，6 周岁以后即进入学校的义务教育阶段，也是可以成为少先队员的最低年龄，在实际开展的青少年社会工作服务中，很多服务都是依托学校开展的，少先队员也是极为重要且数量众多的一类服务对象。《中长期青年发展规划（2016—2025 年）》中提出，“本规划所指的青年，年龄范围是 14—35 周岁”。这一年龄段的社会群体最集中地呈现出了青年期的“过渡性”的本质特征。因此，结合青少年社会工作实际服务情况，将青少年的年龄范围界定为 6—35 周岁的人。需要注意的是《指南》中涉及婚姻、就业、未成年人保护等领域时，年龄界限依据有关法律法规的规定。

原文

3.2 青少年需要 adolescences' needs

青少年健康成长和发展所需的条件、机会和资源的总和。

解读

"需要"区别于"需求"，具有主观性，是有机体在生存和发展的过程中感受到的生理和心理上对客观事物的某种要求。它往往以内部的缺乏或不平衡状态表现出其生存和发展对于客观条件的依赖性。需要是有机体生存和发展的重要条件，它反映了有机体对内部环境或外部生活条件的稳定要求。只有满足了这些需求，有机体才可能得以健康成长。青少年面临着健康、教育、技能、就业、创业、社交、婚恋、生育、住房等非常广泛的生命阶段性任务，由此产生了非常多元的现实需要。从需要的目标来看，青少年的需要一方面是保证其健康成长，另一方面是促进其健康发展；从需要的内容来看，包括了所有能够实现这两项目标的条件、机会和资源，这也是青少年社会工作者在实际工作中需要充分考虑和满足的。

原文

3.3 青少年社会工作服务 service of social work with adolescences

以青少年为对象，整合运用社会工作专业价值、理论、方法和技巧，协助其提升解决问题的能力，恢复、改善及提高其社会功能，促进其健康成长和全面发展的社会服务活动。

解读

《指南》的定义强调了青少年社会工作服务的“专业”特性，包括以下四个方面的内容：一是服务对象。以青少年为对象，结合术语 3.1 也就是以 6—35 周岁的人为服务对象，但是在实际服务中要结合服务对象的需要来界定真正的服务对象。二是服务的要素。包括专业价值、理论、方法和技巧。社会工作专业价值、理论贯穿于整个《指南》，读者在使用时也可参考相关教材中的内容加深理解。方法和技巧在《指南》第 6 章“方法”和第 7 章“流程”中有对应的表述和规定要求。三是服务的功能和目标。定义中对青少年社会工作服务的目标表述为“协助其提升解决问题的能力，恢复、改善及提高其社会功能，促进其健康成长和全面发展”，对应社会工作服务治疗性、预防性和发展性的功能。四是服务的性质。将青少年社会工作服务定义为一种社会服务活动，是一种以提供劳动服务的形式来满足社会需求的社会活动，区别于志愿服务。

原文

3.4 青少年社会工作服务机构 agency of social work with adolescences

以青少年社会工作服务为主要业务内容的组织。

解读

青少年社会工作服务机构的定义包括两个层面的含义：一是主要业务内容应以青少年社会工作服务为主，考虑到现有的部分社会工作服务机构开展的是综合性的、面对多类群体和对象的服务，如果其服务的对象中以青少年为主，则可以界定为青少年社会工作服务机构，并适用本标准中相关条款的要求；二是关于组织的定义，组织就是指人们为实现一定的目标，互相协作结合而成的集体或团体，包括各类社会服务机构，也包括为青少年提供服务的各类社会服务组织及群团部门，如各级团组织特别是基层团组织、12355 青少年服务台、青少年宫、青年志愿者协会、少年司法机构、青少年维权岗、维权类组织、青年中心、社区青年汇、青年家园等。

第四节 《指南》的实施要求和注意事项

第一，《指南》依据现有的政策法规，兼顾实际服务的可操作性。该标准参考的法律、法规和标准包括：国务院办公厅《关于加强和改进流浪未成年人救助保护工作的意见》，中央组织部等 18 部门《关于加强社会工作专业人才队伍建设的意见》《中华人民共和国未成年人保护法》《中华人民共和国预防未成年人犯罪法》，共青团中央、中央综治办、民政部等六部门《关于加强青少年事务社会工作专业人才队伍建设的意见》《中长期青年发展规划（2016—2025 年）》，团中央联合民政部和财政部制定的《关于做好政府购买青少年社会工作服务的意见》等。读者在使用本《指南》时，应熟悉相关法规政策，以便更好地理解《指南》的相关条款。

第二，《指南》在研制的过程中进行了全国性的调研，发现北京、上海、广州、深圳等地区的青少年社会工作发展较为成熟，而中西部地区的青少年社会工作仍处于起步阶段，这也与我国各地区社会工作发展的总体程度相一致。一方面，国家标准往往采用的是“最低标准”，需要兼顾各地发展情况，给出最基本、最基础的要求，因此本《指南》仅给出了框架性的一般要求；另一方面，《指南》是推荐性国家标准，旨在引导青少年社会工作向更加规范的方向发展，希望起到一定的引领作用，因此部分条款的提法具有一定的前瞻性，社会工作者和相关组织在实施过程中可以根据具体情况进行使用。

第三，《指南》的制定既坚持专业性，又提倡本土化；既注重标准化，又尊重个别化。“社会工作”虽然是“舶来品”，但在我国现有环境和国情下已生根发芽，实务领域的探索也有“百花齐放”之态势，注重本土化经验的总结和运用是我国社会工作发展的必经之路，本土化与专业性也并不矛盾。在起草过程中，起草组成员创新性地打破惯有思维模式，提炼和总结服务流程，提出了四阶段流程模式。读者在使用《指南》时，可根据服务的实际情况对照应用，也希望读者在实际工作中充分考虑本土情境，尊重服务对象个别化的需要。

第四，《指南》的制定和实施是一个动态的过程，需要在使用中不断完善。各地在使用《指南》的过程中面对的挑战和取得的经验将成为未来《指南》修订完善的重要依据，通过《指南》的修订和完善，逐步规范行业管理，不断提高青少年社会工作服务水平和服务质量。

第二章 《指南·原则》解读

《原则》是《指南》的基础和根本，是按照中共中央、国务院颁布的《中长期青年发展规划（2016—2025 年）》对青少年发展的指导思想、根本遵循和总体目标起草的，从青少年的需要出发，以青少年为本，突出专业性，为青少年社会工作服务的开展提出了基本要求。

《原则》提出了主体性、发展性和整体性三项原则，这是社会工作服务机构和社会工作者开展青少年专业服务应当坚持的基本准则，也是衡量青少年社会工作服务成效的重要参考指标。有关机构和人员应当按照《原则》的要求，开展专业服务时要尊重青少年的主体性地位，以促进青少年发展为目标，开展专业服务要有整体的视角。

《原则》的提出有利于青少年社会工作服务更好地服务于我国的青少年发展事业，有利于青少年福祉的增长，有利于青少年社会工作专业的健康发展。

第一节 主体性原则

原文

4.1 主体性原则

尊重青少年主体地位，承认与接纳青少年的独特性与差异性，充分照顾青少年的特点和需要，开展有针对性的服务。

解读

社会工作的本质是为人服务，是真正对于人的主体地位的认可，围绕人的需要而开展服务，才能真正体现社会工作的价值。青少年社会工作是针对青少年及其有关系统开展的助人专业。青少年社会工作服务是建立在对青少年主体地位的尊重基础上进行的，在其自身专业的支持下，拥有一系列助人的程序，即运用专业理论、方法和技术，发掘青少年潜能，整合各种社会资源来协调青少年之间、青少年与成年人之间、青少年与社会之间的关系，使得青少年与社会达到良好的适应状态和良好的互动。《原则》提出的“主体性原则”主要内涵有以下几个方面。

1. 尊重青少年的主体地位

对于人的主体性的认识由来已久，西方文艺复兴打开了对人的主体性认识的大门。随着工业革命和社会经济的发展，人类对自己的认识不断解放和深入。马克思对“人的主体性”进行了论述，主要包括消灭异化劳动、满足人的合理需要、实现人的全面自由发展等基本内容。他认为，本应该是主体的人却受到原本是对象的商品、财富、货币、资本的奴役，劳动者的主体地位完全被异化。马克思把人的需要分成三个层次，即生存需要、享受需要和发展需要，要满足层出不穷的需要，满足这些需要的力量驱动着人的主体性的发展，在满足人的需要的道路上，人的主体性地位也得到了肯定。马克思在《资本论》中对人的自由而全面的发展进行了论述，人的自由而全面的发展包含着多层含义，最基本的便是实现人全面发展自己的一切能力。

对青少年主体性的认识不是从来就有的，是伴随着人类社会的进步以及对青少年认识理解的不断深入而产生的。正如“青少年”概念的提出一样，只有当社会发展到一定的程度，才会出现这个概念及其外延。在古代原始社会并不存在现代意义上的青少年概念，传统意义上老年人是社会价值和社会传递的主体，儿童、青少年是没有被关注的。随着社会的进步，青少年作为人生的一个重要阶段被社会越来越重视，从生理和社会上逐渐建立起青少年的概念和形象。到了现代工业社会，“青少年”才真正产生了。青少年作为人的一个特殊阶段得到承认，同时日益成为社会独立的力量，社会对青少年的价值有普遍的承认，同时也因为社会发展而产生与青少年有关的社会问题。

青少年处于从儿童向成人转变的过渡时期，青少年期最大的特点就是性的成熟，是完成成熟的阶段和形成个性的阶段，青少年通过社会的各种教育途径不断熟悉、接受并内化这个社会的种种规范，最终成为一个为社会所需要的个体。总之，青少年期是人社会化的一个必经阶段。社会工作专业认为，青少年是从儿童到成人的过渡时期，处在这个过渡时期的个体在生理上走向成熟，心理上经历“心理断乳期”，逐渐发展出独立的人格。在社会适应上，从初级社会群体的圈子走向更大范围的社会，并且试图在次级社会群体中找到自己的位置，逐渐成为一个真正的社会人。

青少年的主体性决定：青少年作为人，无异于成年人，要平等地享有相同的权利、福利和机会，这是最基本的青少年权利平等性观念。青少年的权利主要包括：生存的权利、受保护的权利、发展的权利以及参与的权利四项基本权利。社会工作者在开展青少年服务中要尊重青少年的主体地位，维护青少年的基本权益，为青少年健康成长和发展营造良好的氛围。

2. 承认和接纳青少年的独特性与差异性

青少年处于成长阶段，在其生命历程中充满了变动性和不确定性，成长过程中也十分容易受到外界环境的影响。青少年社会工作服务要秉承社会工作专业价值观，承认和接纳青少年的独特性与差异性。社会工作者看待青少年，应持有以青少年为本的青少年观，一切为了青少年，一切从青少年出发，相信每一个青少年都有与生俱来的价值、尊严和权利。

青少年群体中的每个人的需要是不完全一致的，青少年的个体差别十分明显，因此个体的需要也有很大的不同。个体之间的差异性决定他们的需要不同，这种个体的独特需要也应该得到满足。在实际工作中，不能以为了解了青少年群体的共同特征，就认为了解每个青少年个体。社会工作者应该尊重青少年，给予他们有针对性、个别化的爱和支持，才能走进他们，为他们提供适合的服务，给予他们真正的帮助。

青少年社会工作发展至今，已经具有较强的系统性和整体性，但是在工作中始终体现着“个别化”的指导思想。它的目标是深入细化到社会中的每一个青少年，以促进社会中的每一个青少年的潜力发掘、全面发展为工作目标。

社会工作者在开展青少年服务中要承认和接纳青少年的独特性和差异性，这也是社会工作专业伦理和价值观的要求，要理解其独特性和差异性产生背后的原因，并在具体服务中予以关注。

3. 充分照顾青少年的特点和需要，开展有针对性的服务

青少年社会工作的基本假设就是每个青少年都是不同的，都具有独特的价值，其独特性应该受到尊重。青少年有共同的需要，同时也有自己不

同于他人的特殊需要，这种特殊需要也应该得到满足。青少年社会工作对青少年的这种独特需要是非常重视的，并且以这种特殊需要为工作的着眼点，对那些处于特殊境地的青少年给予有针对性的帮助。

青少年社会工作面向的人群是一个范围相当宽泛的人群，不同年龄阶段的人生发展目标是不一样的，青少年社会工作要面向所有青少年群体，在其成长阶段尽可能提供有针对性的帮助与支持。这就要求社会工作者在制订帮助青少年的服务方案中要准确地辨识青少年的需要和问题，厘清服务目标，选择适合的服务介入模式，开展有针对性的帮助，进行有效的评估。

社会工作者在开展青少年服务中应当在给予尊重其主体地位和基本权利的基础上，在承认和接纳其独特性和差异性的前提下，充分发现和照顾青少年的特点和需要，按照社会工作专业个别化的原则为其提供有针对性的服务，促进青少年发展。

示例

青春 DIY

——北京市 XC 区生活困难家庭青少年正向发展支持计划

北京中青社会工作发展中心于 2017 年开展了“青春 DIY——北京市 XC 区生活困难家庭青少年正向发展支持计划”，计划以“正向青少年发展（Positive Youth Development，英文缩写 PYD）”视角为指导，针对辖区内 15—18岁的生活困难家庭的青少年开展包含向导服务、个案（管理）和历奇辅导的整合专业服务，推动生活困难家庭青少年的精准帮扶，促进其正向发展。项目在 XC 区开展服务，遴选和招募 20 个生活困难家庭（青少年 15—18岁）进入支持计划，接受服务。“青春 DIY”项目以“随我心，创我青春”为口号和理念，旨在通过为青少年提供正向发展支持，带领青少年突破自我、树立信心，为其今后突破困境、积极发展提供内在动力。

该计划的直接服务目标是：关注生活困难家庭青少年积极发展的资源的提供和能力提升，着力于提升青少年及家庭资产和发展的能力，促进青少年家庭和朋辈关系的改善，提升生活困难家庭青少年的自信心、自尊感、人际关系能力和抗逆力，支持生活困难家庭青少年健康成长。间接服务目标是：

尝试将在正向发展理论指导下的社会工作专业手法，引入生活困难家庭青少年的精准帮扶工作，总结有效工作手法和经验；探索“三社联动”和“两工联动”工作机制下的青少年正向发展服务项目的工作机制和实践路径。

该计划涉及三项主要服务：一是向导服务。项目招募20名大学生志愿者，成为20个生活困难家庭青少年的配对向导。向导通过时间和精力的投入，结合个人的成长经验和资源，协助青少年面对成长中遇到的困难。二是个案跟进（管理）服务，由专业社会工作者开展。社会工作者进行家访，摸清生活困难家庭青少年的情况，为进一步与服务对象共同拟定成长发展计划，社会工作者协助生活困难家庭青少年落实计划，同时着力改善生活困难家庭青少年的成长环境。三是历奇辅导小组服务。借助历奇辅导手法，实施参与式和体验式的学习活动，带领青少年从活动中收获对自我的不同认识和理解，激发其潜能，以拓展青少年的自我认识，提升青少年的自信心、自尊感和抗逆能力。

计划推进半年来，参加项目的青少年在社会工作者的帮助下，通过向导服务、历奇辅导和绳索训练的方式提升了对自我的认识，将通过历奇辅导获得的克服困难、勇于突破个人“舒适区”的经验迁移至个人生涯规划中；参与项目的生活困难家庭开始有目的地关注孩子的发展，主动和孩子交流未来发展话题，沟通方式有所改善。(示例来源：北京中青社会工作发展中心)

无论是一般青少年还是困境青少年，人生都处在发展的重要时期，社会的期望都是一致的，但是贫困家庭的青少年由于经济原因造成个人发展方面的瓶颈，家庭缺乏有效支持，获取社会资源的机会有限。“青春 DIY”作为青少年社会工作服务项目，面对的服务对象是生活困难家庭青少年，主要解决的是贫困对青少年的影响问题。社会工作者在该项目中看到，青少年的发展性是其基本属性，利用社会资源为青少年搭建帮助其健康成长的“脚手架”，为青少年发展提供专业的支持和指导。

项目在设计实施过程中突出了青少年的主体地位。项目的目标人群是生活困难家庭的青少年，他们正处于青春期，身体和心理趋于成熟，对社会生活充满好奇，但是由于家庭条件的影响，他们在身心发展、学业表现、亲子关系和个人发展上有很多限制。社会工作者在设计项目的过程中提出“随我心，创我青春”的理念，从价值上突出青少年的主体地位，服务设计以青少年为中心，尊重和接纳他们。

项目在设计实施过程中，注重了服务对象的差异性和特殊性。生活困难家庭青少年的成长和发展普遍受到家庭经济状况的影响，但是每个家庭的情况不尽相同，每一名青少年身心发育水平和面临的问题也不同。项目利用向导服务、历奇辅导小组等形式从个别化的角度关注青少年的问题。该项目直接服务生活困难家庭，为生活困难家庭青少年提供了除经济援助以外的专业社会工作服务，在服务上追求精准性。

第二节　发展性原则

原文

4.2 发展性原则

坚持用发展的眼光看待和理解青少年，强调青少年自身蕴含的发展潜力和成长的内在动力，重视经济社会发展对青少年福利的影响。

解读

青少年是民族的希望，是国家未来的建设者和接班人。青少年是人的生命历程中一个重要的部分，是人由生到死的过程中的一个中间阶段。因而，青少年具有人的一般本质属性。但是由于年龄和社会地位的特殊性，青少年又具有其独特本质属性：一方面是青少年成长的基础性，另一方面是社会生活的发展性。《指南》的发展性原则需要从以下三个方面理解。

1. 坚持用发展的眼光看待和理解青少年

青少年时期是人生的重要转折期和过渡期，是个体从生理未成熟状态向成熟状态过渡、由依赖走向独立的过渡期。可以主要从三个方面理解青少年的发展，即生理发展、心理发展和社会发展。第一，青少年的生理发展。青少年期是继婴儿期后的第二个发展的高峰期，随着青春期的到来，个体全身发育并迅速成熟，身高、体重等外部特征变化明显，身体内激素作用增强并对身体发育不断进行刺激，加速青少年的生理突变，青少年在青春期最重要的变化就是性的发育和逐渐成熟。第二，青少年的心理发展。个体在青少年时期，智力得到快速发展，思维能力、记忆能力和想象能力均有变化，个体在这个时期逐渐从从属于成年人的儿童变为具有独立性的青少年，人格逐渐完善，情感丰富而充沛。第三，青少年的社会性发展。在青少年阶段，个体开始追求独立，逐步形成自我意识，对社会的适应性变得更强，开始形成真正的性别角色意识，学习成人社会各项要求，开始具备适应社会的能力，价值观、道德观和世界观逐步成熟并社会化。

青少年社会生活的发展过程与其人格和社会行为的形成及发展有着密切的联系，青少年的社会性发展贯穿于整个青少年期，涉及青少年的方方面面：政治社会化、道德社会化、职业社会化、性别角色社会化。青少年在自身发展过程中，在不同的时期，接受社会化的内容、方式以及反作用于社会的方式都会有所不同，并呈现出由浅入深、持续发展的过程。

社会工作者在开展青少年服务中要坚持用发展的眼光看待和理解青少年，真正理解发展性在青少年服务中的特殊意义，从而更好地为青少年提供适当的服务。

2. 强调青少年自身蕴含的发展潜力和成长的内在动力

发展是个人持续一生的现象，但是在青少年期发展最为明显。青少年的发展可以从量和质两个维度来测量，一方面是可以测量的，指的是身高、体重等外显的变化；另一方面是质的变化，指的是内涵、结构或组织上的变化，是生理上的一次飞跃，是智能和心智上的提高。在这个时期，青少年的身心迅速发展并表现出其特有的阶段性生理、心理发展特征：首先是生理的迅速发展，从婴幼儿、儿童到青少年，弱小的身体逐渐长成为健壮、具有生殖能力的成熟个体，青少年在这期间会显示强大的生长能力。其次，伴随着生理的成熟和社会体验的增加，青少年的心理也日渐成熟，在认识世界、接受世界和改造世界方面充满很大的能动性，表现出强烈的求知欲。同时，青少年在发展的过程中也存在着巨大的不平衡性，造成其心理活动的动荡不安，具有较强的批判性，渴望独立和认可，对人和事具有高度的热情，性意识萌发并逐渐强烈。

社会工作者在开展青少年服务时应当关注青少年自身蕴含的巨大发展潜力，调动其内在成长的动力，利用专业手法激发其潜能，促进其发展。

3. 重视社会经济发展对青少年福利的影响

政治经济制度和社会发展形态对青少年的思想、价值观、福利水平和发展机会等都有重要而深远的影响，主要表现在两个方面：一方面是积极的影响，当代社会和经济的进步为青少年发展提供了难得的机遇，随着社会进步，全世界对青少年发展的关注程度提高到前所未有的水平，青少年成长不仅是个人及家庭的责任，更是全社会的责任，青少年的发展关乎国家和民族的希望，也关乎世界的未来，因此，相关社会政策不断完善，为青少年发展提供了法律保障，同时，经济的发展、工业生产和商品经济的兴盛为青少年成长提供了前所未有的福利资源；另一方面是消极的影响，社会经济发展也会带来很多社会问题，造成社会关系的失调、社会秩序的紊乱、经济发展的不平衡，诸如冲突战乱、贫富差距、地域差别、阶层分化和环境污染等，这些问题也在很大程度上制约甚至严重影响青少年的健康成长，对青少年造成严重的伤害。

青少年发展的社会性决定了青少年发展是在一定社会政治、经济、文化条件下进行的，需要得到国家社会政策的支持，需要在社会服务中实现。青少年社会福利制度和有关社会政策是专业社会工作开展的背景，是社会工作者开展青少年社会工作服务时的强有力的保障，在实施青少年服务的过程中，要清楚地了解青少年的福利状况和青少年福利政策，这是做好青少年社会工作服务的必要基础，也是宏观青少年社会工作的有机组成部分。青少年福利包含于整个社会福利体系中，是社会福利体系的重要组成部分。青少年福利的真正发展是社会物质水平和人的精神生活需要达到一定程度之后产生的，国家和社会在实施青少年福利过程中发挥着不可替代的重要作用。在社会政策的指导和制约下，社会通过政府的协调、统筹、整合，有关机构和专业服务单位的实施、配合，有关机制的规范、建设和衔接，实现青少年福利目标，保障青少年的发展。

社会工作者在开展青少年服务中，要重视社会经济发展对青少年福利的影响，要清楚地理解国家福利制度中关于青少年群体的内容，要积极增进青少年福祉，积极倡导社会政策向有利于青少年发展的方向建设和完善。

示例

北京，我们不只是过客

——DXY 社区青年汇青年城市融入服务

社区青年汇是共青团北京市委依托青年居住、工作聚焦区域建设的，以共青团为枢纽的地域性活动平台和区域性基层青年组织。自 2010 年第一家社区青年汇成立以来，至今已经在全市建成500余家。社区青年汇注重对青年的思想引领，运用专业社会工作来服务、团结和凝聚青年群体，为青年提供多样性的、可选择的公共服务产品。社区青年汇根据青年需要，开展了丰富的思想引导、城市融入、学习培训、志愿公益、创业就业、普法维权、文体健康、交友联谊等八大类活动，吸引了广大青年的积极参与。

海淀区DXY社区是一个比较老旧的小区，地理位置离中关村软件园及上地其他科技企业比较近，小区周边租房以年轻人居多，租客90%以上是外地人，其中60%左右是外地来京求职就业的，他们来京后，生活圈子小，大部分工作一年后还是对北京不熟悉，很难融入进来。

社区青年汇社会工作者进行了前期调研，通过走访、微信、QQ和微博以及电话等方式调研辖区内新来京青年。社会工作者发现，来京青年在了解北京文化、熟悉地域、交友等方面存在强烈的渴望和需要，希望有机构组织为他们提供活动、交友等机会。

为了让外来青年更好地熟悉、了解北京，更快地融入北京，让他们找到情谊和快乐，找到故乡的感觉，不再觉得孤单和无助，社区青年汇从2015年3月至6月，招募辖区青年30余名，组织开展了6次主题活动。组织青年朋友参观天安门、长安街和天坛，感受北京壮观雄厚的历史文化；组织参观菊儿胡同、南锣鼓巷、帽儿胡同等胡同和四合院，感受悠久的胡同、四合院等市井文化；组织品茶交友沙龙主题活动，通过品茶活动结识新朋友，发展共同兴趣爱好，团结互助；利用传统节日端午节举办包粽子主题活动，远在异乡，依然可以与大家品尝亲手包的粽子，感受家乡的味道，收获友情；组织青年人徒步凤凰岭，欣赏沿途风景，见证旅途的情谊，通过一起爬山，增加友情，了解彼此对北京的心声；组织社区公益活动，爱护家园，从我做起；在青年中招募志愿者，投身志愿公益清洁小区卫生活动，使外来青年认识到自己不只是租客，对小区环境也有份责任。

参与青年在3个月时间内对北京的人文、历史有了初步的了解，在活动中结识了新朋友，基于自己的兴趣爱好找到了同路人，感受到了青年汇为他们提供了一个交友、融入城市的可信平台，远在北京内心不再感到孤独和无助，不再感觉自己在北京仅仅是过客。（示例来源：根据《北京，我们不只是过客》案例改编。该案例出自：《都市青少年专业服务新模式——社会工作专业视角下的北京“社区青年汇”优秀案例》，共青团北京市委员会、北京青少年社会工作协会编写，中国社会出版社，2018年5月）

从外来青年的视角，社会融入的内容集中在经济、社会和心理层面的适应上，经济适应立足城市的基础，社会适应是融入城市生活的进一步要求；而心理上的适应则属于精神上的，反映在参与城市生活的深度上。社会融入不是一个单维度的概念，而是动态的、渐进式的、多维度的，也是互动性质的，包括了经济整合、文化接纳、行为适应和身份认同等多个方面。

需要指出的是，这个项目增进了外来青年的社会融合，建立了青年的社会支持系统，增加了其社会资本，在一定程度上减少了社会排斥。社区青年汇坚持用发展的眼光来看待青年。新来京青年事业处于上升期，但是城市生活的压力和工作繁忙让他们缺乏搭建个人社会支持网络的机会，环境的改变会让他们产生本地文化的不适应、情感孤单。服务中回应青年发展中遇到的问题，切合青年的心理特征，项目设计丰富，满足了不同青年的发展性需要，综合运用了参观活动、交流活动、团体拓展、公益活动等多种形式，真正将工作落到实处。

社区青年汇是共青团北京市委在社区开展青年工作和青年服务的综合平台，党和政府通过“青年之家”等青少年综合服务平台，在社区中为广大青少年提供专业服务，与家庭、学校等相互配合，促进了青少年的发展，增进了青少年的福利水平。

第三节　整体性原则

原文

4.3 整体性原则

重视青少年与其家庭、学校、社区、朋辈及服务机构等因素的相互作用，全面系统地识别青少年的需要，提供整合性社会工作服务。

解读

马克思认为：“人的本质并不是单个人所固有的抽象物，在其现实性上，它是一切社会关系的总和。”社会工作专业也认为人并不是简单生物意义上的人，而是生存在自然、社会、文化和历史的脉络里的，青少年也是如此，其成长过程受到诸多因素的影响。

1. 重视青少年与其家庭、学校、社区、朋辈及服务机构等因素的相互作用

社会工作以及其他相关学科对于青少年研究的理论成果均表明，青少年在发展的过程中是主体与客体不断互动的结果，社会工作专业的生态系统理论强调全方位及人与环境的互动关系，强调“人在情境中”，认为个体发展的生态系统分为“微观系统”“中观系统”“外观系统”和“宏观系统”，个体发展不仅仅是单纯个人的发展，而是个体和系统交互作用的结果。

家庭是青少年出生、成长和发展的第一场域，家庭对于青少年的影响是深远的，一个人的思想、行为、性格和情绪等都和原生家庭有着密切的关系。学校是青少年接受系统教育、完成社会化的重要场所，是14—22岁青少年主要活动的公共场所，学校的教育、环境等各个方面均对青少年的成长有着极其重要的作用。社区和朋辈群体等在青少年生活中也发挥着重要作用，在家庭、学校以外，青少年与社区中的各种要素发生联系，尝试接触社会，在与朋辈群体的交往中学习社会交往并获得认可，但也可能因为贫困、种族和身体原因而遭到社区和朋辈群体的排斥。民政部门、教育部门、共青团组织和青少年服务机构等是青少年社会政策的执行者，也是青少年福利的输送者，更是青少年服务的直接提供者，在青少年成长发展中发挥着重要的作用。青少年社会工作服务的开展要重视上述要素对服务对象的作用，同时也要重视上述要素之间交互作用下对青少年的影响作用。

社会工作者在开展青少年服务中要理解青少年是生活在系统和情境中的，要重视与青少年发展相关的家庭、学校、社区、朋辈群体以及服务机构的影响，同时也要认识到这些因素对青少年的影响具有交互性和复杂性。

2. 全面系统地识别青少年的需要，提供整合性的社会工作服务

青少年作为一个特殊群体，有着自己特殊的需要，这种区别于一般群体的特殊需要必须得到满足。除了作为群体的共同需要以外，每一个青少年的需要也并非完全一致，其差异性不比成人群体弱。社会工作者在实际工作中，不能因为了解了青少年群体的共同特征和需要就认为自己了解了青少年个体，而要利用专业工作方法和技术对青少年的需要进行发现、辨

别和确认，为开展青少年社会工作服务打下坚实的基础。开展青少年社会工作服务必须要先了解青少年的需要，需求是青少年社会工作者提供社会工作服务时的依据，只有真正清楚青少年的各项需要，才最能真正从青少年的真实需要出发，以青少年为中心，有效地帮助他们。

狭义的青少年社会工作是一种补救性的工作，关注在发展方向上有行为偏差、遭遇侵权及发展道路上遇到阻碍的青少年群体，通过专业服务手段来帮助、矫治和纠正青少年的不良行为，帮助其学习正确行为。而广义的青少年社会工作则涵盖得更加广阔，涉及社会的方方面面，特别是国家和地方政府为促进青少年生理、心理、社会适应等各个方面健康成长和全面发展所采取的一切措施，带有“预防性”和“发展性”。同时，青少年社会工作也需要专业方法的支撑，从传统意义上讲青少年社会工作的专业方法包括个案工作、小组工作和社区工作。社会工作者在青少年社会工作的实践过程中，需要帮助青少年解决问题，回应青少年发展的种种需要，往往不能仅从一种视角或单一的工作方法入手，需要整合各种工作方法，为青少年提供合适的服务方案。针对青少年成长发展出现的新问题、新情况，社会工作专业也在不断发展进步，社会工作者不断探索创新工作方法，用来回应青少年的新需要，以及社会变迁、经济发展和信息化给传统社会工作带来的挑战。《指南》对有关工作方法进行了阐述，对有关专业要求进行了规范，目的是对青少年社会工作服务的专业方法实施的水准进行要求。

社会工作者在开展青少年服务过程中要全面和系统地识别青少年的需要，不能割裂地看待其需要，在提供专业服务过程中也要在识别清楚需要和问题的基础上提出整合性的社会工作服务，不能进行简单化的应对和处理。

示例

北京市S中学“问题学生”社会工作介入探索

当前中学生厌学逃学、校园暴力、网络成瘾、违法犯罪、自杀轻生等事件层出不穷，因此，加强青少年教育、预防青少年犯罪、提高青少年的思想道德水平一直是党和政府高度重视的问题，而学校是青少年重要的社会交往场所，在青少年发展中发挥着重要的作用。

S中学地处北京市海淀区，由于学校周边复杂多元的人群环境，使得S中学的初中部生源不容乐观。分析学生家庭状况可以发现，有的学生父母双双下岗，长期无业，家庭经济状况岌岌可危；有的学生因父母婚姻多变，处于失管状态；有的学生父母从外地来北京工作，早出晚归，无暇顾及孩子学习。由于初中学生正值青春期，所以问题显得十分突出。在社会工作者的努力下，学校决定在对初中的两个年级41名所谓“问题学生”的帮教工作中，引入社会工作专业服务。

社会工作者对41名“问题学生”的问题进行调研和分析，发现近一半的学生严重厌倦学习，没有任何的学习动机，扰乱课堂纪律的情况时有发生。学生中存在亚文化群体，有拉帮结派的小团体。学生在青春期，对两性话题逐渐关注，出现“早恋”现象。学校针对这些“问题学生”的工作方法主要是“德育”教育，然而传统教育方式虽然有惩戒作用，但是效果并不明显。社会工作者发现这41名学生也是学校中的处境不利学生，受到一定程度的排斥，出现师生关系紧张、行为反常、同学关系紧张等情况。这些学生面临着多种需要，对个人的发展有着迫切的期待，渴望摆脱目前的“窘境”，被学校和老师认同和接纳。

社会工作者根据青少年社会工作和学校社会工作理念，决定采用“广域临床取向”的工作模式来介入，这种工作方法是一种典型的整合融通模式，试图超越微观治疗性、补救性的偏颇，推动社会互动模式、整合取向，将融通机制变为现实。面对日益复杂的学生问题及家庭困境，社会工作者必须适应微观干预与宏观介入的平衡。社会工作者在学校心理教师的配合下，充分利用学校的各种资源，开展专业服务，其中包括：侧重于学生个人帮助的服务，包含成长导师陪伴、心理锦囊服务、个案管理，促进学生个人问题的解决，建立其帮助学生的沟通联动机制；侧重于群体学生的活动与辅导，包含团体辅导、个人成长秀、教师观摩组等，为服务对象提供提升能力的机会，加强对服务对象的正面引导和鼓励等；学生个体与学校制度的疏通协调，包含建立反映学生困难疾苦的制度，开展教师的团体辅导工作，扩充发展辅导类课程，建立服务对象和学校之间良好的关系，拓宽其视野；推动学校优化教育观念并促进变革，包含政策推动，强化学校的社会责任，推动教育理念的变革。（示例来源：根据田国秀撰写的《广域临床取向的学校社会工作探索——以北京 S 中学的“问题学生”为目标群体》案例改编。该案例出自：《社会工作硕士专业学位研究生（MSW）教学案例集》，王思斌主编，北京大学出版社，2016 年 1 月）

在该示例中，我们看到社会工作者在实践中重视青少年服务要与其身边的各类要素发生联系。该服务涉及与青少年有关的家庭、学校、社区和朋辈群体，工作对象指向青少年，但是工作重心指向学校生态环境和教育环境的推进。在清楚识别“问题学生”的需要之后，看到了所谓“问题学生”出现的问题并不能简单地归因于青少年本身，或者认为是某一要素对青少年的影响，问题的形成是一个两种或多种因素互相作用的结果。社会工作者选取了“广域临床取向”模式，既要从微观系统关注学生个体，又从中观系统关注学生所处学校、社区和朋辈环境，介入服务是多层次的。“问题学生”的转化绝不是青少年一方改变就能见效的，而需要整个与学生有关系统的改变，这中间既有微观层面的补救性服务，也有中观层面的促进性服务，同时也有宏观层面的倡导性工作。

社会工作专业的基本方法归类为个案工作、小组工作和社区工作，但社会工作者在实践层面，针对青少年的专业介入往往不会只采用单一的工作方法，而是从服务对象出发，整合不同的社会工作服务帮助青少年，而不同的方法和介入手段也可以相互补充，从而达到最好的服务效果。

参考文献

［1］中共中央、国务院，《中长期青年发展规划（2016—2025 年）》，人民出版社，2017.

［2］陆士桢，王玥．青少年社会工作（第二版）［M］．北京：社会科学文献出版社，2010.

［3］王思斌．社会工作硕士专业学位研究生（MSW）教学案例集［M］．北京：北京大学出版社，2016.

［4］共青团北京市委员会，北京青少年社会工作协会．都市青少年专业服务新模式——社会工作专业视角下的北京“社区青年汇”优秀案例［M］．北京：中国社会出版社，2018：39.

第三章 《指南·内容》解读

本章包含《青少年社会工作服务指南》中思想引导、身心健康促进、婚恋交友支持、就业创业支持、社会融入与参与支持、社会保障支持、合法权益维护、违法犯罪预防和其他九个小节的内容。各小节在相应原文介绍的基础上，分别从核心概念界定、目的和意义、重点内容、措施及方法、案例五个方面进行解读。希望基于核心概念的理解、重点内容的解读，能够清晰目的和意义，更重要的是通过案例的详细阐述和重点分析，促进大家对本章内容的认识、理解和内化，并且能够通过今后积极的专业实践，实现有效的知识转化、能力建设和实践创新。

第一节 思想引导

原文

5.1 思想引导

主要包括但不限于以下内容：

——开展理想信念教育；

——开展国情政策教育和党史国史改革开放史教育；

——开展中华优秀传统文化、革命文化、社会主义先进文化教育；

——开展社会主义核心价值观教育。

解读

1. 思想引导的定义

思想引导是指通过多种形式的教育及活动，引领广大青少年不断增强理想信念，积极践行社会主义核心价值观，有效提高思想道德水平和文明素质。

2. 思想引导的目的和意义

不断促进青少年群体在理想信念、核心价值观、思想道德水平和文明素质等方面的全面发展和健康成长。

3. 思想引导的重点内容

（1）开展理想信念教育

理想是对未来事物的美好想象和希望，是人们在实践过程中形成的、有实现可能的、对未来社会和自身发展的向往与追求，是人们的世界观、人生观和价值观在奋斗目标上的集中体现。信念是情感、认知和意志的有机统一体，是人们在一定认识的基础上确立的对某种思想或者事物坚信不疑并且身体力行的心理态度和精神状态。

对青少年开展理想信念教育，基于青少年正向、积极的兴趣、爱好，尊重青少年的成长规律及特点，培养并发展青少年的个人理想信念和社会理想信念。个人理想信念包括道德、职业、生活和家庭等方面的理想信念；社会理想信念是对美好的共产主义、社会主义制度、中国特色社会主义道路及发展的向往和追求，实现中华民族伟大复兴的中国梦。

（2）开展国情政策教育和党史国史改革开放史教育

对青少年深入开展共产主义、中国特色社会主义和中国梦学习宣传教育，开展习近平总书记系列重要讲话精神和治国理政新理念、新思想、新战略学习教育，开展国情政策教育，如学习党的十九大报告、团的十八大报告等，开展党史国史改革开放史教育。

（3）开展中华优秀传统文化、革命文化、社会主义先进文化教育

对青少年深入开展中华优秀传统文化教育，主要包括核心思想理念、中华传统美德和中华人文精神的传承及教育。在核心思想理念方面，大力弘扬如革故鼎新、与时俱进的思想，脚踏实地、实事求是的思想，惠民利民、安民富民的思想以及讲仁爱、守诚信、崇正义、尚和合、求大同等思想理念。在中华传统美德方面，着力倡导如“天下兴亡、匹夫有责”的担当意识，精忠报国、振兴中华的爱国情怀，崇德向善、见贤思齐的社会风尚，孝悌忠信、礼义廉耻的荣辱观念，继续发扬自强不息、敬业乐群、扶危济困、见义勇为、孝老爱亲等中华传统美德。在中华人

文精神方面，大力弘扬如求同存异、和而不同的处事方法，文以载道、以文化人的教化思想，形神兼备、情景交融的美学追求，俭约自守、中和泰和的生活理念等。对青少年持续并深入开展革命文化教育，如从革命集体主义精神、奉献精神、井冈山精神、长征精神、延安精神、西柏坡精神，到雷锋精神、大庆精神、“两弹一星”精神，再到航天精神、北京奥运精神、抗震救灾精神，这些中国共产党和中国人民在革命、建设和改革开放各个历史时期形成的精神追求和精神品格。

对青少年持续并积极开展社会主义先进文化教育，即以马克思列宁主义、毛泽东思想、邓小平理论和“三个代表”重要思想为指导，以科学发展观为统领，牢牢把握社会主义先进文化的前进方向，弘扬以爱国主义为核心的民族精神和以改革创新为核心的时代精神，树立新的文化发展观，解放思想、实事求是、与时俱进、开拓创新，进行面向现代化、面向世界、面向未来的民族的、科学的、大众的社会主义文化教育。

（4）开展社会主义核心价值观教育

对青少年深入开展社会主义核心价值观教育，让青少年理解并践行富强、民主、文明、和谐的国家层面的价值观，自由、平等、公正、法治的社会层面的价值观，以及爱国、敬业、诚信、友善的个人层面的价值准则。

4. 思想引导的措施及方法

（1）围绕主题开展青少年思想教育和引导

第一，加强青少年理想信念教育。通过链接资源，协助思想教育部门开展宣传教育、示范引领和实践养成活动，引导青少年增强使命意识和责任意识，自觉把人生追求融入国家事业发展中。

第二，运用社会工作行政、社区工作、小组工作等专业方法，宣传、倡导、组织开展国情政策、党史国史改革开放史教育，增进青少年对党和国家的认识、信念和信心。

第三，运用社会工作行政、社区工作、小组工作等专业方法，宣传、倡导、组织开展中华优秀传统文化、革命文化、社会主义先进文化教育，增强青少年的文化自信和价值观自信。

第四，运用社会工作行政、社区工作、小组工作等专业方法，宣传、倡导、组织开展社会主义核心价值观教育，使社会主义核心价值观内化为青少年的坚定信念，外化为青少年的自觉行动。如开展包括社会公德、家庭美德、个人品德的道德实践活动；组织开展以城乡社区为重点，以相互关爱、服务社会为主题，围绕扶贫济困、应急救援、大型活动、环境保护等方面的各类形式的志愿服务活动；挖掘各种重要节庆日、纪念日蕴藏的丰富教育资源，在五一、五四、七一、八一、十一等节日，举办庄严庄重、内涵丰富的青少年庆祝和纪念活动。

(2) 分类开展青少年思想教育和引导

第一，面向中学中职学生，协助学校组织开展班团队活动、主题小组活动和体验活动。如组织开展“与人生对话”主题活动，引导青少年确立人生奋斗目标，培养爱国情怀。通过积极开展班团队活动及场馆体验、红色之旅等活动，促进青少年亲历社会实践，主动与老师、同伴分享体验，交流思想认识，增强国家认同。

第二，面向大学生，开展“与信仰对话”主题活动，引导他们清晰理想信念、坚定道路自信。

第三，面向企业青年，运用企业社会工作的模式，开展岗位建功活动，引导青年正确看待个人、企业、社会、国家的关系，以积极、务实、理性的态度面对职业生涯中遇到的具体问题。

第四，面向进城务工青年，运用小组工作、个案工作等专业方法，注重把解决思想问题与解决实际问题相结合，在排忧解难、传递关怀中引导他们心向国家、拼搏奋斗。

第五，面向农村青年，宣传、倡导党和政府的支农惠农政策，引导他们树立“农村天地广阔、青年大有可为”的思想认识。

(3) 运用社会政策、社会工作行政、社区工作、小组工作等专业方法，倡导加强网上思想引领。如大力开展正面宣传，实施“青年好声音”系列网络文化行动，增强网络正能量，消解网络负能量。促进提升网络舆情分析和引导能力，疏导青年情绪，澄清误解，引导青年正确认知。在青年群体中广泛开展网络素养教育，引导青年科学、依法、文明、理性用网。组织开展青年网络文明志愿者行动，组织动员广大青年注册成为网络文明志愿者，参与监督和遏制网上各种违法和不良信息传播，为构建清朗网络空间作贡献。

(4) 运用社会工作行政、社区工作等专业方法，促进学校、家庭、社会三结合的教育网络，引导广大家庭和社会各方面主动配合学校思想教育和引导工作，以良好的家庭氛围和社会风气巩固学校教育成果，形成家庭、社会与学校携手育人的强大合力。

示例

开展社会主义核心价值观教育

基于《中长期青年发展规划（2016—2025 年）》中青少年发展的需要以及当前共青团改革的要求，河北省衡水市共青团尝试以青少年为本，开展引导在校青少年践行社会主义核心价值观的品牌教育系列活动。该活动已经连续开展 6 年，成效较为显著：小学生童谣传唱核心价值观活动曾获得中央领导重要批示；中学生“十八岁成人礼”主题教育活动被评为“全国优秀国学教育项目”，并作为示范被团中央学校部向全国推广；大学生马拉松志愿服务项目曾获全国志愿服务大赛银奖。

该品牌教育系列活动中的中学生“‘五四’——十八岁成人礼”主题教育活动，以“与人生对话——青春·梦想·责任·成长”为主题，在衡水市 26 所市、县重点高中、中职院校统一开展，通过一系列的次级主题活动，实现对青少年社会主义核心价值观的教育。

1. 接触预估

在品牌教育系列活动之初，衡水市团市委对本市在校 600 多名（其中大学生、中学生、小学生分别 200 名左右）青少年社会主义核心价值观的认知与认同现状做了问卷调查和实地走访。对中学生的调查结果表明：第一，中学生对社会主义核心价值观的知晓度较高，但情感体验有待丰富、深化，行为的主动性需要增强。第二，中学生因为学业压力较大、社会实践活动的时间受到挤压。第三，中学生认为社会主流价值观的倡导和引领对他们非常重要，但该主题的教育形式要新颖、有趣，应该寓教于乐。

2. 服务设计

根据接触预估，结合中学生的成长需求及其社会生态系统的优势和资源，衡水市团市委等部门制订出以下服务计划。

“‘五四’——十八岁成人礼”主题教育活动计划

主题	内容及目标	形式	所需要的资源
成人礼仪式	在仪式感的体验活动中，激发中学生的成长意识和担当意识，增强其荣誉感、责任感和使命感	升国旗、师长致辞、成人冠礼、颁发《中华人民共和国宪法》和“成人纪念章”、家长与孩子互换信件礼物、成人宣誓	人力资源：市教育局、校团委、志愿者、家长等 物力资源：活动场地、活动经费等
理想与梦想	通过畅谈理想与梦想，增强个人为社会服务的意愿和情感	18岁畅想诗朗诵、成人理想·梦想活动	人力资源：校团委、志愿者、家长 物力资源：活动场地、活动经费等
成年后的成长	通过体验活动和分享，促进中学生的诚信、友善、助人和社会责任感	主题班队会、小组活动	人力资源：校团委、志愿者等 物力资源：活动场地等

3. 服务实施

（1）围绕各类目标链接资源，扎实、灵活落实各项活动。

（2）积极促进中学生及其家庭的参与、投入及分享。

（3）注意整合运用社会、家庭的各类人力及物力等资源。

4. 成效评估

（1）通过问卷和访谈的方法进行目标评估，结果显示目标得到较好实现：90%左右的中学生认为，成人礼活动对他们的触动、影响和教育很及时、有效，让他们意识到自身的责任和成长目标。

（2）服务满意度较高：98%的家长称赞并支持成人礼教育活动，90%以上的中学生满意该主题教育活动。

（3）服务对象及其环境系统的改变：中学生的成长和担当意识、荣誉感、责任感和使命感增强的同时，其家庭关系、师生关系、同伴关系也发生了积极的改变。

（4）服务的结束及跟进：“‘五四’——十八岁成人礼”主题教育活动自2013年初创至今连续开展6年，目前已经成为衡水市共青团的品牌教育项目。在该项目影响下，一些学校又研发出以“关心国家发展”为主题的系列班团队活动、模拟联合国、中学生领导力等主题活动。（示例来源：根据河北省共青团衡水市委品牌教育活动案例改编）

示例分析

本案例主要聚焦于思想引导中的“开展社会主义核心价值观教育”。通过问卷调查和实地走访，先了解中学生对社会主义核心价值观的认知与认同情况。在此基础上，通过升国旗、师长致辞、成人冠礼、颁发《中华人民共和国宪法》和“成人纪念章”等体验性活动，着重进行爱国、民主、文明、平等、法治等社会主义核心价值观教育。通过18岁畅想诗朗诵、成人理想·梦想活动，进行自由、文明等社会主义核心价值观教育，同时增强青少年为社会服务的意愿和情感。通过主题班队会、主题小组活动，进行爱国、诚信、友善等个人层面社会主义核心价值观教育。总体而言，通过仪式性和体验性的主题活动，开展不同层面的社会主义核心价值观教育，既符合青少年发展的特点，又有利于提升教育效果。

第二节　身心健康促进

原文

5.2　身心健康促进

主要包括但不限于以下内容：

——开展青少年文化体育兴趣和爱好的培养活动、青少年文体交流活动；

——为青少年提供社会实践教育和学业支持服务；

——引导青少年珍惜生命、尊重生命，帮助青少年学习保护生命的方法；

——帮助青少年掌握应对风险的方法，引导青少年对风险形成正向认识；

——帮助青少年了解青春期相关生理和心理知识，积极应对心理困惑，增强解决问题的信心和能力；

——帮助青少年自我认识，并实现自我肯定；

——帮助青少年形成健康的人格，践行健康的生活方式。

解读

1. 身心健康的定义

世界卫生组织提出："健康不仅仅是没有疾病，而且是身体、心理上的完好状态及社会适应良好。"

关于身体健康，世界卫生组织确定了十项标准：(1) 有充沛的精力，能从容不迫地担负日常的繁重工作；(2) 处事乐观，态度积极，勇于承担责任，不挑剔所要做的事；(3) 善于休息，睡眠良好；(4) 身体应变能力强，能适应外界环境变化；(5) 能抵抗一般性感冒和传染病；(6) 体重适当，身体匀称，站立时头、肩、臂位置协调；(7) 眼睛明亮，反应敏捷，眼和眼睑不发炎；(8) 牙齿清洁，无龋齿，不疼痛，牙龈颜色正常且无出血现象；(9) 头发有光泽，无头屑；(10) 肌肉丰满，皮肤富有弹性。

关于心理健康，目前国内外学术界并没有一个公认的界定，综观各类定义，可以从广义和狭义两个层面理解。广义上讲，心理健康是指一种高效而满意的、持续的心理状态。个体在这种状态下能够良好适应，具有生命活力，能够充分发挥其身心潜能。狭义上讲，目前有两种观点：一种观点认为心理健康是人的基本心理活动过程内容完整、协调一致，即认识、情感、意志、行为、人格完整且协调，能适应社会，与社会保持同步。另一种新近的观点，基于心理健康的双因素模型提出，认为心理健康是一种心理疾病的缺失和高主观幸福感的存在相结合的完全状态，包括消极心理健康状态的消除和积极心理健康状态的获得。

基于第一种观点，中外心理健康研究者从智力水平、自我认知、情绪状态、意志品质、行为表现等方面提出心理健康的标准。表 3.1 用对比的方式呈现出心理健康与不健康的特征。

表 3.1　心理健康与不健康的特征

指标	心理健康	心理不健康
智力是否正常	1. 能适应生活环境 2. 能正常生活、工作、学习 3. 智商高于 70 分	1. 不能适应生活环境 2. 不能正常生活、工作、学习 3. 智商低于 70 分

续表

指标	心理健康	心理不健康
情绪是否健康	1. 心情愉快，有幸福感 2. 情绪稳定，反应适度 3. 情绪与原因一致 4. 原因消去，情绪改变	1. 情绪低落，灰心丧气 2. 烦躁不安，喜怒无常 3. 情绪与原因不一致甚至相反 4. 原因已除，情绪仍不能平复
意志是否健全	1. 行为有目的，深思熟虑 2. 付诸行动，当机立断 3. 善于控制言行 4. 坚持不懈，百折不挠	1. 行为盲目，轻信武断 2. 优柔寡断，犹豫不决 3. 不能控制冲动 4. 遇难而退，见异思迁
行为是否协调	1. 思维清晰，符合逻辑 2. 行为有序，语言有条理 3. 言行相符，思维行动一致 4. 行为反应正常	1. 思维混乱，不符合逻辑 2. 行为无序，语无伦次 3. 言行不一，思维与行动矛盾 4. 行为反应过敏或迟钝
人格是否完整	1. 气质、性格、能力均衡发展 2. 有积极进取的人生观 3. 需要、愿望、目标、行为统一 4. 正直、热情、自信、勇敢	1. 气质、性格、能力发展不平衡 2. 人生观消极、悲观失望 3. 需要、愿望、目标、行为相互矛盾 4. 冷漠、自卑、恐惧、自私

2. 身心健康促进的目的和意义

身心健康是个人正常学习、工作和生活的必备条件，是个人创造有价值、有意义人生的基本前提。身心健康促进的目的和意义在于通过健康教育与健康促进活动，达到改善、维护和促进个体的健康状况及身心发展，激发个人潜能，继而维护、促进社会的文明建设与发展。

3. 身心健康促进的重点内容

（1）开展青少年文化体育兴趣和爱好的培养活动、青少年文体交流活动。组织青少年广泛参与全民健身运动和各类文体交流活动，如三大球、田径、游泳、冰雪和民族传统体育项目等，培养体育运动爱好，提升身体素质，养成终身锻炼的习惯。鼓励和支持青年体育类社会组织发展，带动更多青年培养体育兴趣和爱好。

（2）为青少年提供社会实践教育和学业支持服务。根据教育部关于《中小学综合实践活动课程指导纲要》的目标及内容，为青少年提供考察探究、社会服务和职业体验等方面的实践教育和学业支持服务。考察探究服务是基于青少年自身的兴趣，引导青少年从自然、社会和自身生活中选择和确定研究主题，开展研究性学习，在观察、记录和思考中主动获取知识，分析并解决问题的服务。社会服务是青少年在相应的指导下，走出教室，参与社会活动，以自己的劳动满足社会组织或他人的需要，如公益活动、志愿服务、勤工俭学等；青少年在满足被服务者需要的过程中，获得自身发展，促进相关知识技能的学习，提升实践能力，成为履职尽责、敢于担当的人。职业体验服务是为青少年提供在实际工作岗位或者模拟情境中见习、实习的机会或者平台，促进青少年体认职业角色，如军训、学工、学农等。

（3）引导青少年珍惜生命、尊重生命，帮助青少年学习保护生命的方法：

①帮助、引导青少年认识生命的内涵及其构成：生命是在宇宙发展变化过程中自然出现的，存在一定的自我生长、繁衍、感觉、意识、意志、进化、互动等丰富可能的一类现象。人的生命一般由三个因素构成，即自然生命、社会生命和精神生命。自然生命是建立在人的血缘关系基础之上的生理范畴，主要涉及性、健康、安全和伦理等问题。社会生命是人伴随着一定的社会文化和心理基础发展起来的社会人文系统，涵盖人的成长、学习、交友、工作、爱情、婚姻等方面。精神生命是一个人“我之为我”的最根本体现和本质要求，涉及人性与人格。

②促使青少年理解生命的意义以及生命与天人物我之间的关系，学会积极的生存、健康的生活与独立的发展，并通过彼此间对生命的呵护、记录、感恩和分享，获得身心灵的和谐、生活幸福，实现自我生命的最大价值。

③帮助青少年学习伤害自护、道路安全、生活安全、灾害逃生等方面保护生命的方法；加强青少年生存及生活技能的体验及训练。

（4）帮助青少年掌握应对风险的方法，引导青少年对风险形成正向认识。引导并帮助青少年掌握应对自然风险（如地震、火灾、风灾以及各种疫情）、社会风险（如盗窃、抢劫、故意破坏等）、健康风险（如意外伤害、酒精、烟草、毒品、性病、艾滋病等）和网络安全风险等各类风险的方法。从抗逆力的视角，引导青少年能够正向、积极地认识这些风险。

（5）帮助青少年了解青春期相关生理和心理知识，积极应对心理困惑，增强解决问题的信心和能力。帮助青少年了解青春期的生理知识，如青春期、青春期身体的变化、生殖系统、性与性健康、生育与避孕等知识。帮助青少年了解心理知识，如人的认知及其过程、情绪情感及其发展、行为意志及其表现、个性发展及其特征（包括气质、性格和自我系统）等。在此基础上，能够积极应对由于现实生活、工作压力等产生的内心困扰、矛盾或者冲突，如缺乏动力、情绪消沉、紧张焦虑、人际压力等。

（6）帮助青少年自我认识，并实现自我肯定。自我认识是自我意识的认知成分，也是自我调节控制的心理基础。帮助青少年自我认识，即帮助青少年对自我（包括外貌、生理情况及其自己的感受、思考、价值观、体验、意图、情绪情感、行为、个性等）进行感知和意识，促进青少年通过清晰、全面的自我认识，发现自己、了解自己，能够积极多元地评价自己、悦纳自己，能够自我肯定、更好地掌控自己，最终达到自我实现。

（7）帮助青少年形成健康的人格，践行健康的生活方式。帮助青少年形成健康积极的人格（包括气质、性格和自我系统），具体表现为：气质、性格、能力均衡发展，有积极进取的人生观，需要、愿望、目标、行为统一，正直、热情、自信、勇敢等。并且能够形成有益于健康的、习惯化的生活方式，如合理安排并管理好工作、休闲、饮食、睡眠、锻炼、上网等方面的时间和方式。

4. 身心健康促进的措施及方法

（1）倡导、组织青少年广泛参与全民健身运动，培养体育运动爱好，提升身体素质，掌握运动技能，养成终身锻炼的习惯。

（2）倡导、支持青少年体育类社会组织的发展，带动更多青少年培养体育运动的兴趣、爱好。

（3）加强青少年心理健康知识的宣传与普及，运用小组工作、社区工作、社会工作行政等专业方法，提高青少年心理健康知识知晓率。

（4）加强对青少年的人文关怀和心理疏导，运用个案工作、小组工作、社区工作、社会工作行政等专业方法，链接心理健康教育和心理辅导人员等社会资源，引导青少年自尊自信、理性平和、积极向上，正确处理个人与他人、个人与集体、个人与社会的关系，培养良好的心理素质和意志品质，促进青少年身心和谐发展。

（5）重点抓好在校青少年的身心健康促进工作，通过不同机制的学校社会工作，链接各类社会资源，联动并构建学校-家庭-社会（社区）互动机制，加强源头预防，解决常态问题，应对高危难题，促进青少年潜能发展。

（6）动员社会力量，运用社会政策、社会工作行政、社区工作、历奇辅导、朋辈辅导、向导服务、小组工作、个案工作等专业方法，以及组织志愿服务和慈善捐助等形式，为各类青少年亚群体提供有针对性的健康服务。如重视服务残疾青年的专业康复训练；促进解决农村地区、贫困地区、西部地区青少年学生的营养健康问题；引导高校学生“走下网络、走出宿舍、走向操场”，养成健康文明的生活习惯；关注进城务工青年的健康状况，协助相关部门开展健康监测；协助做好青年职业病的预防和治疗工作。

（7）倡导并定期组织青少年参与公共场所安全演练，开展灾害逃生、伤害自护、防恐自救、互助互救等体验教育，增强青少年应对突发性事件时的自我保护意识和防灾避险能力。

（8）动员社会力量，增强社会倡导，运用社会政策、社会工作行政、朋辈辅导、向导服务、社区工作、小组工作、个案工作等专业方法，以及组织志愿服务等形式，提高青少年群体尤其是青少年学生群体对酒精、毒品、艾滋病及其危害性的认识，增强其应对风险的能力。

示例1

引导青少年珍惜生命、尊重生命，帮助青少年学习保护生命的方法

几年前，东部某市一所著名示范性高中，在短短一周内相继有两个学生跳楼自杀，一个学生自杀的原因是虽然可以保送北大，但未能达到该生父母期待的保送清华的目标。另一名学生则因为学长跳楼，对照自己当时的情况，也以选择自杀方式追随、陪伴那位轻生的学长而去。一年前，沿海某市一所示范性高中的一名男生因为感情受挫，选择在学校内跳楼自杀……一个个精彩灿烂的青春生命，为何会以这种极端的方式走向终结？

北京大学儿童青少年卫生研究所所作的一份历时3年多、全国13个

省大约1.5万名学生参与的《中学生自杀现象调查分析报告》显示：中学生5个人中就有一个人曾经考虑过自杀，占样本总数的20.4%，而为自杀做过计划的占样本总数的6.5%！一份发表于2015年的对深圳市4所高中学生自杀行为影响因素进行分析的研究报告显示，35.9%的学生表示曾考虑过自杀，2.1%的学生曾有自杀的计划，1.1%的学生曾尝试采取措施自杀。在香港，一些学者的调查认为自杀是导致青少年死亡的重要原因之一。

深圳市某区各中学随机选取近千名中学生进行的抽样调查显示：中学生对生命状态的现实是主体意识缺失、归属意识淡漠。16%的中学生表示生命教育“非正规地接受过一点”，16%的中学生表示“一无所知，没有接受过”，18%的中学生表示“说不清楚”。而有相当一部分教师及学生家长，缺乏对生命、生命教育及生存技能的正确认识。

一项对上海市10所示范性高中2141名高中生的调查结果显示：在生命教育课程的覆盖上，近73%的学生表示在高中阶段，接触过生命意义、生命价值等方面的课程，其中24.8%的学生表示不仅接触过，开设的课程也比较多；17.1%的学生表示学校没有开设专门的课程，但有其他课程中会涉及一些内容；还有近10%的学生表示没有印象或者完全没有开展过。在开设生命教育课程的必要性上，87.2%的学生表示开展生命教育课程是必要的，其中近50%的学生表示非常有必要，5.4%的学生表示没有必要或者完全没必要开展这项课程，剩余的学生呈中立状态，既不支持也不反对。在生命教育课程的内容和形式上，学校提供最多的前三项主题教育活动分别为生涯指导（76.0%）、逃生或急救的方法（67.0%）以及心理健康辅导（65.8%），而较少提供“死亡”“性”“生命由来”这三个方面的主题活动。

另外，对上海市10所示范性高中1793位家长的调查结果显示：在对生命教育的了解和重视程度上，近75%的家长表示对生命教育的概念比较了解，其中21.31%的家长表示非常了解。在谈到生命教育对孩子的意义时，95%的家长表示生命教育对孩子的人生有着意义，可能影响孩子的未来，其中60%以上的家长表示意义重大，对未来的影响也大。在家长对孩子进行生命教育的频率上，20%的家长表示经常在家中和孩子谈起这类话题，55.27%家长表示偶尔会和孩子聊聊这类话题，近23%的家长表示很少或者几乎从来没有和孩子聊过这类话题。

在谈及的话题上，家长经常与孩子谈起的话题有生涯规划、交友、时间安排和青春期教育，而很少或者从未与孩子谈到的话题是性教育、生命的由来和死亡。

通过以上案例及调查数据可以看出，青少年特别是在校青少年的生命教育势在必行。青少年社会工作者可以基于生命教育的现状和青少年的发展需求开展相应的专业服务。

1. 接触预估

通过问卷调查、访谈了解在校青少年关于珍惜生命、尊重生命的现状、需求、问题以及其所处不同系统环境的资源和优势。同时，与学校、青少年及其家庭建立良好的互动关系。

在初步收集资料的基础上，运用优势视角（包括服务对象及其环境的资源和优势）和社会生态系统理论，分析、统整所收集的资料并作出预估摘要，同时与青少年及其家庭等商讨并确定其服务需求和需要解决的问题。

2. 服务设计

根据接触预估，社会工作者与青少年及其家长、学校相关的行政人员一起商讨，制订出具体的服务计划。

主题	内容及目标	形式	所需要的资源
学校倡导	动员学生、家长、教师、学校行政人员、社区工作者等众多参与者，通过社区活动，增进学生对生命的认识，培养尊重生命、热爱生命的情感，以及实践生命意义及价值的行动	社区工作（如校园“生命教育周”等系列活动）、社会工作行政等	人力资源：学校行政人员、有需求和有教育经验的家长、社区相关人员、学生 物力资源：活动场地、活动经费等
助力家长	了解青少年生理、心理发展的特征，学习生命教育的内容及其对孩子成长的意义，协助家长指导孩子尊重生命、热爱生命	系列专题讲座、教育咨询、社会工作咨询、家长小组、个案辅导	人力资源：专题讲座、教育咨询及小组和个案辅导的专业人员、有需求和有教育经验的家长、志愿者等 物力资源：活动场地、活动经费等

续表

主题	内容及目标	形式	所需要的资源
关爱生命小组	根据青少年的需求和发展特点，以“关爱生命”为主题，开展系列青少年及亲子小组活动	8—10次的小组活动方案及实施，小组的主题包括“生命的起源”“我的成长”“我与家庭”“我与朋友”“生命中的危机”“生与死”等	人力资源：社会工作者、有需求的家长和青少年等 物力资源：活动场地、活动经费等
生命成长辅导	以个案方式促进青少年珍视生命、活出生命的价值	个案工作	人力资源：社会工作者、有需求的家长和青少年等 物力资源：个案辅导室等
社区关照	通过宣传倡导、组织活动，协助家庭开展生命教育	社区工作、社区康乐活动（如读书会、棋类游戏及文娱活动）	人力资源：社会工作者、志愿者 物力资源：活动场地、活动经费等

3. 服务实施

青少年社会工作者在落实服务设计、开展服务过程中，需特别注意以下四点：

（1）围绕各类目标链接资源，扎实、灵活地开展各项活动。

（2）尽量促进学校、家长及其子女的参与和投入。

（3）注意整合运用社会、社区、学校及家庭的各类人力及物力等资源。

（4）注意根据服务对象的动态需求优化服务内容，在个案辅导中应对服务风险。

4. 成效评估

青少年社会工作者可以通过入户访谈、集体座谈、问卷调查等形式，对服务进行满意度评估、服务对象及环境系统改变的评估、服务的结束及跟进。

通过召开总结大会或者联谊活动回顾整个服务过程，肯定学校、家庭及其子女、社区人员的参与和投入，肯定各类人力资源在服务中的贡献，强化家庭及青少年在生命关爱方面发生的改变，巩固服务成效。（示例来源：主要依据2018年杨振峰撰写的华东师范大学博士论文《高中生命教育支持系统研究——以上海市示范性高中为例》中的数据信息编写而成）

示例分析

本案例主要聚焦于身心健康促进中的“引导青少年珍惜生命、尊重生命，帮助青少年学习保护生命的方法”。通过问卷调查、访谈了解在校青少年珍惜生命、尊重生命的现状、需求、问题以及其所处不同系统环境的资源和优势，同时与学校、青少年及其家庭建立良好的互动关系。在此基础上，构建学校-家庭-社区联动的教育服务体系，通过社区工作（如开展校园“生命教育周”等系列活动、小组工作等方法）增进学生、教师和家长对生命的认识，培养尊重生命、热爱生命的情感。通过系列专题讲座、教育咨询、社会工作咨询、家长小组、家庭辅导等形式及方法，助力家长了解青少年生理、心理发展的特征，学习生命教育的内容及其对孩子成长的意义，协助家长指导孩子尊重生命、热爱生命。通过“关爱生命”主题的青少年及亲子小组活动，对有需求或者有困扰的个人及家庭进行个案辅导，促进青少年珍视生命、尊重生命、学习保护生命的方法、活出生命的价值和意义。另外，在社区，通过宣传倡导、组织社区康乐活动等，协助家庭开展生命教育。

示例2

帮助青少年自我认识，并实现自我肯定

16岁的历历最近总在思考这样一个问题：“我是怎样的人呢？”在家长的眼里，她是乖巧而有些小脾气的；在教师眼里，她是勤奋、积极而文静的；在同学眼里，她是活泼、友好还比较小女生的；在自己眼里，她是乐观、有想法但有时情绪波动较大的，而且她希望自己将来能成为一名成功的职业女性。历历觉得大家和自己的评价大相径庭，但各有一些贴切之

处。到底自己是怎样的呢？她希望学校社会工作者小爱能够帮助她找到答案。在学校中，还有相当一部分像历历这样的青少年，学校社会工作者小爱打算为他们提供自我认识及成长方面的专业服务。

1. 接触预估

社会工作者小爱先联系到历历，初步接触后，经历历同意后探访了她的父母。之后又和同事走访了历历所在的学校，初步了解学校里与历历情况相仿青少年的情况。其间主要运用会谈和探访的技巧，收集相关资料，同时与学校、家庭建立良好的互动关系。

在初步收集资料的基础上，运用优势视角和社会生态系统理论，分析、统整所收集的资料并作出预估摘要，并与一些像历历这样的青少年及其家庭商讨并确定他们的服务需求和需要解决的问题。

2. 服务设计

根据接触预估，小爱和同事与历历这样的青少年及其家长一起，制订出以下具体的服务计划。

“职业发展规划”服务计划

主题	内容及目标	形式	所需要的资源
学校教育活动	组织开展“青春·成长”主题活动，帮助青少年在体验中认识自我并不断成长	系列主题班会、团队会、社会实践活动	人力资源：学校老师、校团委、社会工作者、志愿者等 物力资源：活动场地、活动经费等
自我成长小组	根据历历等青少年的需求和特点，以“自我成长”为主题，开展系列小组活动，促进青少年厘清自我、悦纳自我、肯定自我	8—10次的小组活动方案及实施，如“我的个性”“我的角色”“我与同伴”“我与家庭”“他人眼中的我”“自我挑战”“我的未来”等	人力资源：社会工作者、有需求的青少年等 物力资源：活动场地、活动经费等
自我成长辅导	以个案方式辅导有探索需求或者有困扰的个人及家庭，促进青少年自我认识与成长	个案工作	人力资源：社会工作者、有需求的青少年及家庭等 物力资源：个案辅导室等

3. 服务实施

小爱和同事在落实服务设计、开展服务的过程中，特别注意以下四点：

（1）围绕各类目标链接资源，扎实、灵活地开展各项活动。

（2）尽量促进有需要的青少年及其家庭的参与。

（3）注意整合运用社会、学校及家庭的各类人力及物力等资源。

（4）不断发掘和培养学校中自我成长的榜样青少年及其家庭。

4. 成效评估

小爱和同事通过入户访谈、集体座谈、问卷调查等形式，对服务进行满意度评估、服务对象及环境系统改变的评估。

通过在学校召开总结大会回顾整个服务过程，肯定家长及其子女的参与和投入，肯定各类人力资源在服务中的贡献，巩固服务成效。（示例来源：许莉娅．学校社会工作［J］．北京：高等教育出版社，2009）

示例分析

本案例主要聚焦于“帮助青少年自我认识，并实现自我肯定”。案例中的社会工作者先通过初步接触历历、探访其父母、走访历历所在的学校等方式，了解像历历这样的青少年自我认识的需求。通过接触发现，像历历这样的青少年，探索自我的意愿强烈，能够思考不同于他人眼中的自己，在困惑的时候能够主动寻求专业人员的帮助。在接触预估的基础上，社会工作者与一些像历历这样的青少年及其家庭通过商讨，形成具体、明确的服务设计。在服务设计时，在内容上紧紧围绕帮助青少年自我认识、实现其自我肯定，在形式及方法上包括学校教育活动、自我成长小组、自我成长辅导等，社会工作者需要注意服务设计的形式及方法要贴合服务的内容，指向服务目标。在服务实施过程中，根据服务对象的实际情况，灵活实施服务设计。

示例3

帮助青少年形成健康的人格，践行健康的生活方式

曲小爱是初中二年级的学生，她的父母平时工作比较忙，还经常加班，小爱放学后经常一个人在家。因为缺少父母的照顾，小爱回到家后，通常先玩电脑游戏，再看电视，总是玩够了才开始写作业，一般写得很晚才睡觉，实在写不完她索性就不写了。最近，小爱的老师向她的父母反映，小爱总是

不能按时完成作业，而且上课不能集中注意力，有时还在课堂上睡觉。父母知道这些情况后很着急，他们知道小爱一个人待在家里，不能合理安排时间，学习也因此受到影响，另外还存在安全隐患。带着担心和期待，他们找到了社会工作者小王。小王和同事一起，以小爱所在社区与小爱情况相仿的青少年为服务对象，开展了相应的社会工作服务。

1. 接触预估

小王和同事先走访了小爱居住社区的居委会和其所在的学校，初步了解社区和学校里与小爱情况相仿青少年的情况。主要运用会谈和探访的技巧，收集相关资料，同时与学校、社区及家庭建立良好的互动关系。

在初步收集资料的基础上，运用优势视角（包括服务对象及其环境的资源和优势）和社会生态系统理论，分析、统整所收集的资料并作出预估摘要，与社区中的家庭、青少年商讨并确定他们的服务需求和需要解决的问题。

2. 服务设计

根据接触预估，小王和同事尽量和青少年及其家长一起商讨、制订出以下具体的服务计划。

（1）总目标：协助家长指导青少年学会独立的学习和生活；培养青少年形成积极、有效管理自己的意识、行为和能力。

（2）分目标：

①协助家长指导青少年逐渐独立地面对自己的学习和生活。

②培养青少年形成积极、有效管理自己的意识、行为和能力。

③鼓励青少年参与健康的娱乐活动，培养积极、健康的生活习惯。

（3）具体服务计划

“做生活的管理者”服务计划

主题	内容及目标	形式	所需要的资源
助力家长	认识青少年生理、心理发展的特征，协助家长指导孩子自我管理	专题讲座、教育咨询、社会工作咨询、家长小组、个案辅导	人力资源：专题讲座、教育咨询及小组和个案辅导的专业人员、有需求和有教育经验的家长 物力资源：活动场地、活动经费等

续表

主题	内容及目标	形式	所需要的资源
自我管理小组	根据青少年的需求和特点，以“自我管理”为主题，开展系列青少年及亲子小组活动	8—10次的小组活动方案及实施	人力资源：社会工作者、有需求的家长和青少年等 物力资源：活动场地、活动经费等
自我管理辅导	以个案方式辅导小组活动中有探索需求或者有困扰的个人及家庭，促进青少年自我管理的改善及成长	个案工作（行为训练等）	人力资源：社会工作者、有需求的家长和青少年 物力资源：个案辅导室等
社区关照	利用社区及学校资源，辅助家长照顾、管理孩子	课后学习社	人力资源：学校及社区志愿者 物力资源：活动场地、活动经费等
健康娱乐	组织丰富的社区娱乐活动，鼓励青少年积极参与	读书会、棋类游戏及文娱活动	人力资源：社区志愿者 物力资源：活动场地等

3. 服务实施

小王和同事在落实服务设计、开展服务的过程中，特别注意以下四点：

（1）围绕各类目标链接资源，扎实、灵活地开展各项活动。

（2）尽量促进社区家长及其子女的参与和投入程度。

（3）注意整合运用社会、社区、学校及家庭的各类人力及物力等资源。

（4）不断发掘和培养社区中的榜样或领袖青少年家庭。

4. 成效评估

小王和同事通过入户访谈、集体座谈、问卷调查等形式，对服务进行满意度评估、服务对象及环境系统改变的评估、服务的结束及跟进。

通过召开社区联谊活动或总结大会回顾整个服务过程，肯定社区家长及其子女的参与和投入，肯定各类人力资源在服务中的贡献，强化社区中家庭及青少年发生的改变，巩固服务成效。（示例来源：根据现实生活中的中学生实例编写）

示例分析

本案例聚焦于“帮助青少年形成健康的人格，践行健康的生活方式”，社会工作者先通过初步接触服务对象曲小爱、探访其父母、走访其所在的学校和社区等方式，了解像曲小爱这样的青少年学习及生活习惯等方面存在的问题，以及这些青少年想改变的方向。在预估和服务设计的基础上，通过专题讲座、教育咨询、社会工作咨询、家长小组、个案辅导等形式及方法，帮助家长认识青少年身心发展的特点、协助家长指导孩子进行自我管理。通过对青少年及其家庭开展自我管理小组和个案辅导，帮助青少年逐渐形成健康的学习与生活方式，促进其形成健康的人格。通过开展社区关照和健康娱乐活动，为青少年践行健康的生活方式、形成健康的人格提供有效的服务平台及资源。

第三节　婚恋交友支持

原文

5.3　婚恋交友支持

主要包括但不限于以下内容：

——帮助青少年树立文明、健康、理性的婚恋观，提供婚恋教育和指导，开展婚恋交友服务；

——帮助青少年树立正确的家庭观，传承优良家风家教；

——开展性健康和优生优育宣传教育服务；

——协助青少年建立良好人际关系。

解读

1. 婚恋交友的定义

婚恋是男女个人结成夫妻关系的行为，是家庭成立的标志和基础。婚恋关系的本质在于其社会性，即按照一定的法律、伦理和习俗规定而建立的一种特定的人际关系和社会关系。

交友是人们为了改变单身生活，带着友好、真诚与信任结交认识他人的过程。交友可以是交女朋友或者男朋友，也可以是普通朋友。

2. 婚恋交友支持的目的和意义

促进青年婚恋交友观念及其行为更加文明、健康、积极、理性，提升青年婚恋交友、婚姻家庭和生殖健康的素养和质量。

3. 婚恋交友支持的重点内容

（1）帮助青少年树立文明、健康、理性的婚恋观，提供婚恋教育和指导，开展婚恋交友服务。婚恋观是男女双方对恋爱、婚姻和性的根本看法和态度，包括对爱情本质、择友标准、恋爱道德、恋爱与婚姻关系、婚姻道德与责任等一系列问题的看法和态度。婚恋观直接影响恋爱、婚姻行为的价值取向，对青年的择偶行为、婚姻生活起着重要的导向作用。社会工作者应帮助青少年树立文明、健康、理性的婚恋观，强化青年对婚恋交友的尊重意识、诚信意识和责任意识，如坦诚相待、男女平等、彼此尊重、真诚友善、情感专一等。对有需要的青年，特别是大龄未婚青年群体，社会工作者可提供包括择友、恋爱道德、恋爱与婚姻关系、婚姻道德与责任等内容的婚恋教育和指导，开展多种形式的婚恋交友服务。

（2）帮助青少年树立正确的家庭观，传承优良家风家教。帮助青少年树立正确的家庭观，即对家人关系、夫妻关系、亲子关系、亲属关系及其他家庭或者婚姻事务等形成正向的观点、积极的态度。同时，传承优良的家风家教，如尊老爱幼、男女平等、夫妻和睦、勤俭持家、邻里团结等。

（3）开展性健康和优生优育宣传教育服务。对青少年开展性健康教育服务，在内容上包括性生理学教育（如生殖系统、性发育、性行为与性反应、性生活与性保健）、性心理学教育（如性心理、性心理问题及障碍）、性社会学教育（计划生育与生育调节、性传播疾病、性道德与性法律、性美育）。对青年开展优生优育宣传教育服务，在内容上包括：提倡无遗传疾病的夫妻在身体健康的条件下受孕；女性在怀孕和哺乳期间，不吸烟不饮酒、慎用药物，保证营养充足、身心健康；提倡母乳喂养婴儿，饮食多样化并优化搭配，保证婴幼儿有充足的营养，杜绝营养缺乏和过剩；提倡母婴有充分的室内和户外活动；提倡胎教和早期教育，使母亲了解胎儿、婴幼儿的发育过程，实现对婴幼儿生长、发育和教育的有机结合和一体化。另外，加大对适龄青年的婚育辅导力度，加大适龄青年婚前检查、孕前检查和产前检查的教育普及力度。

（4）协助青少年建立良好人际关系。协助青少年形成平等尊重、真诚友善、和谐互助的人际关系意识。在学校教育系统，运用学校社会工作服务模式，协助青少年建立良好的师生关系、同学关系、朋友关系、异性关系。链接各类资源，切实为企业青年、进城务工青年和农村青年等群体搭建人际交友平台，组织开展健康、多样的人际交流活动，协助其建立良好的朋友关系、异性关系。通过建立良好人际关系的过程，帮助青少年更好地认识自己及其与他人的关系，获得并增强安全感、归属感和自信心，形成健康的人格。

4. 婚恋交友支持的措施及方法

（1）运用社会工作行政、社区工作、小组工作等专业方法，宣传倡导、引导并提升青年的婚恋观和交友意识。如运用大众传媒的社会影响力，倡导男女平等、彼此尊重、真诚友善，积极传播正面、理性的婚恋观。

（2）在高校教育系统，运用学校社会工作的服务模式，强化青年对情感生活的尊重意识、诚信意识和责任意识，引导青年树立文明、健康、理性的交友婚恋观。

（3）运用社会工作行政、社区工作、小组工作、个案工作等专业方法，切实服务青年婚恋交友。如链接各类资源，与工会、共青团、妇联等群团组织和社会组织协同合作，为青年婚恋交友提供必要的基础保障和适合青年特点的便利条件。组织开展健康、有趣的青年交友交流活动、小组活动，重点做好大龄未婚青年等群体的婚姻服务工作。运用个案工作的方法，为在婚恋交友中遇到困难的青年提供人际交往、婚恋婚育等方面的辅导与服务。

（4）通过宣传倡导，运用社会工作行政、社区工作、小组工作等专业方法，引导并提升青年的家庭观。如倡导青年尊老爱幼、男女平等、夫妻和睦、勤俭持家、邻里团结，传承优良家教家风，培育家庭文明；加强青年敬老、养老、助老道德建设，大力弘扬孝敬老人的传统美德。

（5）通过宣传倡导，运用社会政策、社会工作行政、社区工作、小组工作等专业方法，开展青年性健康教育和优生优育宣传教育服务。如链接社会资源，通过大众传媒的社会影响力，在青年中弘扬以“婚育文明、性别平等，计划生育、优生优育，生殖健康、家庭幸福”为核心的婚育文化；加强对国家人口发展战略和政策的宣传教育；增强对婚恋、孕检、产检及性健康系统知识的普及。

示例 1

帮助青少年树立文明、健康、理性的婚恋观，提供婚恋教育和指导，开展婚恋交友服务

北京市西城区展览路街道辖区内共有单身青年2000余名，为了进一步拓展辖区内单身青年的社交圈，提升其社交能力，更好地解决其单身婚恋问题，展览路街道新华里·社区青年汇在展览路街道团工委的指导下，开展了“恋上一座城·遇见一个ta——单身青年恋爱交友项目”。

1. 接触预估

项目首先通过单身青年微信群、电子邮件和实地走访等方式，对辖区内单身青年进行婚恋交友问题和需求调查，并初步建立关系。调查发现：第一，单身青年的交友联谊意识较强，半数以上的青年有过恋爱经历；第二，单身青年交友困难的主要原因有宁缺毋滥的交友观念、社交圈子窄、工作繁忙、交友信息不对称等；第三，单身青年交友较注重经济基础、良好的道德人品、共同的兴趣爱好，较不注重双方在学业或者事业上的差距、传统的家庭条件等；第四，单身青年希望团组织或者该项目能够搭建交友平台，期待参加两周一次或者一月一次的有共同兴趣爱好的小聚会、大型交友联谊活动；第五，单身青年业余生活呈现健康、充实、多元化的特点。

2. 服务设计

（1）服务主题：恋上一座城·遇见一个ta——单身青年婚恋交友

（2）服务理念和理论依据：秉承“助人自助”的专业理念，以社会学习理论、角色理论、社会生态系统理论为理论依据。

（3）服务目的和目标：拓展单身青年的交友圈，协助构建其社会支持网络；缓解单身青年及其家庭的心理压力；增强单身青年的人际交往能力和自我效能感。

（4）具体的服务计划

主题	内容及目标	形式	所需要的资源
认识自己和同伴	认识单身青年生理、心理发展特征，学习交友、婚恋的知识与技能，增强对社会交往的认识，提升交往能力	专题讲座、教育咨询、小组工作、个案辅导	人力资源：专题讲座、教育咨询及小组工作和个案辅导的专业人员 物力资源：活动场地、活动经费
婚恋交友小组	根据单身青年的需求和特点，以“婚恋交友”为主题，开展系列小组活动，增强单身青年的人际沟通和交往能力、自我效能感	六次系列小组活动： 第一次：微心愿 心起航 第二次：明定位 准角色 第三次：你来说 我来拼 第四次：看鹊桥 来相会 第五次：古韵塔 共构筑 第六次：蓦回首 ta还在	人力资源：社会工作者、单身青年等 物力资源：活动场地、活动经费
婚恋交友辅导	对小组活动中有探索需求或者有困扰的单身青年及其家庭进行个案辅导，以缓解其个人及家庭的心理压力，促进其婚恋交友认识的改善及能力提升	个案工作（行为训练等）	人力资源：社会工作者、有需求的单身青年 物力资源：个案辅导室等
链接资源	链接单身青年的朋辈资源、工作单位及政府资源，增强其社会生态系统的支持	微信联系、走访朋辈，获得其理解与支持；探访单身青年的工作单位，通过协商，获得工作单位在其交友时间上的支持；积极寻求政府支持，为搭建线下、线上的婚恋交友平台争取适当的经费、场地及培训资源	人力资源：社会工作者、单身青年的朋辈和工作单位负责人、政府相关负责部门
宣传倡导	宣传倡导文明、健康、理性的婚恋观及正确的家庭观，预防社会大众为单身青年“贴标签”，缓解其心理压力，促进其积极交友	利用微信公众号、微信、互联网、宣传册或者宣传海报等进行宣传倡导	人力资源：社会工作者、大众传媒宣传人员 物力资源：宣传经费等

3. 服务实施

（1）项目团队工作会议。明确项目目标、项目服务框架、参与人员的职责与分工等。

（2）链接资源。展览路街道新华里·社区青年汇与北京市团区委、街道进行项目沟通，链接相应的资源。

（3）宣传及招募。项目通过微信公众号、微信、张贴海报、走访等方式，进行宣传及招募。

（4）实施服务设计。展览路街道新华里·社区青年汇落实项目的具体服务计划，开展各种形式的服务。

4. 成效评估

（1）通过问卷和访谈的方法进行目标评估，结果显示项目目标得到较好实现。该项目协助单身青年构建了较丰富的社会支持网络，较明显地缓解了单身青年及其家庭的心理压力，大大增强了单身青年的人际交往能力和自我效能感。项目结束时，服务单身青年 200 余人次，发展社区青年汇会员 150 余名，其中 30 余名服务对象成为社区青年汇的志愿者。

（2）服务满意度较高。专题讲座、婚恋交友小组、婚恋交友辅导的满意率达 95%左右，项目的总体满意率达 90%左右。

（3）服务对象及其环境系统的改变。单身青年在心理压力缓解的同时，其家庭关系和家庭互动也发生了积极的改变，单身青年的家人不再急于催促其交友，而是以正向、恰当的方式帮助其交友。另外，单身青年的朋友圈也成为其有效的社会支持。

（4）服务的结束及跟进。项目结束时，构建了一个全方位、多层次的交友互动网络，使得单身青年群体能够有一个信得过、靠得住、多样化的交流与资源平台，进而有益于项目结束后单身青年的交友互助。（示例来源：根据雷春杰《专业社会工作介入单身青年婚恋交友的模式初探——以北京市西城区某项目为例》的案例改编）

示例分析

本案例聚焦于“帮助青少年树立文明、健康、理性的婚恋观，提供婚恋教育和指导，开展婚恋交友服务”，社会工作者首先通过问卷调查和实地走访，对服务对象——单身青年婚恋交友的需求及其遇到的困难进行了

较全面的预估，同时与服务对象初步建立了关系。在此基础上，通过专题讲座、教育咨询、小组工作等形式及方法，帮助服务对象学习交友、婚恋的知识与技能，增强他们对社会交往的认识，提升其人际沟通和交往能力。通过婚恋交友辅导，对有需要和有困扰的单身青年及其家庭开展个案辅导，缓解其个人及家庭的心理压力，促进服务对象婚恋交友认识的改善及其能力的提升。通过探访服务对象的工作单位、搭建线上及线下的婚恋交友平台，为服务对象链接社会资源，增强其社会生态系统的支持。通过宣传倡导文明、健康、理性的婚恋观，正确的家庭观，预防社会大众对单身青年贴标签，营造积极正向的社会交友环境。

示例2

协助青少年建立良好人际关系

在当今的大学校园里，发现不少男生在很多场合与女生交往有障碍。看见女生迎面走来就低下头走过去，或者绕道走开，更不用说打招呼搭话；女生主动和他们说话，他们却面红耳赤，表现出很紧张的样子。在女生面前，这些男生总是感到一种无形的压力和紧张，本来一些很平常的动作都显得笨手笨脚的。他们不去主动和女生交谈，更不会主动约女生。

针对以上现象，基于青少年发展的特点，结合心理发展阶段理论和镜中自我理论，我们采用发展性小组模式，设计并开展相应的小组活动。

1. 活动目标

(1) 总目标：改善组员与异性的交往模式，提高其与异性交往的技巧，以帮助组员实现正常交往。

(2) 分目标：

①让组员正确认识在与异性交往中自己的角色，全面了解异性对自己的印象及看法。

②增加组员与异性交往、了解的机会，克服其心理压力，促使其在行为上得到改善。

③总结异性交往问题的共性及其成因，对症下药，培养组员提升其与异性交往的能力。

2. 服务对象

（1）来源：大学二年级男生。

（2）特点：和异性交往存在困难，希望改善或者提高与异性交往的能力。

3. 小组特征

（1）性质：异性交往能力发展小组。

（2）人数：8—10人。

（3）次数：8次。

（4）时间：每周三、周六15：00—16：30。

（5）地点：社会工作实验室。

4. 活动计划

活动主题	活动目标	活动过程
第一节 初次见面	相互认识、形成目标	自我介绍、热身活动、主题活动、讨论并确定小组目标、订立小组契约
第二节 认知重塑	引导组员正确认识自己与异性的关系	热身活动、主题活动——自画像、分享讨论
第三节 勇气可嘉	鼓励组员与异性交往	热身活动、主题活动——对视、分享讨论
第四节 角色扮演	提供组员与异性交流的机会，增强其与异性交往的勇气	热身活动、主题活动——角色扮演及造句、分享讨论
第五节 合作无限	锻炼组员与异性合作的能力	热身活动、主题活动——走钢丝及搭塔、分享讨论
第六节 巩固合作	巩固成果，改善组员与异性交往的能力	热身活动、主题活动——情景模拟、分享签名活动、分享讨论
第七节 舞蹈学习	提升组员请异性帮忙的勇气及技巧	热身活动、主题活动——向异性学习舞蹈、分享讨论
第八节 临别总结	活动总结、分享感受	临别赠言、畅谈活动感受、合影留念

5. 评估方法

(1) 在小组最后一节，进行问卷调查，了解参加活动前后的改变。

(2) 在小组最后一节，对组员进行访谈，了解活动成效。

(3) 通过观察记录每次活动的过程，进行过程评估。(示例来源：陆士桢. 中国青少年社会工作实务案例精选［M］. 上海：华东理工大学出版社，2010)

示例分析

本示例聚焦于“协助青少年建立良好人际关系”。青少年时期面临亲子关系、师生关系、同学关系、朋友关系、异性关系等诸多类型的人际关系，该时期的人际交往经验及模式对其成年生活的社会交往会产生较大的影响。对于大学生群体而言，异性关系是其诸多关系中的一个重要议题。本示例以大二男生为服务对象，针对现实生活中他们在异性交往中面临的问题，主要运用小组工作的方法，协助大学生形成平等尊重、真诚友善、和谐互助的人际关系意识，并通过适宜服务对象特点的活动内容及形式，提供其与异性交往的机会，增强其与异性交往的勇气和能力，从而帮助服务对象更好地认识自己及其与异性的关系，间接促进其获得并增强安全感、归属感和自信心。

第四节　就业创业支持

原文

5.4 就业创业支持

主要包括但不限于以下内容：

——开展就业创业政策宣传服务；

——协助链接就业创业资源；

——帮助提升就业创业能力；

——协助提升职业技能；

——开展就业创业指导及职业生涯规划服务。

解读

1. 就业创业的定义

就业是指在法定年龄内有劳动能力和劳动愿望的人们，所从事的为获取报酬或者经营收入进行的活动。创业是创业者对自己拥有的资源或者通过努力对能够拥有的资源进行优化整合，从而创造出更大经济或者社会价值的过程。创业包含在就业之内。

2. 就业创业支持的目的和意义

培养和强化青年的职业意识，实现其自主和优势择业；自我开发职业潜能，提升创业活力，实现人生目标；增强青年的自我选择，实现个人与组织、社会的全面协调发展。

3. 就业创业支持的重点内容

（1）开展就业创业政策宣传服务。对青年群体开展有关国家及地方就业创业政策宣传服务，如 2015 年国务院印发的《关于进一步做好新形势下就业创业工作的意见》的宣传倡导；开展针对各类青年亚群体就业创业政策宣传服务，如农民工群体、返乡农村青年群体、大学毕业生群体、退役军人、留学回国青年等就业创业政策的宣传服务工作。

（2）协助链接就业创业资源。尝试多渠道、多层次与政府、企业、社区组织和市场等正式的社会支持网络建立联系，协助链接就业创业资源。促进青年创业项目展示和资源对接平台，协助搭建青年创业信息公共服务网络。

（3）帮助提升就业创业能力。帮助青年明确目标职业或者创业所需要的职业能力和素质；协助青年制订提高就业创业素质和能力的计划并加以实施；帮助青年提升就业创业的通用能力，包括沟通表达、人际交往、问题解决、团队合作、学习能力、抗压能力和创新能力等。

（4）协助提升职业技能。协助不同青年亚群体及青年重点群体（如贫困家庭子女、青年失业人员和转岗职工、退役青年军人和残疾青年等）提升就业创业所需要的专业技术和能力。促进开展青年农民工、农村初高中毕业生、有创业意愿的青年农民及青年重点群体有关技工类技能、餐饮类技能、工程机械类技能、服装设计类技能、美容化妆类技能、汽修类技能等方面的职业技能和创业培训。

（5）开展就业创业指导及职业生涯规划服务。对青年开展就业创业指导，帮助青年学习就业和创业的基本知识，了解和掌握当前的就业形势以及相关的国家政策、法律、法规，客观地认识和评价自己，树立正确的职业观、就业观，熟悉就业与创业的方法和技巧。对青年开展职业生涯规划服务，即主要在青少年的自我认识与自我规划（确定职业方向和目标、制订职业发展道路计划）、自我管理（明确需要进行的自我学习、提升准备和行动计划）、自我实现（反馈评估、修正完善）等方面开展不同形式的服务。

4. 就业创业支持的措施及方法

（1）动员社会力量，运用社会政策、社会工作行政、社区工作等专业方法，开展就业创业政策宣传服务。

（2）通过与政府、企业、社区组织和市场等正式的社会支持网络建立联系，协助青年链接就业创业资源。

（3）动员社会力量，运用社会政策、社会工作行政、社区工作、小组工作等专业方法，帮助青年提升就业创业能力。

（4）动员社会力量，链接社会资源，运用社会政策、社会工作行政、社区工作、小组工作等专业方法，促进青年职业培训，协助提升职业技能及落实职业培训补贴政策。如促进实施离校未就业高校毕业生就业促进计划，为毕业生提供职业指导、就业信息、就业见习、就业帮扶等服务。促进开展青年农民工职业技能培训，通过定向和定岗式培训，对农村初高中毕业生等新生代农民工开展就业技能培训，为有创业意愿的青年农民工提供创业培训。协助开展青年重点群体职业培训，加大贫困家庭子女、青年失业人员和转岗职工、退役青年军人和残疾青年等劳动者职业技能和创业培训力度；协助落实按规定提供培训补贴。

（5）运用社区工作、小组工作、个案工作等专业方法，为在校中学生、大学生以及离校未就业高校毕业生、社区青年、有创业意愿的青年等开展就业创业指导及职业生涯规划服务，包括帮助其了解个人职业倾向（职业价值观、职业方向、气质、性格、兴趣、能力等）和社会人才需求；根据个人需要和现实变化，制订并灵活调整职业发展目标与计划；有效落实职业发展计划等。

示例1

就业创业支持

“阳光下展翅”上海社区青少年就业援助行动是由上海市慈善基金会和团市委合作，依托社会办学机构，整合社会各方资源，联合实施的一项针对社区青少年学历教育和技能培训的社会公益项目。该项目面向家庭困难、学历层次低、技能缺乏的待业社区青少年，通过长期系统的个案辅导、小组活动、社区服务等形式，开展提升学习及就业动机、规划职业发展的服务，旨在德育和智育双促进、就业能力和就业岗位双保障。

1. 接触预估

(1) 在宣传中招募。为了使更多有需求的社区青年了解并参加学习培训，上海市社区青少年事务办指导各团区（县）委广泛开展宣传动员工作。浦东新区、奉贤区、崇明县社工站点的青少年社会工作者，通过上门发放培训信息、在社区张贴培训简章及电话、短信和网络等多种途径，深入开展宣传。虹口区、普陀区、徐汇区的青少年事务社会工作者放弃休息时间，陪同、指导社区青少年参加面试，并积极协调街道劳动、民政部门为社区青少年开具入学证明（劳动手册、学历证明、低保证明等），解决了他们的后顾之忧。通过社会工作者的广泛宣传，该项目的社会知晓率得到了较大的提升。

(2) 在常规服务中预估。项目宣传招募之后，先通过以下常规服务接触青少年，了解、评估不同青少年面临的问题和需求后，再进行有针对性的服务设计。

球类运动：通过球类运动，增进青少年之间的互动和联系。

报刊角：免费提供适合青少年阅读的报刊书籍等，丰富其生活、扩大其视野。

棋类运动：提供象棋、军棋、跳棋等棋类活动，不但凝聚了一部分青少年，而且丰富了他们的生活，锻炼了他们的思维。

书友会：为青少年提供一个交流和交友的平台，发展他们的读书兴趣，扩大他们的交友圈子。

健身舞蹈班：邀请有舞蹈专业基础的义工组织并授课，增加青少年健身的兴趣。

英语兴趣班：提高青少年的英语水平和学习能力。

2. 服务设计

主题	内容及目标	形式	所需要的资源
学习与就业	为社区青少年及待业青年提供关于学习、就业方面的物质帮助和精神支持，协助他们缓解压力、解决困难、提升能力	面试技巧和创业指导培训、教育咨询、个案辅导	人力资源：培训、教育咨询及个案辅导的专业人员 物力资源：活动场地、活动经费
个人成长与职业规划	根据社区青少年及其家庭面临的就业问题及其需求，通过系列小组活动，提升青少年及其家庭的学习与沟通能力、青少年的就业意愿与职业规划能力	系列小组活动，如亲职教育分享小组、亲子沟通小组、多元智能学习小组、职业规划小组、压力管理小组	人力资源：上海市社区青少年事务办、各区（县）团委、上海市阳光社区青少年事务中心青少年社会工作者 物力资源：活动场地、活动经费
宣传倡导	社区青少年社会服务中心宣传青年就业、创业配套政策及法律法规，增强社区青年及其家庭对就业创业信息的了解和认识	社区工作，如运用微信公众号、互联网、宣传册或者宣传海报、家庭走访	人力资源：社会工作者、大众传媒宣传人员 物力资源：宣传经费等
链接资源	（1）吸引社会招聘进社区、联合家庭和社区力量，帮助青年就业、创业 （2）培训经费方面，中专学历教育获得上海市慈善基金会资助，职业技能培训按市劳动局和社会保障局的规定实施，给予政府补贴。培训实施环节，由上海市两所高校的社会工作专业教师作为督导，保证专业服务质量	社会工作行政	人力资源：社会工作者、相关部门负责人或者联络人

续表

主题	内容及目标	形式	所需要的资源
完善机制	为保障服务的顺利开展，初步形成了以下相关制度：（1）沟通协调制度。上海市慈善基金会、市社区青少年事务办、各区（县）团委及社工站等单位之间的沟通联系制度。（2）组员参与制度。设置组员参与制度，积极动员、邀请有需要的青少年参与社会工作者开展的各类服务活动。（3）推荐就业制度。通过推荐促进青年培训后顺利就业、创业	社会工作行政	人力资源：社会工作者、相关部门负责人或者联络人

3. 服务实施

在落实服务设计、开展服务的过程中，注意到以下四点：

（1）围绕各类目标链接资源，扎实、灵活开展各项服务。

（2）积极促进社区青少年及其家庭的参与和投入。

（3）注意整合运用社会、社区、家庭的各类人力及物力等资源。

（4）将成功就业的社区青少年发展成为志愿者，即服务资源和服务力量。

4. 成效评估

（1）通过问卷和访谈的方法进行目标评估，结果显示项目目标良好实现：首批194名青年，就业率达到78.5%，社会反响较好。

（2）服务满意度较高：项目服务总体满意度达到90%以上。

（3）服务对象及其环境系统的改变：社区青少年及其家庭心理压力缓解的同时，其家庭关系和家庭互动也发生了积极改变，青年的家人不再抱怨、失望，而是以正向的方式鼓励、支持青年努力学习、积极就业创业。

（4）服务的结束及跟进。项目结束时，完善了三项保障机制：第一，沟通协调制度。上海市慈善基金会、市社区青少年事务办、各区（县）团委及社工站等单位建立了紧密的沟通联系制度，通过前期筹备会、中期协调会等，及时传递工作信息、解决实际问题。第二，组员参与制度。该制度的完善为今后的项目开展提供了相应的制度保障。第三，推荐就业制度。在区（县）劳动和社会保障局、民政局等职能部门以及用工单位的支持下，通过就业见习、社会实践、推荐就业和鼓励创业等多种形式，促进青年培训后顺利就业、创业。（示例来源：陆士桢等．中国青少年社会工作实务案例精选［M］．上海：华东理工大学出版社，2010）

示例分析

本案例聚焦于“就业创业支持”。案例中上海市社区青少年事务办动员浦东新区、奉贤区、崇明县社工站点的社会工作者，通过上门发放培训信息、在社区张贴培训简章及电话、短信和网络等多种途径，以及运用微信公众号、互联网、宣传册或者宣传海报、家庭走访等方式，开展就业创业政策的宣传服务。通过吸引社会招聘进社区、获得上海市慈善基金会培训经费支持等途径，协助服务对象链接就业创业资源。通过面试技巧和创业指导培训、就业创业教育咨询、小组工作、个案辅导等形式及方法，协助服务对象提升职业技能和就业创业能力，并开展就业创业指导及职业生涯规划服务。另外，通过初步形成沟通协调制度、组员参与制度和推荐就业制度，为服务对象的就业创业服务提供一定的制度保障。

示例 2

开展就业创业指导及职业生涯规划服务

进入高中以后，小思上大学的想法更加坚定，他希望自己能考上一所理想的大学，学习自己喜欢的专业，将来能找到适合自己并有所成就的工作。这些想法不断激励着他努力学习，但时不时他还会跳出另一些想法：“大学是什么样的？自己喜欢的专业是什么？未来适合自己的工作又是什么？”这些想法有时会让努力上进的小思感到迷茫，他希望关于自己未来发展的想法能够清晰一些。于是他寻求班主任的帮助，班主任随后联系到了与学校有合作项目的社会工作者小刘，希望小刘能够帮助到像小思这样有职业发展困惑和职业规划想法的学生。

1. 接触预估

社会工作者小刘先联系到小思，初步接触小思后，经小思同意探访了小思的父母。之后又和同事走访了小思所在的学校，初步了解学校里与小思情况相仿青少年的情况。其间主要运用会谈和探访的技巧，收集相关资料，同时与学校、家庭建立良好的互动关系。

在初步收集资料的基础上，运用优势视角和社会生态系统理论，分析、统整所收集的资料并作出预估摘要，与小思这样的青少年及其家庭商讨并确定他们的服务需求和需要解决的问题。

2. 服务设计

根据接触预估，小刘和同事与小思这样的青少年及其家长一起，制订出以下具体的服务计划。

“职业发展规划”服务计划

主题	内容及目标	形式	所需要的资源
助力家长	了解青少年心理发展特点，学习职业发展规划的基本知识，协助家长指导孩子进行职业发展规划	专题讲座、教育咨询、社会工作咨询、家长小组、个案辅导	人力资源：专题讲座、教育咨询及小组和个案辅导的专业人员、有需求和经验丰富的家长 物力资源：活动场地、活动经费等
职业规划小组	根据青少年的需求和特点，以“职业规划”为主题，开展系列小组活动，促进青少年清晰职业意向、探索职业路径	8—10次的小组活动方案及实施	人力资源：社会工作者、有需求的家长和青少年等 物力资源：活动场地、活动经费等
职业规划辅导	以个案方式辅导有探索需求或者有困扰的个人及家庭，促进青少年进行个人职业规划	个案工作	人力资源：社会工作者、有需求的家长和青少年等 物力资源：个案辅导室等
社区支持	访问社区内不同职业的代表，了解其职业价值观、职业特点和职业发展等，帮助青少年广泛、深入地认识不同职业	社区走访、 社区分享会	人力资源：社区志愿者 物力资源：活动场地、活动经费等

3. 服务实施

小刘和同事在落实服务设计、开展服务的过程中，特别注意到以下四点：

（1）围绕各类目标链接资源，扎实、灵活开展各项活动。

（2）尽量促进社区内有需要的家长及其子女的参与及投入。

（3）注意整合运用社会、社区、学校及家庭的各类人力及物力等资源。

（4）不断发掘和培养社区、学校中职业规划的榜样青少年及其家庭。

4. 成效评估

小刘和同事通过入户访谈、集体座谈、问卷调查等形式，对服务进行满意度评估、服务对象及环境系统改变的评估。

通过在学校召开总结大会回顾整个服务过程，肯定家长及其子女的参与和投入，肯定各类人力资源在服务中的贡献，巩固服务成效。（示例来源：许莉娅．学校社会工作［M］．北京：高等教育出版社，2009）

示例分析

本案例主要聚焦“开展就业创业指导及职业生涯规划服务”。案例中的社会工作者先通过初步接触小思、探访其父母、走访小思所在的学校等方式，了解像小思这样的青少年他们有职业发展的困惑和职业规划的想法。通过接触发现，像小思这样的青少年，希望清晰未来的职业发展并能有所规划，同时能够主动寻求帮助。在接触预估的基础上，社会工作者与一些像小思这样的青少年及其家庭通过商讨，形成较具体、明确的服务设计。在服务设计时，聚焦于帮助这些青少年进行职业生涯规划。通过专题讲座、教育咨询、社会工作咨询、家长小组及个案辅导等形式及方法，帮助家长学习职业发展规划的基本知识，协助家长指导孩子进行职业发展规划。通过社区走访、社区分享会、职业规划小组、职业规划辅导等形式及方法，帮助服务对象在较广泛、深入认识不同职业的基础上，清晰职业意向、探索职业路径、有效规划职业发展。社会工作者需要注意服务设计的形式及方法要贴合服务的内容，指向服务目标。在服务实施过程中，根据服务对象的实际情况，灵活实施服务设计。

第五节　社会融入与参与支持

原文

5.5 社会融入与参与支持

主要包括但不限于以下内容：

——协助青少年建立良性社会支持系统；

——提升青少年社会融入和社会参与的能力，帮助青少年积极有序地参与政治生活和公共事务；

——营造青少年社会融入的良好环境；

——提升青少年参与社会公益和志愿服务的意识和能力。

解读

1. 对社会融入的理解

社会融入是一个复杂性与多重性并存的概念，从社会学的视角主要是指社会中处于困难地位的主体能动地与特定个体、群体及社会进行反思性、持续性互动的社会行动过程①。

2. 开展社会融入和参与支持服务的目的和意义

青少年期是一个人从儿童期向成年期的过渡阶段，其交往范围也开始由家庭扩展到同辈群体和社会其他群体。良好的社会融入和社会参与支持可以有效地提高青少年的社会化水平，培养青少年的社会责任意识。

开展青少年社会融合和社会参与支持，第一，可以提升青少年适应环境的能力；第二，有利于青少年建立良好的朋辈和人际关系；第三，通过良好的社会融入和社会参与支持，青少年可以发挥自身能力，积极有序地参与志愿服务和公共事务。

① 陈成文，孙嘉悦．社会融入：一个概念的社会学意义［J］．湖南师范大学社会科学学报，2012，41（6）：66-71.

3. 社会融入与参与支持的重点内容

（1）协助青少年建立良性社会支持系统。社会支持主要包括正式支持和非正式支持。在青少年社会工作领域，青少年的正式支持主要来源于学校，而非正式支持则多由家庭和朋辈群体提供。由于青少年身心发展的阶段性特点，朋友成为青少年时期的重要支持，学校、家庭和朋辈群体为青少年提供了经济、教育、情感等多种支持，因此协助青少年建立良性的社会支持系统时应重点考虑支持的来源和内容。

（2）提升青少年社会融入和社会参与的能力，帮助青少年积极有序地参与政治生活和公共事务。社会工作者首先应重点协助青少年参与社区建设、治理的工作，培养青少年参与公共事务的意识和能力；其次，社会工作者应鼓励青少年发挥自身优势，积极参与学校的校园文化建设等活动；最后，社会工作者应协助青少年通过志愿服务、社会实践等方式，积极进行社会参与。

（3）营造青少年社会融入的良好环境。生态系统理论认为青少年所处的环境主要包括微系统、中间系统、外层系统和宏系统。微系统主要包括家庭、同辈群体和学校；中间系统是青少年与微系统之间的联系和相互影响；外层系统是个体并未直接参与但对个体发展产生影响的环境；宏系统是青少年所处的整个社会文化系统。营造青少年社会融入的良好环境应侧重于营造青少年所处的微系统和中间系统。

（4）提升青少年参与社会公益和志愿服务的意识和能力，积极参与社会公益和志愿服务是培养青少年良好品格的重要途径。首先，应协助青少年形成“奉献、友爱、互助、进步”的志愿服务精神，提升青少年奉献自己、帮助他人、服务社会、传播文明的志愿服务意识；其次，应重点提升青少年参与社会公益和志愿服务的能力，包括良好的沟通能力、合作能力、持续学习的能力和反思的能力，促进青少年更好地参与社会公益和志愿服务。

4. 实施过程中的措施及方法

（1）社会工作倡导。倡导是社会工作实务的重要方法，在青少年社会融入与参与支持的过程中，社会工作者应从“代表”和“影响”两个维度出发，与青少年、家庭、学校、社区等一起，从社会融入和参与支持的环境营造方面开展倡导工作。

（2）历奇辅导。青少年具有成长性和发展性的特点，因此社会工作者根据青少年的特点，有目的地把青少年带离安适区，进入低冒险区，通过体验性活动经历新奇，帮助青少年消除社会歧视，促进青少年自我探索、自我觉察与自我成长，协助其建立良好的社会支持网络。

（3）服务学习。作为体验式学习的实践模式之一，通过服务与学习并重的实践，一方面可以培养青少年的同理心和社会责任感，促进问题解决和自我抉择的能力；另一方面可以形成青少年参与社会公益服务和公共事务的渠道。

示例

“青年地带”是海珠区青少年事务社会工作的服务平台，由共青团广东省委、共青团广州市委业务指导，海珠区政府和广州市民政局共同出资，委托共青团海珠区委进行监管，通过“政府购买公共服务”的方式，由广州市海珠区启创社会工作发展协会承接，为青少年开展无偿服务，充分发挥共青团组织、引导、服务青少年和维护青少年合法权益的职能，为社会工作的本土化积累好的经验。

“青年地带”的服务对象是海珠区辖内6—30岁青少年及其家庭，综合运用个案辅导、小组工作、社区发展等手法，以“社会工作者+志愿者”的模式，开展家庭生活教育、学校社会工作、外展社会工作、就业辅导与技能培训、体验式学习、志愿服务等社会工作专业服务，支持青少年社会参与，促进青少年社会融入。

1. 18个站点各具特色，服务受政府青睐

“青年地带”服务一直聚焦在青少年身上，并且形成“一站一特色”服务理念。海珠区内18条街道被分成6个片区，“青年地带”在每个片区设立1个社区“青年地带”社工站和两个中小学校“青年地带”社工站，一共有18个社工站点。

有别于家庭综合服务，“青年地带”属于青少年专项个案服务。选择服务对象来源上，除了家庭综合服务中心转介以及接受家庭和个人主动到社工站求助之外，各社工站也会通过“扫楼”“入校”“社区活动”等方式寻找潜在的服务对象。

“青年地带”项目负责人刘玉珊告诉记者，两年前社会工作者们在“扫楼”中发现一群游离在社区及学校周边的青少年，他们极其缺乏社会

关心和关注。很快，“青年地带”成立了专业的“外展服务队”，到闲散青少年经常聚集的环境中，主动与其接触并建立关系，了解其需求，引导其重回正常轨道。在“入校”服务中，“青年地带”也曾发现一些学生受困于校园暴力和欺凌，很快便开设相关应对的服务项目。

积累了大量青少年数据后，“青年地带”研发并试运行海珠区青少年数据库，摸查全区闲散青年、社区矫正青少年、散居孤儿、残疾青少年、服刑人员未成年子女5类重点青少年群体的情况，通过大数据分析细化上述5类重点青少年群体的专业服务。

为了做好青少年服务，“青年地带”18个站点形成“一站一特色”的服务理念。在老城区的海幢街道，为了增强社区老幼互动，“青年地带”设计了“时光机”“社区历奇齐参与”等互动性强的活动；在高速发展的赤岗街道，项目组为在校行为偏差生设计了课余兴趣班；在城乡接合部的华洲街道，项目组为失管的“农转居”青少年开展寓教于乐的亲子、团队活动；在外来务工人员密集的凤阳街道，开展了“雁家零距离”“雁导羊城游”等活动，为农民工子女的安全保护、社区适应提供帮助等。

2. 特色服务“公益大本营”

在2013年11月至2014年11月这一年度开展的项目中，海珠区“公益大本营”是其中较有特色的“支援类”服务。“大本营”坐落在广东“十大最美古村落”之一的黄埔古村内的“青年地带”琶洲社工站旁，于2015年5月对外开放，以社会企业的形式运作，定位为分享志愿文化、培育公益文化、支持创新文化、推广本地旅游文化的青少年综合服务平台。

在“公益大本营”里，本地青年自主设计开发的产品和社会特殊群体（如残障人士、戒毒康复人士）的手工作品得到了一个展示的平台。而合作方和制作的特殊群体，还可以借助“公益大本营”与18家机构建立寄卖合作关系，获得总价85%的返还，力求实现“自食其力”的愿望。剩余资金则作为“公益大本营”的开支经费。

除此以外，“公益大本营”还有一个重要的职能是为青少年提供见习实践、社会融入等技巧的培训课程。开办至今，“公益大本营”共培训青少年32人，培训112节，授课646小时，其中8名青少年得以进入店面实训工作，不仅“授人以鱼”，而且“授人以渔”。

3. 重点服务5类青少年群体

“公益大本营”的工作是2013年度海珠区“青年地带”众多项目的“缩影”，这一年里，项目培养和完善了外展服务队、校园危机处理小组、青少年社区矫正小组、散居孤儿服务队、防性侵青少年工作小组5支专项个案服务队伍，并创新设计了“公益大本营”和“青年加油吧”两个支援类服务项目，为青少年提供就业、学习、交友平台。同时出版了专业书籍《青春期教育社工指南》、小升初系列《小升初适应小册子》、中高考支援系列《翻滚吧！考试》3本服务手册，在全区各中小学累计派发2万册。

目前，海珠区“青年地带”项目已研发并试运行海珠区青少年数据库，摸查全区闲散青年、社区矫正青少年、散居孤儿、残疾青少年、服刑人员未成年子女5类重点青少年群体的情况。“青年地带”项目已细化上述5类重点青少年群体服务，将“青年地带”项目搭建成海珠区青少年服务平台，形成持续有效的专项服务交流分享平台和个案转介中心。（示例来源：社工客2015年10月2日发表的“青年地带”全国最大的青少年单项社工服务项目）

示例分析

通过“青年地带”社会工作服务项目可以发现，社会工作者在开展青少年社会融入和参与支持服务时，第一，通过社会倡导、环境建设等方式，与青少年一起建立良好的支持网络和系统，搭建了“公益大本营”等社会参与平台，建立了18个富有特色的“青年地带”社工站，营造了青少年社会融入的良好环境；第二，通过开展“雁家零距离”“雁导羊城游”等活动，社会工作者在与青少年一起进行参与环境营造的同时，积极提升青少年参与社会公益和志愿服务的意识与能力；第三，社会工作者通过开展“公益大本营”服务，为有需要的青少年提供见习实践、社会融入等方面的培训课程，培养青少年掌握一定的沟通和解决问题的技巧，提升了青少年社会融入和社会参与的能力，帮助青少年积极有序地参与政治生活和公共事务。

第六节 社会保障支持

原文

5.6 社会保障支持

主要包括但不限于以下内容：

——开展残疾青少年关爱和扶持保障服务；

——开展流浪未成年人社会救助服务；

——开展进城务工青年与其未成年子女帮扶服务；

——开展农村留守儿童关爱和救助服务；

——协助解释办理城乡居民医保。

解读

1. 对社会保障的理解

社会保障是国家和社会依法保障社会成员的基本生活水平，提高其生活质量的制度和事业的总和，包括社会保险、社会福利、社会救济等组成部分。在青少年领域主要通过国民收入再分配，向遭遇社会风险而致使生活陷入困境以及有物质和精神需要的青少年提供物质帮助和社会服务①。

2. 开展社会保障支持服务的目的和意义

社会保障支持服务主要是针对特殊青少年开展的福利服务。社会保障作为社会政策的重要组成部分，是促进社会公平的有效手段。开展青少年社会保障支持服务，可以有效保障青少年的基本生活，不断提升青少年的生活质量，从而增进青少年的幸福感。

青少年作为一个特殊的群体，面临着现实和未来的生存问题。一方面，青少年迅速成熟，走向社会，开始成为社会的一个自立群体；另一方面，青少年最终会步入中老年期，走向衰退，应当为未来创造和积累必要的生存条件，青少年社会保障必然面对现实和未来的双重生存保障问题

① 高灵芝．社会保障概论［J］．济南：山东人民出版社，2011.

（陆士桢、王玥，2010）。因此，开展社会保障支持服务一方面可以充分保障青少年特别是特殊青少年的基本权利和健康成长，另一方面也为青少年的未来发展建立了保障体系。

3. 社会保障支持的重点内容

（1）开展残疾青少年关爱和扶持保障服务。关爱和扶持保障残疾青少年的服务，首先，应协助残疾青少年积极开展康复服务，根据残疾青少年的特点，进行康复医疗、功能训练、心理辅导、康复转介、知识普及等一系列服务；其次，应协助残疾青少年不断提高受教育水平，开展残疾儿童早期干预、早期教育和家庭康复等服务；最后，积极提升残疾青少年的就业能力、拓宽就业领域，为残疾青少年提供职业指导、职业介绍、职业适应评估、就业和失业登记等就业服务。

（2）开展流浪未成年人社会救助服务。流浪未成年人的社会救助服务主要依托未成年人保护中心，首先，应结合流浪未成年人的情况，及时提供临时住宿、生活照料；其次，应对流浪未成年人进行评估，并依据评估开展心理辅导、关爱帮扶、个案管理、教育转化、回归安置等服务；最后，应以源头预防为基础，从根本上救助保护流浪未成年人。

（3）开展进城务工青年与其未成年子女帮扶服务。第一，针对进城务工青年，社会工作者应积极开展社会融合、就业帮扶、权益维护等服务，保护进城务工青年的合法权益；第二，针对外来务工人员子女，可以开展权益保护、能力建设、社会支持、心理疏导、教育帮扶、社会倡导等服务；第三，应重视外来务工人员子女的社区融合工作，积极进行社会倡导，建立以外来务工人员子女为中心、家庭为基础、社区为纽带的社区融合平台，形成政策友好、空间友好、服务友好的外来务工人员子女友好社区，营造外来务工人员子女健康成长的环境。

（4）开展农村留守儿童关爱和救助服务。第一，社会工作者应与相关部门积极协作，为留守儿童建立信息台账，发挥社会工作专业优势，对留守儿童的家庭构成、监护情况、家庭照料情况、入学就学情况、身心健康情况等进行调查，建立详细的信息台账，并实行动态管理、精准实测、及时随访、重点核查。第二，社会工作者对遭受侵害的留守儿童应及时开展心理疏导、精神关爱和临时监护照料等服务，对发现留守儿童脱离监护单独居住生活或失踪、监护人丧失监护能力或不履行监护责任、疑似遭受家庭暴力、疑似遭受意外伤害或不法侵害等情况的，应当在第一时间向公安机关报告。第三，青少年社会工作应关注留守儿童的健康发展，开展以能力建设、心理支持、人际交往、安全教育等为主题的专业服务；第四，社会工作者应积极发挥专业优势，以留守儿童的父母和祖辈为对象，开展暴力预防、关系调适、人际沟通、情绪指导和能力建设等家庭教育指导服务，协助留守儿童的照顾者更好地发挥作用。

（5）协助解释办理城乡居民医保。针对有需要的青少年，社会工作者应在了解政策的基础上，及时准确地解释城乡居民医保的范围、内容和办理方法。

4. 实施过程中的措施及方法

（1）心理支持。特殊青少年因其个体的脆弱性、家庭的弱保护性和社会的排斥性，更容易产生心理上的困境，产生相应的心理问题。因此，社会工作者在开展青少年社会保障支持服务时，应注意为青少年特别是特殊青少年提供心理支持，运用多种心理支持的方法，增进青少年的心理健康水平。

（2）危机介入。青少年因其成长阶段的特殊性，往往面临着成长性危机、情境危机和存在性危机三种不同的危机类型，因此社会工作者面对有需求的青少年，应根据其所处的危机类型，准确识别青少年的主要问题，迅速作出危险性判断，以多专业合作方式对青少年面临的最迫切问题，特别是可能危及自身和他人生命安全的问题实施紧急干预，遏制危险发生。

（3）抗逆力培养。残疾、流浪、流动、留守和低收入家庭青少年往往会面对社会排斥和边缘化问题，他们往往面临不足的资源、不利的生存环境和社会支持较弱的生态环境。因此，社会工作者在针对青少年特别是特殊青少年群体开展社会保障支持服务时，可以采取抗逆力培养的取向，不仅为个人提供品格教育、学习能力、人际关系能力等正向的个人服务，还可以协助青少年营造有希望、有未来、有机会的家庭和社会环境。

（4）资产建设。青少年是国家的未来和希望，因此从社会投资的取向出发，社会工作者可以以青少年为核心，开展资产建设为本的服务。资产建设不完全是为了满足当下的福利或消费的需要，它更关注的是资产是否能够为青少年或家庭提供长期发展的机会，特别是帮助低收入家庭打破贫困循环，作为一个能力建设的过程，其主要表现为青少年个人建立发展账户（邓锁，2015）。

示例

目前，国家十分关注农村留守儿童的关爱保护工作。《中国儿童发展纲要（2011—2020年）》把关爱留守儿童作为重要任务。2016年2月，国务院印发了《国务院关于加强农村留守儿童关爱保护工作的意见》，明确提出要建立完善农村留守儿童关爱服务体系，并要求各地方结合本地实际制定切实可行的农村留守儿童关爱保护政策措施。黄州区陈策楼镇位于黄州城东部，距区政府驻地18千米。该镇面积59.98平方千米，辖26个行政村，212个村民小组，总户数7587户，人口28492人，其中有400多名留守儿童。我们初步探访结果显示，留守儿童的家庭经济情况大多数比较一般，父母一年回家频率为一至两次；约25%的留守儿童家庭离异或者丧偶；祖父母文化水平普遍不高，难以兼顾儿童的学习成长、性格培养，缺乏自主获取和利用社会资源的能力。大多数年轻人外出务工，产生的留守儿童照顾和教养问题堪忧，留守老人由于年龄、文化素养等方面的原因，虽为留守儿童的实际监护人，但是难以对留守儿童的学业教育、素质发展、性格养成起到很好的引导和矫正作用。部分儿童与父母长期分离，缺乏亲情关爱和有效监护，出现心理健康问题甚至极端行为，遭受意外伤害甚至不法侵害。

1. 接触预估

为全面了解黄冈市黄州区留守儿童现状和困境以及希望获得的支持和帮助，黄冈逸飞社会工作服务中心以当地民政部门摸底排查后提供的留守儿童名单为基础，筛选和增补留守儿童名单，于2017年6月至9月前往黄州区陶店乡、陈策楼镇、禹王街道、南湖街道、赤壁街道、东湖街道等乡镇入户调查，完成了黄冈市黄州区留守儿童需求问卷调查。共发放问卷405份，回收405份，有效问卷405份。深入了解留守儿童及其监护人的基本信息、留守儿童的学业辅导、家庭教育与情感关系、外在支持等现状，找出留守儿童的需求。与此同时，调查通过对一家社会组织实地观察与结构式访谈，获得该组织服务留守儿童的实践资料，深入了解社会组织应对留守儿童需求的情况。

在调查的基础上，形成了留守儿童的需求报告，包括：留守儿童及其监护人的基本信息、留守儿童的学习现状及需求、留守儿童的家庭教育与情感关怀现状及需求、留守儿童的外界支持情况四个部分。

2. 服务设计

根据接触预估，社会工作者拟运用社会工作专业方法，充分调动乡镇、学校、志愿者、义工、老党员等资源，对留守儿童提供监护缺失、心理健康、情绪管理、行为矫正、生活关爱、学业帮扶、安全教育等服务，对其遇到的困难进行相应的帮助，运用个案工作专业方法使其能更好达到个人与环境的协调。通过每周开展具有延续性的成长型小组活动，让儿童在相互的游乐和陪伴中逐渐产生对小组的归属感，消除心理不适应性。最终达到缓解生活困难、疏导心理情绪、纠正行为偏差、改善家庭功能、发展社会功能的目标，形成了“线上、线下”相结合的项目架构（如下图所示）。

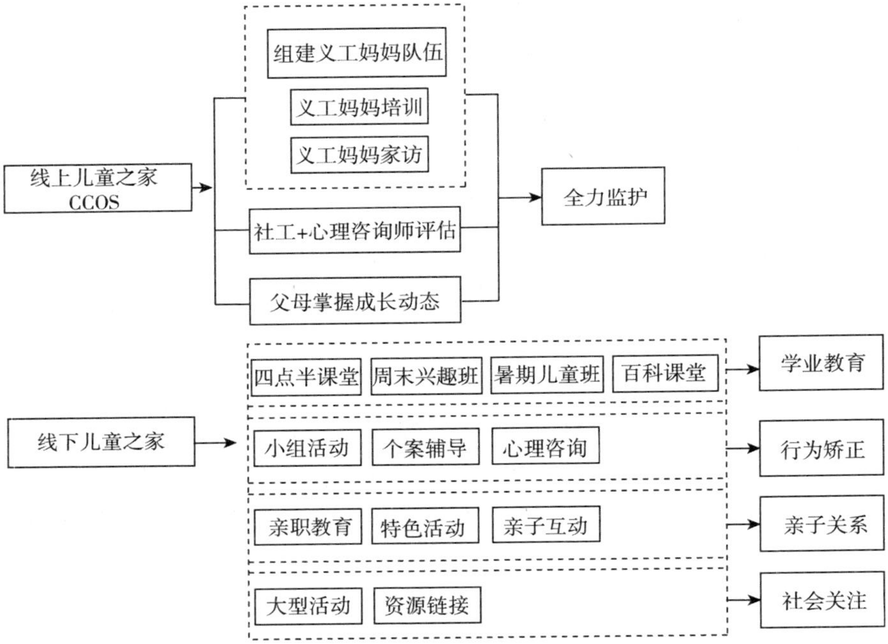

“CCOS 儿童之家”架构

3. 服务实施

（1）项目宣传与资源整合：开展宣传、培训、外展、链接资源等活动，引入团委、妇联等群团组织以及大学生创业孵化基地的企业、组织共同参与针对留守儿童开展的特色活动和大型活动。

（2）社会工作者培训：充分发掘本地村社社会工作者的积极性，大力开展社会工作者专业培训，辅以专业社会工作者的教授和引领作用，形成

"村社社会工作者自主开展服务，专业社会工作者协助"的模式，实现村社社会工作者自主管理、自主运营，真正将社会工作服务扎根基层、服务留守儿童。同时，发挥社会工作者资源整合的能力，为留守儿童制订多元化的资源帮扶计划。

（3）活动开展：围绕留守儿童开展公益志愿服务、教育帮扶服务、艺术培训、红色教育、基层党建服务等丰富多彩的村社营造服务；同时针对情况特殊的重点个案，开展心理咨询、个案辅导、资源链接等专业帮扶服务。通过搭建CCOS平台，组建义工妈妈队伍，使其成为一根促进留守儿童与外出父母联系的纽带，帮助外出父母更加客观、及时地了解儿童的成长动态。

4. 成效评估

项目通过打造线上线下"儿童之家"载体，运用个案工作专业方法使留守儿童能更好地达到个人与环境的协调；通过开展具有延续性的成长型小组活动，让儿童在相互的游乐和陪伴中逐渐产生对小组的归属感，消除心理不适应性。最终达到缓解生活困难、疏导心理情绪、纠正行为偏差、改善家庭功能、发展社会功能的目标。线下儿童之家建立3所儿童之家，提供生活关爱、学业帮扶、安全教育等服务，开展百科课堂76场，涵盖知识讲解、小组游戏、手工折纸、唱歌跳舞、绘画比赛等，践行素质教育，促进全面发展；开展亲职教育活动13期，改善教养方式，促进亲子关系和谐。（示例来源：黄冈逸飞社会工作服务中心谢飞、陈新旭、刘欣俊、陈琼撰写的"CCOS儿童之家"社会工作示范项目）

示例分析

上述"CCOS儿童之家"社会工作服务项目中，社会工作者主要通过深入了解留守儿童及其监护人的基本信息以及留守儿童的学业、家庭教育与情感关系、外在支持等现状，针对留守儿童的家庭监护、心理健康、情绪管理、行为矫正、生活关爱、学业帮扶、安全教育等需要，开展了农村留守儿童关爱和救助服务。

第七节 合法权益维护

原文

5.7 合法权益维护

主要包括但不限于以下内容：

——开展青少年权益保护相关政策法规宣传教育服务；

——拓展青少年权益表达渠道，支持普遍性利益诉求表达和反馈；

——开展侵害青少年合法权益行为预防和干预服务；

——协助青少年提升自我保护能力；

——倡导营造家庭、校园和社区的安全环境。

解读

1. 合法权益维护的定义

合法权益维护是指对以青少年为主体所依法享有的权力和利益进行维护，保护与支持青少年合法权益实现，预防与干预侵害青少年合法权益的行为。

2. 合法权益维护的目的和意义

维护青少年合法权益的责任在于国家、社会、学校与家庭，开展合法权益维护不仅是国家应履行的青少年事务管理的法定职能，而且是防止青少年合法权益行为受到侵害的有效途径。

社会工作者一定要认识到，维护青少年合法权益需要开展体系化合法权益维护服务，有利于青少年权益政策的切实落实，有利于优化青少年成长环境，有利于呵护青少年的身心健康发展，有利于保障青少年充分享有权利和利益。

3. 合法权益维护的重点内容

（1）开展青少年权益保护相关政策法规宣传教育服务。青少年权益保护相关政策法规主要包括以《中华人民共和国宪法》为基础，以《中华人民共和国未成年人保护法》《中华人民共和国预防未成年人犯罪法》等专门法律为主体，以《中华人民共和国民法总则》《中华人民共和国侵权责任法》《中华人民共和国继承法》《中华人民共和国婚姻法》《中华人民共和国收养法》《中华人民共和国教育法》《中华人民共和国义务教育法》等非专门法律为重要来源，以行政法规、地方性法规和国际条约为有益补充的青少年权益保护法律体系①，社会工作者应结合上述法律法规，通过媒体发布、专题报道等多种形式开展宣传教育服务。

（2）拓展青少年权益表达渠道，支持普遍性利益诉求表达和反馈。青少年权益表达渠道主要依托共青团、青联组织开展，带动青少年社会组织、青少年事务社会工作者共同参与，通过青少年权益状况舆情监测体系和舆论引导机制，畅通青少年权益诉求表达和反馈。社会工作者应结合青少年维权工作网络平台和12355青少年服务台，创建“青少年维权岗”，并开展不同形式的“人大代表、政协委员与青少年面对面”活动、“为了明天——预防青少年违法犯罪工程”等活动。

（3）开展侵害青少年合法权益行为预防和干预服务。首先，社会工作者应注重培育青少年提升自我保护意识和能力，形成良好的行为规范，预防权益侵害的发生；其次，注重对侵害行为本身及其后果的及时介入，注重协助青少年掌握应对自身权益受到侵害的方法，及时制止权益侵害行为的发生，并对遭受权益侵害的结果进行维权、干预，减少权益侵害带来的不良影响。

（4）协助青少年提升自我保护能力。青少年自我保护应包括个体自我保护和群体自我保护，个体的自我保护是青少年单独个体对自身的保护，群体自我保护指青少年依托所在组织、群体实现对个体与群体的自我保护，组织与群体主要包括共青团、学生会、社团等②。因此，协助青少年提升自我保护能力应注重个案、小组、社区等多种工作方法的综合运用，充分发挥青少年组织、群体对个体的积极作用。

（5）倡导营造家庭、校园和社区的安全环境。青少年的学习生活主要在家庭、校园与社区，需要营造宽容、安全环境，因此社会工作者应在生态系统理论的指导下，首先，积极与家庭沟通，倡导建立宽容、和谐的家

---

① 王建敏，于文健，李颖．新时代我国青少年权益保护法律体系的完善［J］．青年发展论坛，2018，28（3）：31-40.

② 陈慧．论未成年人的自我保护［J］．青少年犯罪问题，1996（2）：5-7.

庭环境；其次，与学校及学校社会工作者一同开展友好校园建设，形成安全、健康的校园环境；最后，通过在社区建立青少年之家、青少年活动中心等方式，形成青少年积极参与的社区环境。

4. 实施过程中的措施及方法

（1）社会工作倡导。倡导是社会工作实务的重要方法，青少年合法权益维护中，社会工作者应从“代表”和“影响”两个维度出发，与青少年、家庭、学校、社区等一起，从健全青少年权益保护机制等环境优化方面开展倡导工作。

（2）危机介入。社会工作者应以多专业合作的方式对青少年面临的最迫切的问题，特别是可能危及自身和他人生命安全的问题实施紧急干预，遏制危险发生，帮助青少年应对权益侵害行为等问题。

（3）朋辈辅导。通过发现、培训和搭建平台，组织年龄相仿、生活环境和经历、文化相似，或具有共同语言的青少年交流互动、分享经验、唤起共鸣、持续支持和互助成长，帮助青少年减少权益侵害行为、树立自我保护意识、建立社会支持网络。

示例

校园欺凌频发，严重破坏学校教书育人环境，进而危害青少年的身心健康与学习成长。学校社会工作致力于改善校园生活并帮助学校达成其中心目标——提供一个学习和教育的良好环境，为校园欺凌的防治与干预提供了一个独特的视角，服务计划和干预实施将注意力聚焦于人与社会环境的相互作用上，并将其作为重点分析与服务的对象。

校园欺凌的关系主体是欺凌学生与被欺凌学生，因此学校社会工作的干预与服务策略立足点与回应处都聚焦于这两类主体。绝大多数实务工作者和研究者都认为校园欺凌与个体的、家庭的、学校的、社会的、法律的等因素相关，因而社会工作需要整体性与合作式服务，着力在学校、家庭、社会三个主要环境对校园欺凌的主体进行直接或间接服务与干预，强化校园防护体系建设、家庭能力建设、家校互通联动、社会机制完善、校园内外监管等综合治理。

1. 防治结合：学校场域的作为方向

学校是学生成长的重要生态环境，学校场域的校园欺凌干预与服务是社会工作作为的核心维度。学校社会工作者从防与治两个角度参与校园欺凌的干预：防的方面，社会工作者可以在校园欺凌干预的服务队伍与服务机制上促成防的体系。与学校管理者、老师、辖区的派出所等主体组建专门的校园欺凌防治工作小组，形成多元主体、共同合作的服务队伍；推动制定明确的预防校园欺凌的指导政策和规则；通过提高教师、学生、工作人员对校园欺凌的认识与责任意识；通过适切、多维的宣传方式明确告知学校全体成员在校园欺凌发生前、发生时和发生后应该采取什么措施。

治的方面，社会工作者在校园欺凌的角度应该精准关注校园欺凌的两个主体：欺凌学生与被欺凌学生。对于欺凌学生，在欺凌事件发生前，社会工作者协助老师进行相关的筛查与辨识，全面掌握个体的状况，及时给予爱护关怀和辅导介入，减少欺凌事件发生。当事件发生后，社会工作者可以运用专业个案方法深入探讨欺凌学生的生理、心理需求，增强同理欺凌学生的内在需要，引导其学习自我理解。对于被欺凌学生，社会工作者可以引入危机干预和个案管理两种机制，从短期和长期两个时间维度进行介入服务的供给。短期上，在欺凌事件发生后及时进行危机干预，预估欺凌事件对被欺凌者造成的身心伤害，及时采取措施处理，将创伤减至最低；长期上，依据学生情况进行个案管理，针对性、个别化地协助被欺凌学生提高应对校园欺凌的能力，协助被欺凌学生获得有效面对欺凌事件的生活策略与应对技巧，提升其面对欺凌行为的应变能力。

2. 能力建设：家庭场域的作为方向

家庭是个体社会化的最初环境，是个体生态环境中最为重要的一环。正向的家庭环境有助于培育孩子积极的心态和健康的行为方式。学校社会工作者应该积极扮演家校联系者，将家庭作为校园欺凌防治的重要主体给予关注。以点面结合的方式进行家庭能力建设，协助处理校园欺凌事件。“面”上，社会工作者可以校园欺凌防治为主题开发家长课程、亲子活动，邀请家庭参加，在促进家庭教育功能提升、父母效能感增强和家庭社会联系度上有所获益，进而提升家庭预防、处理校园欺凌的能力；“点”上，社会工作者针对欺凌学生和被欺凌学生家庭进行个案辅导，引导家庭认识家庭的风险因子与保护因子，引导家庭积极面对问题，以孩子为核心改善原有的家庭沟通方式与教育方式，增强家庭成员之间的联系感和凝聚力，形成良好的家庭关系。同时，可以针对同类型的家庭开设治疗性与教育性小组，搭建平台，让家庭之间相互交流孩子教育、生活冲突、校园欺凌等处理方式，最大限度提升家庭应对能力。

3. 环境倡导：社会场域的作为方向

生态思维下，中、宏观社会生态对校园欺凌的发生产生着重要影响，在社会环境中导致暴力的因素（家庭暴力、虐待儿童、媒体暴力等）是引起校园欺凌的重要因子。社会工作者应该推动政府相关系统就净化校园周围环境积极作为。在法律层面，倡导设定绝对的法律警戒底线，对校园欺凌中涉及的攻击性行为设定不可触碰的规则，只要触及就将严格处罚，对校园欺凌的发生起警示作用；联合公安与检察系统进校园进行法治宣传，对校园周围的网吧等场所重点进行整治，消除校园周围环境的危险因子；与公安系统协调，当严重欺凌事件发生后，对当事的受欺凌学生采取一定的保护措施，警示欺凌者，也给被欺凌者以安全感。总而言之，以学校为中心，优化周围生态环境，倡导建立防控校园欺凌的有效机制，及早发现、干预和制止欺凌、暴力行为，对情节恶劣、手段残忍、后果严重的必须坚决依法惩处。（示例来源：《社会与公益》2017 年 5 月 25 日发表的《以孩子的名义：校园欺凌的社会工作多维作为》）

示例分析

通过上述案例不难发现，社会工作者强调多方协调综合治理，首先，通过防治结合，积极开展青少年权益保护相关政策法规宣传教育服务，并有针对性地开展了侵害青少年合法权益行为预防和干预服务；其次，通过家庭建设，协助青少年提升自我保护能力；最后，社会工作者从学校、家庭、社会三个主要环境出发，倡导营造家庭、校园和社区的安全环境。

第八节　违法犯罪预防

原文

5.8 违法犯罪预防

主要包括但不限于以下内容：

——开展法制宣传教育；

——协助开展青少年社会文化环境、校园内外环境、网络环境优化和整治服务；

——开展重点青少年群体服务管理工作；

——提供青少年司法社会工作服务。

解读

1. 违法犯罪预防的定义

违法犯罪预防是指通过专业服务预防与减少青少年违法犯罪行为，其中青少年违法犯罪行为包括严重不良行为和违法涉罪行为。

2. 开展违法犯罪预防的目的和意义

青少年时期是个体生理和心理发展的特殊时期，个体独立意识迅速发展，但仍缺乏辨别是非、抵制诱惑的能力，青少年违法犯罪问题已成为社会关注的重点话题。因此，增强对青少年事务的预见性，开展违法犯罪预防服务，一方面有利于打造支持型、安全型环境，满足青少年健康发展需求；另一方面有利于青少年减少违法犯罪行为，防止青少年从偏差行为转向违法犯罪行为，防止罪错青少年重新犯罪。

3. 违法犯罪预防的重点内容

（1）开展法制宣传教育。首先，应重视宣传教育工作的必要性，明确宣传教育的内容，促使青少年明确基本的法律底线和行为边界，能够理解和认知常见的违法和犯罪行为及其危害与要承担的法律责任，提高对校园暴力等青少年常见违法犯罪行为的防范意识和应对能力，强化法律意识，巩固守法观念；其次，应有效扩大宣传教育覆盖面，积极运用学校、社区等传统宣传阵地与网络新媒体，统筹青少年法制教育实践基地建设，发展壮大青少年普法工作队伍和志愿者队伍，提高青少年思想道德和法制教育的针对性与实效性。

（2）协助开展青少年社会文化环境、校园内外环境、网络环境优化和整治服务。首先，社会工作者应与相关部门相互协作，运用多种方法，净化社会文化环境和网络环境，依法打击网上诈骗、赌博及低俗内容的传播；其次，应发挥学校的教育作用，加强学校的德育工作和校外的阵地建设，共同建设校内外的良好环境。

（3）开展重点青少年群体服务管理工作。社会工作者要做好基础性工作，建立重点青少年群体数据汇总和共享机制，应坚持分类服务管理和教育引导，切合不同群体的问题与需求。重点青少年主要包括不在学或无职业的闲散青少年、有不良行为或严重不良行为的青少年、流浪乞讨青少年、服刑在教人员未成年子女、农村留守儿童等。第一，社会工作者要凝聚正面力量加强对闲散青少年的教育管理与社会支持，努力解决闲散青少年失学、失业问题；第二，社会工作者应运用专业方法开展对有不良行为青少年的社会融入、教育矫治、专门教育与司法保护工作；第三，社会工作者应动员社会力量对流浪未成年人实行更主动的救助保护与安置回归，强化心理疏导与行为矫治工作；第四，社会工作者应积极做好服刑在教人员未成年子女的信息管理工作，开展心理疏导、家庭关系改善等服务，并提供有针对性的帮扶；第五，社会工作者要做好对农村留守儿童的校内管理与校外关爱帮扶工作，开展学业辅导、自护教育等服务。

（4）提供青少年司法社会工作服务。服务的开展主要依托青少年刑事案件的程序步骤，基于预防与减少青少年犯罪、实现青少年福祉的目标，以普遍积极预防与个性化有效干预相补充的服务为方向，社会工作者通过专业方法，为违法涉罪青少年提供维权、心理教育、行为矫正、关护帮教、再犯预防等服务，为青少年被害人提供法律援助、经济补偿、心理辅导等司法救助服务，实现对青少年的身心保护、行为矫正、教育帮扶、回归与发展。

4. 实施过程中的措施及方法

（1）朋辈辅导。社会工作者通过发现、培训和搭建平台，组织年龄相仿及生活环境和经历、文化相似，或具有共同语言的青少年交流互动、分享经验、唤起共鸣、持续支持和互助成长，帮助青少年形成良好的身份概念与自我认同，建立积极健康且富有支持的人际关系网络，减少违法犯罪行为。

（2）外展服务。社会工作者深入青少年经常出入的场所，主动与青少年接触并发现其问题和需要，及时联系有关部门共同对处于风险状态的青少年进行保护、辅导和安置，将青少年带回社会主流文化所认可的生活与交友方式，改善其偏差行为及态度，减少不良朋辈影响，帮助其树立正确的人生观和价值观。

（3）家庭治疗。以家庭为介入单位，探索青少年问题背后的家庭结构和互动关系，促进家庭内在系统的改变，优化青少年成长的家庭环境，形成健康且紧密的家庭支持系统，增强对青少年的社会控制，预防违法犯罪行为发生。

示例

上海是特大型城市，常住人口超过2400万人，控制犯罪，尤其是预防青少年群体犯罪，颇具挑战性。社区里的闲散失业青少年、职校技校里调皮难管的孩子、因中轻度违法犯罪被判缓刑或附条件不起诉的青少年、父母离异遭遇家庭破裂的孩子。以往，单靠司法机关、团组织通过自身基层组织、人员为上述“老大难”青少年群体提供服务——任务重、专业性强、人手紧张。因此上海市委政法委、市综治办、团市委从2003年就开始尝试引入专业社会工作者参与预青工作；2012年，上海成立了“市综治委预防青少年违法犯罪专项组”，明确了27家单位作为成员；2016年年底，全市16个区、221个街镇都建立了预青专项组制度和机制。上海25岁以下青少年犯罪占犯罪总人数比例由2012年的27.15%下降到2016年的18.76%，未成年人犯罪占犯罪总人数比例由2012年的3.39%下降到2015年的1.51%。超过8%的青少年犯罪占比下降程度，成绩突出。

1. 为职校、技校学生“去标签”

职校、技校学生，通常被认为是一群“考不上高中”的差生。根据上海市阳光社区青少年事务中心虹口区工作站曲阳社会工作站点组长叶露吟的观察，给职校生、技校生贴上这样的“标签”并不合适，“他们可能学习成绩方面有些差距，但他们在为人、处事、社会责任意识上，并不比同龄人差。”

叶露吟是上海在本轮共青团改革中，为街道团组织配备的一名专职社会工作者。2016年，根据全市预青工作的统一部署，她同时成为辖区里南湖职校二分校驻校社会工作者。整个虹口区，共有4所中专学校向预青工作组提出了社会工作者驻校需求，涵盖200名在校学生。

每周，小叶有1~2天时间，在南湖职校二分校办公，直接为学生提供服务。

“学生比较讲义气，江湖气息比较重。有的孩子会相约通宵KTV唱歌或者通宵打游戏。”驻校头几天，小叶通过学生、教师访谈等形式，发现了一些问题，“曾经有学生几天不睡觉，早上出操晕倒的情况。”

这所学校的学生也有可贵的品质。他们会定期自发组织志愿者活动，到居委会打扫卫生，到图书馆整理书籍。尽管这些志愿服务活动有些“老套”，但学生们仍能长期坚持下去。

“为什么不能多发掘他们阳光向上的一面，让孩子们自信起来?”小叶想要改变同学们过度娱乐、忽视健康的坏毛病，但不能太“教条”，而要让同学们自己感受到健康的重要性。

于是，她通过基层团组织资源，联系到辖区内的上海市第一人民医院脑瘫儿童部。现在，每隔一段时间，南湖职校二分校的学生们都会去那里为患儿提供陪护服务，感受“助人”的快乐，提升社会责任感，更逐渐懂得身心健康的宝贵。

中国青年报·中青在线记者了解到，如今，像小叶一样在街道、社区一线服务的青少年事务社会工作者，上海已经有683人。他们除了在社区、学校提供服务，还会常驻大型市场、拘留所、看守所等开展工作。

值得一提的是，这批社会工作者的职业上升通道也已打通。此前，预青专项组联合多个部门，为社会工作者设计了职业资质认定、职业晋阶和薪酬制度改革等一揽子政策。上海市青少年服务和权益保护办公室副主任许贝宁向记者介绍道：“上海目前已经有3批青少年事务社会工作者晋升为中级社会工作者，占社会工作者总人数的30%左右，他们是我们预防青少年违法犯罪工作的中坚力量。”

2. 拔除“长期失业青年”隐患

校园里的青少年有专业社会工作者“管”了，社区里的失业青年也同样有社会工作者关心。2012年，市人社局、团市委共同启动扶持失业青年就业“启航”计划，每个社区的长期失业青年，都会通过人社数据库被转介到青少年事务社会工作者那里，社会工作者针对个案，逐个突破。

原定目标是，5年为8000名长期失业青年找到工作，目前，已有8400

多人通过“启航”计划就业，长期登记失业青年人数减少26.6%。

要啃下这块硬骨头，各种艰辛曲折常人难知。长期失业的青年，必有其难言的深层原因，帮助这批人就业，难度极大。但如果让这批青年长期待业在家，会造成巨大的社会隐患。

上海市阳光社区青少年事务中心杨浦工作站站长聂军就与“启航”计划的失业青年家庭接触过。“年轻人本身没什么技能，文凭又低，找工作很挑剔。”聂军介绍，转介到社会工作者这里的，都是在人社部门沉淀了两三年找不到工作的年轻人，不仅年轻人本人挑工作，他们的父母也很挑，“家长觉得我孩子怎么说也是大学毕业，虽然是业余大学之类的，但做个办公室文员总不过分。”

有一名听力不佳的女青年，大学本科毕业多年找不到工作。一个重要的原因是，她的母亲死活不肯给女儿办残障人士专用的、可以享受较多就业优惠的“小白卡”。家长的担心是，一旦办了“小白卡”，女儿就成了残障人士，影响她今后找对象、升迁。

此前，人社部门经多方协调，为女孩介绍过两份工作。第一个工作，妈妈到公司去了一趟就拒绝了，“孩子听力不好，路途太远，不安全”。第二份工作，因为加班太多，也被拒绝了。

就在女孩母亲写好信件“吐槽”政府部门不用心、准备上访之际，她接到了青少年事务社会工作者的电话。社会工作者的特长是，“直击需求要害”、反复多方沟通、链接各界资源。如今，女孩找到了一份办公室文员的工作，用人单位拿到了雇佣残障人士的补贴，家长提出“对同事保密”的要求也得到了满足。

聂军告诉记者，上海家庭的失业青年就业要求较高，但政府部门能提供的岗位一般以绿地养护工、环卫工人等居多，这种时候，社会工作者参与家访、沟通的作用就显现出来，“协调各方的利益，运用心理、社会学方法，使得各方都调整一下自己的期望值。”

上海市青少年服务和权益保护办公室社会工作处处长吴志晖认为，这就是政府与社会合作联动的价值所在：“人社局为长期失业青年提供就业政策扶持、资源配给，专业社会工作者发挥自身优势深入青少年内心世界，与他们和家庭建立专业关系，恢复个体和家庭的社会功能。”

（案例来源：《中国青年报》2017年7月26日发表的《社会工作者介入效果明显 上海青少年犯罪占比5年下降超8%》）

示例分析

在此案例中，社会工作者积极参与青少年违法犯罪预防服务，首先通过开展志愿服务活动，降低对青少年的负面评价，优化了青少年的成长环境；其次是通过开展重点青少年群体服务管理工作，促进了青少年的认知与行为改变，在降低青少年违法犯罪、维护社会秩序方面发挥了积极作用。

第九节　其他

原文

5.9 其他

主要包括但不限于以下内容：

——开展青少年服务的政策倡导及咨询研究；

——开展青少年社会工作专业人才培训、督导及青少年社会工作服务机构发展培育；

——开展受委托的其他青少年社会工作服务。

解读

1. 政策倡导的定义

政策倡导是组织为达成倡导目标而选择和运用的一整套特定的方式和方法所开展的活动的总和。青少年社会工作领域的政策倡导是为维护青少年的利益，代表或协助服务对象采取各种策略和方法，改变对青少年不利的、不公平的服务提供、资源分配和政策制度安排，从而更好地回应和满足青少年的需要，实现社会的公平、公正。

2. 开展青少年其他服务的目的和意义

青少年社会工作服务的有效开展是青少年社会工作健康发展的体现，因此应积极开展青少年政策倡导及咨询研究、青少年社会工作专业人才培训、督导及青少年社会工作机构的发展培育。首先，可以建立一支专业能力强的青少年社会工作队伍和督导队伍；其次，可以形成一批以青少年社会工作为核心的专业组织。

青少年社会工作政策、研究、人才队伍及服务机构的发展，一方面是提升青少年社会工作专业服务的有效保障，另一方面是形成青少年社会工作领域发展的基础。

3. 其他服务的重点内容

（1）开展青少年服务的政策倡导及咨询研究。第一，社会工作者应及时关注青少年服务的相关政策，积极宣传《中华人民共和国未成年人保护法》《中华人民共和国预防未成年人犯罪法》《中华人民共和国义务教育法》《中华人民共和国继承法》《中华人民共和国婚姻法》《中华人民共和国收养法》等与青少年相关的法律；第二，针对有需要的青少年开展具体的教育政策、劳动政策等咨询工作；第三，针对青少年服务的购买、成效评估等开展研究工作。

（2）开展青少年社会工作专业人才培训、督导及青少年社会工作服务机构发展培育。结合青少年社会工作的发展，青少年社会工作协会等组织首先应积极组织开展具有针对性的青少年社会工作专业人才培训，建立专业能力强的青少年社会工作队伍；其次，应根据青少年社会工作队伍的情况，选拔、培育青少年社会工作专业督导，提升专业服务质量；最后，针对专门服务青少年的社会工作服务机构，应重点培育，发展专门性的青少年社会工作服务机构。

（3）开展受委托的其他青少年社会工作服务。结合各地青少年社会工作的发展需要，社会工作者可以及时承担开展青少年特殊问题干预等其他青少年社会工作服务等任务。

4. 实施过程中的措施及方法

（1）政策倡导。青少年社会工作是一个系统工程，不仅包括为服务对象提供直接服务的内在系统，也包括社会环境和社会政策等外在系统，社会工作者在重视青少年个体服务的同时，应积极进行政策倡导，促进青少年社会政策的发展和青少年社会工作的制度性建构。

（2）专业培训。社会工作专业培训是青少年社会工作人才队伍建设和组织发展的重要手段，可以通过建立青少年社会工作人才队伍培训基地、青少年社会服务机构孵化基地的方式，进行专业知识、实务能力、财务制度、人事管理等方面的专业培训，提升社会工作者的专业能力。

（3）社会工作研究。研究是对实务的总结与促进，开展青少年社会工作研究是促进青少年社会工作实务发展的重要方式，社会工作者可以对青少年社会工作实务的需求评估、实施过程、服务成效等开展研究，形成研究报告，提升青少年社会工作服务成效。

示例

2017年年初，团山东省委正式发布60个“青春扶贫·益暖齐鲁”贫困青少年关爱项目，以山东各地贫困青少年作为重点目标群体，由团山东省委筹措资金，通过购买服务、项目化运作等方式，整合青年社会组织参与，为贫困青少年提供个性化、专业化、持续化的关爱帮扶。

为打造“以社会工作和青少年研究领域专家为指导、以专业社会工作者为核心、以实际从业人员为骨干、以志愿者为重要补充”的山东青少年社会工作人才队伍建设新模式，团山东省委着力加强青少年事务社会工作专业人才队伍建设，截至目前，全省各级团组织统筹使用的青少年事务社会工作者人数达到6640人。

不仅如此，据团山东省委维护青少年权益和社会联络部部长齐延鹏介绍，团山东省委联合六厅局制定《关于加强青少年事务社会工作专业人才队伍建设的实施意见》，对山东青少年社会工作者队伍建设明确了目标任务，并据此提供政策支持。

在阵地建设方面，团山东省委争取省财政资金支持，实施山东省彩票公益金支持社区青少年社会工作服务示范工程，投入950万元，在全省65个县（市、区）建成90个社区青少年社会工作服务示范站点。

此外，团山东省委针对青少年社会工作人才培养，成立了共青团主导的青少年社会工作专业督导队伍，建成了各级青少年社会工作人才培训机构（基地）67个，2016年以来累计培训青少年社会工作管理人才、社会工作机构负责人、领军人才2500余人次，并制作推广《社区青少年社会工作服务示范工程》青少年社会工作者专题片，以及《拒绝校园欺凌 用心守护纯真笑容》《关爱留守儿童 让心不再孤单》青少年社会工作公益短片，提升青少年社会工作的社会知晓度。

1.“两个计划”激活体系建设

烟台市微泉青少年事务服务中心于2014年12月成立，是由团烟台市委指导成立的民办非企业单位。成立之初，该中心就明确了“青少年成长关爱服务、青少年友好社区建设、青少年司法社会工作者”三大青少年服务系列。

据该中心负责人孙传彬介绍，中心自成立以来，以外来务工人员子女、农村留守儿童、涉罪未成年人、服刑人员家庭青少年、吸毒人员家庭青少年等8类青少年为主开展服务，已累计服务青少年2万余人次。

成立仅3年，该中心迅速成长，为广大特殊青少年群体提供了多元化、人性化的专业服务。这样的成长离不开团山东省委下大力气构建的以共青团为主导的青年社会组织体系。“前期抓住关键少数，从培训入手，启动青年社会组织工作；后续则通过线上线下平台打造，活跃青年社会组织工作。”齐延鹏说，这是山东省社会组织体系建设的指导思想。

为充分激活社会组织，团山东省委选择从“两个计划”着手。实施“骨干培养计划”，启动“全省青年社会组织骨干赋能训练营”，助力青年社会组织骨干成长，参训人员均为全省各级各类青年社会组织的创办者、负责人或团队核心成员，每期参训人数超过百人。同时，实施“伙伴计划”，线上开发山东青年社会组织云平台，通过青年社会组织网上入驻、伙伴展示、公益创投、成长基地等功能，实现强联系、扩覆盖、聚人气的目标；线下选拔94个优秀青年社会组织，组建山东青年公益联盟青年社会组织分联盟，打造聚合、交流平台。

2. 创新工作模式，找准发力支点

“过去，社区、社会工作机构和团组织没有统一的发力支点。而现在，是‘团干部+社会工作者+志愿者’的社会化工作模式”，团青岛市委副书记张宇说。“青青岛家园”青少年事务社会工作服务站正是上述社会化工作模式下的产物。该服务站由团青岛市委依托社区服务中心、青少年综合服务平台、社区志愿者工作站等阵地打造，整合了全市基层社区青少年综合服务平台资源，目的是通过建设标准、服务内容、工作制度的“三统一”，实现社区青少年思想引导、权益维护、预防犯罪、社会融入等服务的日常化、规范化。截至目前，青岛市已建立“青青岛家园”青少年社会工作服务站38个，吸引30家专业社会工作服务机构进驻，引入专职社会工作者78人、兼职社会工作者100余人、志愿者1万余人。

对于未来的青少年社会工作机构发展与队伍建设工作，团山东省委书记陈必昌介绍说：“山东共青团组织将进一步引入社会工作者力量，打造有形化阵地，推动全省青少年社会工作实现规范化、有形化、常态化发展，努力提升全省青少年事务社会工作专业人才队伍建设水平。同时，还将建立完善运行管理机制和配套政策制度，努力营造理解尊重青少年社会工作专业人才、支持发展青少年社会工作的良好社会氛围。”（示例来源：《中国青年报》2017年12月8日发表的《山东：为社会工作组织注入发展新内涵》）

示例分析

上述案例中社会工作者主要完成了以下工作：首先，开展了青少年社会工作专业人才培训、督导及青少年社会工作服务机构发展培育，建立一支有能力为青少年提供服务的专业队伍，在此基础上遴选青少年社会工作督导人才。案例中团山东省委着力加强青少年事务社会工作专业人才队伍建设，通过组织项目购买、人才培训等措施，山东省各级团组织统筹使用的青少年事务社会工作者人数达到6640人。同时，围绕青少年的发展和需求，各地重点培养了一批以青少年为服务对象的社会工作服务机构，通过实施“伙伴计划”，线上开发山东青年社会组织云平台，通过青年社会组织网上入驻、伙伴展示、公益创投、成长基地等功能，培养了94个优秀青年社会组织，组建山东青年公益联盟青年社会组织分联盟，打造聚合、交流平台。其次，开展了青少年服务的政策倡导及咨询研究，通过青少年社会工作的政策制定，倡导有助于青少年成长的各类政策的出台，通过“青春扶贫·益暖齐鲁”贫困青少年关爱项目的实施，团山东省委发布了《关于做好政府购买青少年社会工作服务的实施意见》，明确了青少年社会工作服务的清单。同时，通过项目开展，围绕青少年自身特点、青少年社会工作服务、青少年社会工作人才队伍建设及青少年社会服务机构发展等议题，吴立忠（2015）等开展了青少年社会工作的专题研究，促进社会工作服务的发展。

参考文献

[1] 樊富珉．青年心理健康十五讲．北京：北京大学出版社，2006.

[2] 许莉娅．学校社会工作．北京：高等教育出版社，2009.

[3] 陆士桢．中国青少年社会工作实务案例精选．上海：华东理工大学出版社，2010.

[4] 陈成文，孙嘉悦．社会融入：一个概念的社会学意义［J］．湖南师范大学社会科学学报，2012，41（6）．

［5］高灵芝．社会保障概论［M］．济南：山东人民出版社，2011.

［6］王建敏，于文健，李颖．新时代我国青少年权益保护法律体系的完善［J］．青年发展论坛，2018，28（3）．

［7］陈慧．论未成年人的自我保护［J］．青少年犯罪问题，1996（02）．

［8］何明升．司法社会工作概论［M］．北京：北京大学出版社，2014.

［9］（美）施耐德，莱斯特．社会工作倡导［M］．韩晓燕，等，译．上海：格致出版社，2011.

第四章 《指南·方法》解读

青少年社会工作作为按人群划分的专业社会工作的一个分领域，同其他各类专业社会工作一样，需要有专业的方法来支持。青少年社会工作方法可以分为两类：一类是基本方法，另一类是针对特定需要的介入方法。其中，基本方法包括个案工作、小组工作、社区工作等社会工作直接方法，也包括社会工作行政、社会政策和社会工作研究等间接方法。针对特定需要的介入方法包括危机介入、家庭治疗、外展服务、历奇辅导、朋辈辅导、向导服务等方法。本章各小节在相应原文介绍的基础上，分别从概念界定、基本原则、过程和技巧等方面进行解读，并通过示例的详细阐述和重点分析，帮助大家清晰了解青少年社会工作方法的相关核心概念，以及方法背后的原则和运用技巧。更重要的是促进大家对本章内容的认识、理解和内化，并且能够结合今后积极的专业实践，实现有效的知识转化和实践创新。

第一节 基本方法

原文

6.1 基本方法

根据青少年需要，综合运用个案工作、小组工作、社区工作等社会工作直接方法和社会工作行政、社会政策和社会工作研究等间接方法。

解读

一、青少年个案工作

1. 对青少年个案工作的理解

个案工作是以有需要的个人或家庭为服务对象，运用个别化的工作方式，增强服务对象解决困难和适应社会的能力，促进其与环境和谐发展的一种专业社会工作方法。

青少年个案工作是以青少年个人和家庭为服务对象的社会工作方法，其直接目标在于回应青少年的需要，增强青少年解决困难和适应社会的能力，并预防产生新的困难和问题。在青少年个案工作中，社会工作者在与服务对象彼此信任合作的和谐关系中，要充分调动服务对象自身的潜能与积极性，共同探讨、研究服务对象的问题和需求、服务对象的家庭及社会环境，运用服务对象自身及外部资源，增进服务对象解决问题的能力，达到帮助青少年成长的目的。个案工作根据不同的情况采用不同的途径和方法，是青少年社会工作中其他方法的基础。

2. 青少年个案工作的基本原则

综合青少年多变、追求独立、创新的特点及个案工作的一般原则，青少年社会工作服务中至少应遵循以下原则：

（1）保密原则。在青少年个案过程中，必须对青少年的一些资料予以保密。对青少年资料的保密是建立专业关系的基础。当然，保密原则不是无条件的，它需要在保护服务对象的前提下加以灵活掌握。

（2）沟通原则。沟通原则是指社会工作者与青少年服务对象双方交换意见，这种意见可以是一致的，也可以是不一致的，但一定要做到社会工作者对青少年的了解，以促成问题的快速、高效解决。

（3）个别化原则。个别化原则强调要重视青少年个案问题的特殊性，尊重青少年的个体差异，识别青少年的个性化需求，承认青少年拥有独特的个性、观点、态度和行为。这一原则尊重青少年发展个性的权利，要求社会工作者为青少年提供个别化的服务。

（4）系统分析原则。系统分析原则强调用生态系统的视角来分析和理解青少年，既要看到青少年自身的问题和需求，还要看到其所处的生态系统对青少年的影响，以及青少年对生态系统的影响。

（5）承认与接纳原则。承认与接纳原则是指社会工作者要把青少年作为一个有独立意志和权利、受到尊重的服务对象来接受，承认其独特的个性、观点、态度和行为等。青少年正处在被社会接纳的过程中，对青少年的接纳本身就能促进青少年的成长与发展。

3. 青少年个案工作的流程

青少年个案工作的流程第一个阶段是接触预估。当有需要的受助者前来机构求助时，社会工作者就可以开始与其建立初步的专业关系。在接案会谈中，对服务对象的问题与需求、基本资料、信息进行收集与确认。如果发现服务对象的情况不适合由社会工作者提供服务，社会工作者要考虑将其转介给其他社会工作者或其他机构。

在接触并建立关系的基础上，要进行预估，社会工作者应采取多种方法对服务对象的问题与需求进行深入了解。除了与服务对象本人会谈之外，还可以通过走访重要他人、家庭、生活社区、学校收集相关资料、信息。同时，通过对资料与信息的梳理，评估服务对象的社会功能、所面临的问题等，以决定提供怎样的服务。

第二个阶段是服务设计。社会工作者要根据前期评估，确定个案服务的工作计划与程序。一般的个案计划过程要包括考虑服务目标、与服务对象商定计划、设定实施策略、撰写服务计划书、签订服务协议几个部分。

第三个阶段是服务实施阶段。这个阶段是整个个案服务过程最关键的阶段，社会工作者运用专业知识、方法、技巧，按照服务计划落实对服务对象的干预。这一过程中，社会工作者可以直接介入服务对象本身，也可以间接介入服务对象所处环境，对其进行改变。这时候，社会工作者扮演着支持者、教育者、使能者、治疗者、倡导者、资源链接者等角色。

第四个阶段是成效评估阶段。评估是为了检验社会工作者所提供的服务是否有效，并且可以巩固服务对象的改变成果，促进社会工作者的专业成长。评估分为过程评估和总结评估两种。在评估过程中，除了可以运用参与观察、深度访谈等质性工具，还可以运用基线评估、任务完成评估和目标实现量表、服务对象满意度量表等定量研究工具来检验工作成效。应当注意的是，在这一过程中，应当让服务对象参与进来，使服务对象能够对自己的改变过程、成果进行回顾；同时，社会工作者应当实事求是，对自己的工作进行反思，并在反思中成长。

社会工作者根据工作计划实施以及服务成效评估的实际情况，来考虑是否应当结案，决定何时结案。结案时，要与服务对象一起回顾改变的过程，双方在其中作出的努力；支持与鼓励服务对象建立信心，以增强其日后面对困难与挑战的能力。并且，在这一过程中，社会工作者要注意处理服务对象的分离情绪。另外，社会工作者还要撰写完整的结案报告。

最后，社会工作者要对服务对象进行跟进，要分析服务对象是否依旧存在困境与难题，考虑是否应当转介给他人进行进一步的干预。在结案结束后的一段时间内，社会工作者要对服务对象进行持续的回访与跟进。这不仅对巩固服务效果有积极的意义，并且可以对服务对象是否遇到新的问题、是否有能力面对新问题等有一定了解。

4. 个案工作的技巧

（1）建立关系的技巧

①同感。社会工作者应能够感受服务对象的感受，理解其感受的意义，引导其对自己有更多的认识。具体的技巧是：语言方面，能够准确说出服务对象的感受，能表达出自己的感受；表情和动作方面，能够对服务对象的情绪反应进行适切的回应。

②诚恳。接纳、非批判、开放、真实。具体的做法有：语言方面，语气诚恳，内容表达真实，不批评、不评判，语速适度；表情和动作方面，目光适度接触，身体动作适宜。

③温暖。有亲和力，表现亲切、关心。具体的做法有：语言方面，声音高低、语速快慢适度，吐字清晰；表情和动作方面，和颜悦色，温和或真诚地微笑。

④尊重。积极关注、倾听。具体的做法有：语言方面，表达正向，表达出尊重，不能无故打断服务对象的话；表情和动作方面，温和或真诚地微笑，身体动作适宜。

⑤积极主动。对服务对象有兴趣，关心，热情，能减少服务对象的紧张情绪。具体的做法有：语言方面，多使用鼓励性、启发性、支持性、肯定性的语言；表情和动作方面，做出身体前倾、期待的眼神等积极表现，及时、主动回应服务对象的现实需求。

⑥语言表达简洁、准确、具体。适时运用澄清、摘要、聚焦等技巧。

具体的做法有：对模糊不清的语言进行梳理和求证；对复杂的信息进行概括；将分散的信息进行集中。

（2）个案面谈的步骤

①准备好自己。包括内在和外在的准备：内在方面，自己觉察当下自己的情绪是否稳定，注意力是否集中，确保不被其他事情影响到自己的思绪；外在方面，布置好面谈的环境，先把其他未尽事宜放在一边，保持身体的活力和良好的精神面貌（之前有好的睡眠和休息）。

②建立与服务对象的联结。可以先用几分钟时间认识对方，或重新联结；注意使用适合服务对象的语言、步调及音调；让自己变得接纳、开放、不批判且值得信任；建立彼此的联结，相互建立关系以及安全感。

③带出希望，为服务对象带入正向积极的能量。用提问引发服务对象的希望和愿望，比如问："你希望今天在这里得到什么？"

④聆听呈现的问题，并探索问题。发觉服务对象的问题，为什么成为其应对上的问题。探索该问题对此人的内在世界已造成的冲击和影响，认同服务对象到目前为止所作的各种努力。协助服务对象将此问题重新架构成为一个成长的机会。

⑤正向转化，将问题转化为正向的目标。协助服务对象预见在面谈结束时其内在与外在会有什么不同（在开始时，请不要期待得到特定的东西）。在面谈期间，你需要偶尔审视最终目标，以评估是否需要有任何的增加或改变。

⑥取得承诺。取得每一个服务对象愿意在改变上或者改善上作出努力的承诺，如提问："你愿意努力地去改变吗？"

⑦探索冰山[①]。在面谈的过程中，自始至终地进行评估。确认每位服务对象的应对姿态；检视服务对象改变的可能性；运用历程性的提问/问话，来汲取服务对象的内在经验（冰山）；探索服务对象尚未满足的期待及渴望；探索服务对象从哪里学习到其应对姿态和即时反应系统（原生家庭，或具有影响性的过去事件）；让服务对象觉察到其所拥有的资源。

⑧确定目标。社会工作者与服务对象共同合作制订出一个方案和介入

① 一个人的自我就像一座"冰山"一样，我们能看到的只是表面很少的一部分——行为，而更大一部分的内在世界却藏在更深层次，不为人所见，恰如冰山。包括行为、应对方式、感受、观点、期待、渴望、自我七个层次。

计划，并且在最终目标中发现可能要增加的目标，比如：你需要作出什么样的改变才能实现你的目标？

⑨作出改变。协助服务对象作出转化性的改变，觉察其内在的心理动力，让他们接纳现在的经验。借着轻敲其具有疗愈性的生命能量，协助他们作出改变、落实改变。

⑩欣赏改变。在服务对象或每个家庭成员身上，找出至少一项你所欣赏或尊重的内在力量和改变之处，并分享给服务对象。

⑪锚定改变。回顾此次晤谈，提供希望，并邀请每个服务对象给予回馈，也考虑提出你的回馈。

⑫家庭作业。给服务对象布置家庭作业，以协助服务对象练习这些改变；作业必须是服务对象能力范围内的，并且是正向积极的。要确定作业涵盖了服务对象的内在经验（冰山）的所有面向，包括感受、观点、期待、渴望和自己。

⑬安排下一次面谈或者结案。

示例

个案背景

服务对象小红，女，14 岁，汉族，只上过小学一年级，老家在河南农村。父亲有家庭暴力行为，母亲在小红 8 岁的时候离家。母亲离家后服务对象与爷爷同住。爷爷死后，由父亲带至北京，在火车站被遗弃，先后在福利院、北郊医院住过。后到处流浪，在一次救助站的外展服务中被发现并带回救助站，由流浪青少年救助社会工作者跟进服务。

个案跟进过程：

(1) 接案，与服务对象建立良好关系，使服务对象愿意和社会工作者接近、相交。与服务对象建立一个被接纳和受支持的关系，使服务对象能感受到别人对她的关爱和接纳。

(2) 收集与服务对象相关的资料，了解服务对象目前的行为和状况。了解服务对象家庭系统情况以及幼年的经验，对服务对象的需求进行评估。经过了解发现，服务对象的需求是：第一，服务对象需要重新认识和了解自己的行为和感受以及想法；第二，服务对象需要改变过去的经历对现在的影响；第三，服务对象需要来自社会和他人的支持和关爱；第四，需要给服务对象营造一种友善支持的环境。

(3) 与服务对象确认工作关系，商讨工作重点。

(4) 协助服务对象了解自我，认识自己的特点、情绪、性格，探索自己的问题根源。

(5) 帮助服务对象舒缓对过去经历的不良情绪。

(6) 与服务对象探讨家庭的概念和意义，澄清对家的片面理解，建立对家庭的正确认知。

(7) 与服务对象探讨对生活的规划，协助服务对象制订循序渐进的行动计划，逐步明确生活目标与方向。

(8) 跟进服务，使服务对象以积极的心态面对生活、改变生活，之后结案。

个案总结和反思：

(1) 服务对象在这个过程中有所改变但状态不稳定，缺乏监督的机制，每次服务效果都有一定时限。

(2) 服务对象非常渴望他人的关心，会有“黏社会工作者”的表现，社会工作者应该对此妥善处理，既不能一味顺从，也不能对服务对象过于冷淡。

(3) 服务对象与人交往的经验丰富，很会察言观色，会顺着他人的思路表述相应的答案，往往不够真实。社会工作者应该在每次服务前有一个与服务对象建立真诚关系的过程，使服务对象逐步打开心扉。(示例来源：本案例由作者编写)

示例分析

本案例是针对流浪青少年的特殊介入，该案例相对完整，包含服务对象的基本情况、主要问题和需求分析以及个案介入理论基础和介入模式分析、计划制订、实施过程、个案评估及反思等完整过程。该案例比较明显地体现了青少年个案工作的特点，具体表现在以下几个方面：

第一，青少年个案工作服务对象的特殊性。典型案例中的青少年服务对象是流浪青少年。相对于一般的青少年，流浪青少年有着更多的社会经历，也在身心发展中遇到了更多的挫折。针对这种具有较强复杂性的服务对象，社会工作者在介入理论及方法上应有针对性地选择。

第二，青少年个案工作本质上强调助人自助。典型案例中社会工作者不是简单的心理咨询员角色，其和服务对象建立信任关系之后，十分重视服务对象自信心的提升，注重服务对象自身改变的参与。

第三，青少年个案工作过程的系统性。青少年在成长发展中发生的问题一般是由多方面原因造成的，需要重视运用系统论的思想，从各个方面去分析整理青少年问题产生的环境原因及青少年自身的主观原因，挖掘有用的资源，特别重视探索服务对象的外在生活环境和内在心理需要之间相互作用所带来的影响。案例中社会工作者对服务对象流浪以前的生活环境的考察、流浪经历的了解，以及在流浪青少年救助保护中心根据机构的条件有针对性、有计划地对服务对象进行个案工作开展，都体现了个案工作开展的系统性。

从案例中也可以看出青少年个案工作的一些原则，比如承认与接纳原则，这个原则在案例中表现得十分明显，社会工作者从与小红建立关系、信任渠道搭建到共同制订成长计划，每个环节中社会工作者的接纳都做得很好。

从案例中也可以看出青少年个案工作的实施策略，即情境配合。案例中，社会工作者将个案进行的场所变通到小红生活的整个空间，能够及时把握有利机会，帮助服务对象进行良好的自我促进。

二、青少年小组工作

1. 对青少年小组工作的理解

小组工作是社会工作的重要方法之一，以具有共同需求或相近问题的群体为服务对象，通过小组活动过程及组员之间的互动和经验分享，帮助小组组员改善其社会功能的一种专业社会工作方法。

青少年小组工作以青少年小组为对象，运用小组动力与小组活动过程设计技术，使小组中的青少年达到社会性的发展、行为的改变，实现青少年个人与社会的和谐发展，进而促进整体社会中个人的全面发展和社会的进步。

2. 青少年小组工作方法的优势

小组工作主要是运用人和人之间的相互影响来实现工作目标的。人是群体性动物，人在群体中必然受其他人的影响，同时也在影响他人，这种相互影响的关系就构成了小组动力。在积极正向的小组动力的影响下，小组中的人就会相互学习、影响和支持，形成小组规范和小组文化，进而实现小组目标。青少年的同辈交往要求强烈、相互影响明显，所以小组工作方法特别适用于青少年群体。

第一，可以促进青少年的健康成长。青少年面临着升学、就业、前途、交友以及社会适应等多方面的问题，仅靠他们自己的能力是远远不够的。小组工作能够给小组成员提供一个相互支持和信任的环境，这种环境有助于小组成员更好地认识、反思自我，提供自我成长的经验。在小组中通过相互提供支持和帮助，使他们不但能够了解自己、认识自己，而且可以发掘他们的潜能，体现成员自我的现实价值，让他们充分体会到自我的现实效能。

第二，可以为青少年提供行为改变的机会。青少年小组活动为小组成员提供了改变自己不良和偏差行为的条件和环境，小组成员通过行为学习与训练，能够相互激励，强化正面的行为，监督、弱化负面的行为。

第三，可以提升青少年各方面的能力。小组成员通过小组互动活动、彼此分享讨论，可以学会更好地相互交流和沟通，从而提高他们的人际沟通、社会交往、合作互助、解决问题等各方面的能力。

开展青少年小组工作为青少年提供了一个“小社会”形式的时间和空间，让青少年在小组环境里和群体互动中学习他人、发掘自己，从而获得自身的成长，在青少年社会工作中具有不可忽视的意义和价值。

3. 青少年小组工作的原则

（1）民主原则。应创造有利于青少年小组组员参与和投入的小组氛围，鼓励和引导组员自由充分地参与小组决策和活动，据此培养组员的民主意识和能力。

（2）互助原则。应促使组员彼此关注，加强互动，建立互助、合作的关系，共同实现小组目标。

（3）增能原则。帮助组员建立自信，协助组员运用自己的能力来实现自助，改变自己的生活，并从个人层面的改变促进群体和社会层面的变化。

（4）个别化原则。在小组中，了解每一位小组组员的独特性和特别的需求，有针对性地设计干预方案，具体的目标要因人而异。

（5）差别化原则。在小组设计中，应差别化地对待每个小组，相信每个小组都是独特的，在服务设计中，要根据每个小组的特定要求来设计需要的服务。

4. 青少年小组工作的模式

（1）社会目标模式。该模式是通过一系列的原则与方法培养成员的社会责任感、社会意识和社会良知，在小组中强调参与、共识与任务的达成。总目标是培养青少年的社会归属感，实现社会整合。具体分三个层次：一是发展与提高青少年的社会意识和潜能，同时发展和提高他们实现社会变迁的责任心。二是发展青少年的社会能力，提高他们应对社会环境的能力。三是培养社区领袖，使他们有能力去推动社会变迁。

（2）互惠模式。互惠模式关注青少年小组中组员与小组和社会环境之间的关系，希望通过个人、小组和社会系统之间的开放和相互影响达到增强个人和社会功能的目的，重点集中于组员和组员之间为满足共同需要所产生的互动过程，形成相互支持。社会工作者应主要扮演协调者和使能者的角色。

（3）治疗模式。治疗模式是一种社会治疗或社会康复模式，旨在治疗和解决青少年的社会问题，改变青少年的社会行为。治疗模式是精神医学、心理学和社会学的结合与运用，具有独特的理论与技术，主要是针对一些行为失范或有特定问题的人群，如吸毒青少年、社区矫正青少年等。

（4）发展模式。发展模式亦称过程模式，旨在解决和预防青少年社会功能的衰减问题，恢复和发展青少年的社会功能。这一模式的应用范围极其广泛，如各种困难青少年、面临危机的青少年以及寻求更大自我发展的青少年等。

5. 青少年小组工作计划书要点

一份完整的青少年小组工作计划书一般包括如下内容：

（1）小组理念。主要介绍小组的名称、所在机构的背景、形成小组的原因、小组的理论背景。

（2）小组目标。界定小组的总体目标与具体目标。

（3）组员构成。简单介绍小组成员的特征、年龄、教育背景以及需要解决的问题与需要。

（4）小组特征。介绍小组的性质、开展的时间、小组规模、聚会的频率与时间。

（5）小组的具体计划与日程。将每次活动的计划活动、日期、时间、地点、具体目标、社会工作者的责任、活动物资准备等具体计划固定下来。

（6）招募计划。确定小组成员的来源，制定宣传、招募方法，规定招募时间与人数。

（7）预计困难与解决方案。对活动开展中的可能风险、小组成员的潜在问题等进行预计，并设计解决方案。

（8）活动评估方法。对小组活动的评估范围、评估的方法予以确定。

（9）财政预算方案。预算方案包括程序、器材、交通等费用的总和。

6. 青少年小组工作中小组的发展阶段和介入技巧

（1）小组前期阶段

小组前期阶段是组员心理上的准备期与行动上的试探期，参与小组的青少年有着既兴奋又焦虑、既有独立性又渴望与其他组员交谈的矛盾心理，青少年过去的经验与经历会影响青少年在小组中的分享。在这一阶段，青少年会试探认识其他组员，也会对社会工作者有依赖。这一时期也是小组规范的形成时期，在这一阶段社会工作者要引导青少年制定小组契约，鼓励成员参与小组活动，促进组员间信任关系的建立，处理组员的抗拒情绪等。

（2）小组中期阶段

小组中期阶段是重整与归纳阶段。大部分的小组内容要在这个阶段内完成，解决问题是这个阶段的特点。

（3）小组后期阶段

在这个阶段，社会工作者要促进组员继续保持变化，协助组员将在小组中获得的东西应用到小组结束之后的生活中，并且处理好组员的离别情绪，对小组目标的实现状况进行评估。

示例

S大学三名MSW学生在对上海市某街道的调查中发现，单亲家庭的青少年大都有思想或行为偏差，其中最主要的是个人自信心的下降及自我控制力和融入社会能力的下降，他们中的多数人不善于同他人沟通，甚至不善于与家人交流，形成较为内向、闭塞的性格，这对青少年的成长和人格健全是不利的。但现有条件下的社会体制以及官方和社会机构（如学校、街道办事处等）所提供的服务中，并没有过多考虑青少年的这些问题，甚至忽略了他们在这方面的需求。因此，三名MSW学生通过有针对性地挑选一部分青少年来组成活动小组，以社会工作中小组工作的专业手法和模式来进行集体辅导，开展了“夏日阳光——爱心大放送”青少年小组活动。

这次小组活动的长期目标是：提升单亲家庭青少年的自信心和与他人沟通、融入社会的自我能力；帮助其更好地评价自己和社会，学会积极正面地看待问题。短期目标是：通过小组活动，帮助小组成员增强沟通、交流技巧；建立小组成员间的合作关系，完成指定的小组任务，找到一两个朋友；增强自信心，更正面地评价自己及自己的家庭，改善或增强与家人的关系。

小组以不同的内容，通过专业疏导、集体互动、户外活动等方式共开展了六次活动，基本情况如下表所示。

“夏日阳光——爱心大放送”小组活动安排

次数	日期	活动主题	活动内容	地点
第一次	14/7	认识彼此 认识自我	介绍自己，让大家认识自己的同时，也最大限度地认识大家，可以通过一至两个简单的游戏来增强记忆，同时进行心理评估，了解小组成员在活动前的心理状况	某街道社区活动中心
第二次	20/7	发挥能力 体现价值	通过为病儿提供服务的活动，让小组成员得到较正面的积极评价，通过引导，让小组成员看到自身的长处	某街道社区活动中心

续表

次数	日期	活动主题	活动内容	地点
第三次	28/7	发现感悟 增强沟通	让小组成员体会到与他人沟通的重要性，并通过演示、即兴采访，让组员学到沟通方面的一些技巧，提高自我沟通能力	某街道社区 活动中心
第四次	4/8	加深反省 重塑自我	让小组成员回顾自己的过去，利用画图游戏等，请组员道出自身的优缺点，同时通过互相讲评，让小组成员发现自身的长处及价值，形成对自己有较为正面的评价	某街道社区 活动中心
第五次	11/8	分享友谊 加强合作	聚餐活动一次，让小组成员合作完成聚餐任务，在活动中体会到建立合作基础的重要性，同时在活动中继续体现互助的主题，加深小组成员彼此间的友谊	某街道社区 活动中心
第六次	16/8	巩固成果 畅谈明天	可通过互动（如互相提醒、互相评价等）来让小组成员更深刻地评价自我和他人，巩固已取得的成果，同时进行活动后的评估	某街道社区 活动中心

小组介入过程分析：

在开展“夏日阳光——爱心大放送”青少年小组活动之前，工作员对服务对象的生活社区进行过调查，小组是分析了服务对象的需求而设立的，并制订了详细的小组计划书。在组员的招募方面，也通过多种途径去了解报名者的情况，进行了严格甄选，小组的筹备工作还是比较充分的。

小组开始以后，第一次活动是小组的形成阶段，主要是小组成员相互认识，明确小组目标和意义，并进行了小组前测。工作员能比较好地控制整个小组进程，协调小组成员的积极性，鼓励小组成员进行交流，照顾到每一个成员的表现力，有助于形成良好的小组气氛，建立安全信任的关系。澄清小组目标、建立小组规范是小组形成阶段非常重要的任务。小组的组员刚开始都比较拘谨，在工作员的鼓励和引导下，逐渐活跃起来并表现出对活动的兴趣，总体状况还不错。

第二次活动是小组活动方案的初步实施阶段，出现一些小组感觉。吸取了第一次活动的经验，在第二次活动的前半周，工作员给所有成员发去书面通知，将所有的活动安排告知孩子和家长，并安排好车辆接送。从小组活动情况来看，小组活动气氛比较融洽，组员进一步熟悉，配合比较默契，更能轻松自然地表达自我，小组结束时大家都有意犹未尽的感觉。

第三次和第四次活动是小组目标与凝聚力发展的阶段。这两次活动小组成员的出席率有很大提高，小组成员充足，参与态度热情，活动开展渐入佳境。第三次活动通过“小记者行动”为小组成员提供了一个自然交流和沟通的机会，工作员适时引导他们正确对待人生挫折，并布置了书写有关挫折作文的家庭作业，为第四节的活动做铺垫。第四节中关于过去负面经历的回顾和讲述，是对服务对象问题的直接触及，组员刚开始有种防御的情绪，不愿过多地分享，小组气氛有点沉闷。后来癌症病人讲述自己的经历时，组员听得很认真，内心有所触动，在工作员的引导鼓励下逐渐说出自己的想法和感受，气氛越来越融洽，达到了预期效果。

第五次活动是小组目标的达成阶段，小组感觉强烈。经过前四次的活动小组成员彼此已经熟悉，对小组活动方式也比较了解，组员都能充分发言，比较能深入主题。在完成聚餐活动中，组员的积极性都比较高，能够互相帮助、彼此谦让，在合作的过程中也加深了友谊，活动的分享比较深入，小组的气氛很融洽，小组凝聚力已经形成，小组的目标基本达成。

第六次活动是小组工作的巩固和结束阶段。这次活动中，工作员主要处理离别情绪，整理前几次活动的成果，并进行小组后测。小组基本达成预期目的，完成了安排的活动内容，小组成员在认识上有可喜的进步。

通过六次小组活动，按原定计划完成了预定的各节小组活动的所有内容及各项任务，小组成员从一开始的3位到最多两次的8位，最终稳定在6位，小组成员之间达成了默契，形成了合作的基础。通过问卷调查和访谈可以了解到，小组基本实现了预定的主要目标，主要表现在以下几方面：

（1）小组活动得到普遍认同。

（2）组员间建立了合作基础。

(3) 重新反省、认识自我。

(4) 组员的自信心得到提高。

(5) 发现自我价值。

(6) 结识新的朋友。

(示例来源：陆士桢，李江英，洪江荣．中国青少年社会工作实务案例精选［M］．上海：华东理工大学出版社，2010)

示例分析

本案例是针对单亲家庭青少年群体开展的社会工作服务，采用了小组工作中的发展模式的介入手法。发展模式是适合人群最为广泛的小组工作模式，强调小组的协调关系必须在建立组员之间共识的基础上才能达成，其重要原则是关注人的社会功能的提高及潜能的发掘，通过克服困难促进个人的健康成长。该小组的服务对象是单亲家庭的青少年，他们普遍存在着自信心不足、与社会融入程度较低、人际交往能力较差等特点，同质性比较强。采用发展模式，组员不会被贴上标签，压力相对较小，便于在小组中充分地表达自我，全面地认识自我，消除思想行为上的障碍或偏差，同时通过以人的发展为核心而设计的小组活动，组员更容易接纳、认同彼此，在相互支持鼓励中，获得自信心的提高和社会交往能力的增强，这与该小组需要实现的目标非常一致。

三、青少年社区工作

1. 对青少年社区工作的理解

社会工作解决问题不仅注重服务对象自身的变化，也关注环境对人的作用。加强对社会环境的介入，整合各种社会资源，将对服务对象产生积极的影响。青少年社区工作就是这种注重通过青少年生活的社区环境改善和整合资源来为其提供专业服务的一种手法。陆士桢（2005）在《青少年社会工作》中将青少年社区工作定义为以调动包括青少年在内的社区居民参与为重点，以营造社区内青少年健康成长发展环境和引导青少年在力所能及的范围内与社会形成互动为工作目标，动员一切社会资源服务于青少年，促进社区健全发展。

2. 社区在青少年发展中的积极作用

社区对青少年的成长及发展有着重要影响，古代“孟母三迁”的故事说明了社区对人（尤其是青少年群体）的影响不可忽视。随着经济社会的协调发展和城市化进程的加快，青少年的生存、生活空间逐渐移向社区，社区环境和社区氛围对青少年的成长发挥着潜移默化的影响。良好的社区环境对青少年的影响主要体现在以下几个方面：

第一，社区是青少年成长的重要文化环境。广大青少年所内化形成的社会归属感及奉献精神都来源于社区这个大的文化系统。首先，文化是沟通心灵、联络感情的纽带，开展丰富多彩喜闻乐见的文化活动，可以将原本疏散、陌生的人群紧密地联系在一起，使社区内不同职业、不同层次的青年人得到沟通和交流，缩短人与人之间的距离，满足青少年的交往需求。其次，文化的感召力可以规范青少年的道德行为。个人的素质和其所生存的环境有莫大的关系。社区内文化教育设施的增加，提供更多的文化学习、技能培训场所，无疑是提高社区青少年群体的道德水准和奉献意识的有效途径。另外，良好的社区文化能够有效地激发青少年的内在活力。广大青少年充满朝气是其本质特征，良好的社区环境是张显其活力的基础条件之一。

第二，社区是青少年接受社会教育的重要场所。随着我国经济社会发展及城市化进程的不断加快，社区已经成为人们日常生活的主要场所。除了学校正规文化教育的时间，广大青少年的主要生活地点就是其生活的社区了，而且在社区里青少年也可以接受正式文化教育，更能够在和谐、互助的环境中陶冶情操、净化心灵。

第三，社区是青少年保护的有效场所。社区可以从青少年的成长特点和需要出发，对青少年实施教育、保护、照料、帮助等。青少年作为个人或者群体，总要在一定社区内生活、学习、工作、活动、交往，其所在的家庭、学校、单位也都处于或设置在特定的社区内，所以社区保护处于一种基础保护的地位。另外，社区范围内可以运用法律手段，创造、改善有利于青少年健康成长的区域性微观社会环境，并依靠社区组织和群众保护青少年的合法权益，调整社区环境与青少年的关系，协调家庭、学校、单位对青少年的教育保护工作。当然对青少年的社区保护还体现在通过社区引导解决青少年不良问题上。在社区开展丰富多彩的文化、体育及科技等活动，营造健康向上、文明和谐的浓厚文化氛围，对青少年的不良言行具有规范作用，这也是某种意义上的保护，以促进青少年的健康发展，促进社会和谐。

3. 青少年社区工作的过程

青少年社区工作在不同阶段有不同的工作重心与任务，梳理社区工作的一般过程，有利于工作者有效处理介入时整个阶段的工作任务。

（1）了解社区

认识与了解社区是青少年社区工作开展的基础，社会工作者可以通过对社区事件的发现、社区资料的收集、社区需要的澄清、社区资源的发掘，形成对社区情况的基本认识。其中，资料收集的主要方式有观察、问卷调查、访谈、研究文献资料。

①社区基本情况收集。社区的基本情况包括社区的自然、人口、经济、社会、组织和文化特色等概况的资料收集。社会工作者可以通过查阅资料、访谈、调查来了解社区的变迁历史与特征。

②社区问题与需要的分析。独特的社区现状与特征导致青少年的社会问题不同。对社区问题的分析、对社区需要的评估直接关系到介入计划的制订。社会工作者了解社区问题与需要的常用办法主要是问卷调查和访谈。

③社区资源的发掘。社区资源的范围十分广泛，包括人力资源、物力资源与财力资源。人力资源主要包括社区内可利用的个人经验、技术、价值观、社区认同等；物力资源主要指社区内部的硬件设施，如医疗、教育、娱乐、社会福利、体育等设施；财力资源指社区活动、社区服务所需要的经费支持。

④社区地图的应用。一张完整的社区地图应包含以下要素：社区边界、地理景观、聚集场所、社区单位、宣传场景等。绘制社区地图要经过社区调查、社区资源分析、构建指标体系、绘图等步骤。具象化社区地图可以用于社会工作者初入社区时发掘社区资源、带领社区居民儿童开展“绘制社区地图”系列活动等。

（2）建立专业关系

社会工作者与社区建立专业关系，首先要认识社区成员，并让社区与社区成员认同社会工作者的角色。建立初步关系的对象主要包括社区成员、社区机构、社区组织的重要人士，通过大型社会活动等方式，来吸引社区内的青少年与居民认同和接纳社区社会工作者。

（3）制订工作计划

青少年社区工作计划要符合青少年的需要，既解决青少年当前所面临的问题，又要从发展的角度来推动青少年的长期发展。

①对社区问题及需要进行评估。界定社区问题的关键、规模和范围，对社区需求进行准确评估。

②确定介入目标及优先顺序。社会工作者在掌握社区资料的基础上，广泛征求居民意见，考虑可掌握的资源与问题的紧迫程度来制订工作计划，并确保行动计划切实可行。所制订的社区行动计划应包括整体规划和具体方案两种。

（4）组织社区行动

社区行动是社会工作者通过激发社区居民的参与，动员社区居民力量，组织社区资源，将社区计划付诸实践，以解决社区问题的过程。

结合不同社区的特点，社会工作者推动社区行动的具体方法不同，具体来说可归纳为以下几种：

①宣传教育。社区行动需要社区内人力资源的通力合作，社会工作者召开社区会议，通过社区居民的经验分享、相互联系与宣传、交流与协商，获得更广泛层面的社区支持，组织社区居民共同协作开展社区行动。

②协调沟通。社区居民之间、各机构与组织之间要注重协同合作，避免不必要的重复，争取以最佳的资源投入来最大限度地完成任务。在这个阶段，社会工作者的主要任务是促成社区居民、机构之间充分有效的沟通，推动社区组织的发育和社区领袖的产生。

③财政运行。财政运行包括筹集资金、财务预算与资金的使用等。筹集资金是社区活动持续推进的前提条件。财务预算是对资金经费的合理分配，因此预算要科学，一旦确定不可以随意更改。社会工作者要协助社区居民对资金进行合理使用，发挥资金的最大效能。

（5）评估工作成效

社区工作的评估贯穿于社区行动的整个过程。计划开始前要评估社区的需要与资源，检查行动方案的可行性；过程评估要对社区行动所遇到的困难与方案执行进行检查，有弹性地修正方案；结果评估是为了检验整个社区行动的成效，并且对社会呈现工作成果。

4. 青少年社区工作技巧

（1）调查分析的技巧

调查分析的具体内容包括：社区类型、社区变迁、社区问题、社区资源等。青少年社区工作的调查方法与一般社会调查方法类似，包括访谈法、观察法、社区调查法、家访、文献分析法等。

（2）建立关系的技巧

①接触社区居民的技巧，特别是接触社区偏差青少年的技巧。要提前了解访问对象的背景，提前准备好需要了解的问题，尽量找对方感兴趣的话题，用他们的语言与他们沟通，掌握合适的时间聆听与发言，不要与其争辩，不轻易许下承诺。

②家访的技巧。逐户拜访，需要掌握访谈、观察的技巧。

③与政府部门、社会团体建立关系的技巧。要以“需求为本”为前提，详细剖析社区现状，多作定期探访，要以“平台搭建”为核心，整合社区内外资源，多结识不同组织、机构的领袖，取得信任，进而获得支持与协助。

（3）介入技巧

青少年社区工作的介入技巧主要是指采取多种方法，多途径地介入社区。主要包括从直接的物质建设目标介入社区、从教育性服务入手介入社区、从以青少年为中心的突发事件入手介入社区、从争取社会力量入手介入社区。

（4）组织工作和活动的技巧

组织工作和活动是青少年社区工作技巧中的重要部分，包括社区宣传、策划居民活动、培训社区领袖、调动社区资源。

第一，社区宣传。利用传媒的途径和技巧，动员青少年在内的社区居民。

第二，策划居民活动。通过研究群众发动的目的、步骤和劝服技巧，策划社区居民活动，调动青少年参与的积极性。

第三，培训社区领袖。通过人际关系技巧、谈判技巧、沟通技巧等方法鼓励青少年参与，对参与活动的青少年给予鼓励与肯定，培养理性讨论，培训社区领袖。

第四，调动社区资源。社区活动的开展需要通过游说技巧、政治技巧等方法，发动政策资源、人力资源、物质资源、信息资源等社区资源。

（5）项目管理技巧

项目管理技巧主要包括对人力资源、财务、信息、时间等的管理，即充分管理和运用不同的人力，协调组织中人员的发展；对资金与资源进行安排与控制；沟通和利用社区信息资源，提高组织的办事效率；保证按时完成项目，发挥最佳工作效率。

示例

“勇往直前 闯关夺宝”社区青少年和家庭定向活动

背景：某社区为一新建的临时安置社区，社区人口密度大，社区服务网点少，娱乐活动设施、场地缺乏，居民的生活比较单调；社区青少年在暑假期间玩耍的场地很少，休闲活动较少。同时，居民之间沟通较少，社区居民对社区的公共服务资源等了解较少。鉴于此，该社区内的社会工作服务机构决定开展名为“勇往直前 闯关夺宝”的社区青少年和家庭定向活动，以丰富居民夏日生活、凝聚家庭和社区关系、促进居民对社区资产的认知和了解，为社区内的居民，尤其是青少年，提供休闲娱乐的机会，加深亲子感情。

该社区活动依据“社会资本”，运用“资产为本”的社区发展模式，首先组织招募社区青少年志愿者与社会工作者一起走访社区，绘制社区资源地图。在绘制社区资源地图的同时，也与社区各类资源单位建立联系。然后，社会工作者与青少年志愿者一起设计“勇往直前 闯关夺宝”社区青少年和家庭定向活动。该活动要求青少年和家长组成5人团队参加（可与邻居家组合，每个团队要求至少有2名孩子和1名家长），因活动采用闯关夺宝的形式进行，对青少年具有很大的吸引力，青少年为了能够参加活动，会主动动员家长参加活动。同时，活动要求5人组队，很多家庭不能独立成对，只能与邻居或其他家庭组队，此规定促进了家庭之间的合作。

在活动的前期，社会工作者与社区的资源单位如理发店、餐厅、超市、水果店等商业组织及一些社会组织联系，动员这些单位赞助活动奖品。同时，将这些资源单位设置成寻宝活动中的藏宝点。这样既有利于让青少年和家庭通过活动了解社区的相关资源，也对这些社区资源单位进行了宣传推广。

在每一个藏宝点，社会工作者安排青少年志愿者准备了一些闯关游戏，这些游戏均为团队合作挑战任务，比如翻叶子、摸着石头过河、穿越电网等。在这些环节，参与团队的沟通和合作能力得到锻炼和提升，邻里之间的关系也将拉近。

通过活动之后的问卷评估和访谈结果看，活动受到了居民的普遍欢迎，活动的内容设计、时间安排是恰当的，活动的预期目标达到。（案例来源：本案例由作者根据实际工作经验编写）

示例分析

本案例为青少年社区社会工作服务的典型案例，具有以下特点：

第一，本活动既服务于青少年，也把青少年作为服务提供者、策划和组织者，在活动过程中为社区居民提供服务，这样既发展了青少年的能力，丰富了青少年暑期的课余生活，也培养了青少年的志愿服务精神。

第二，本活动充分挖掘社区资源、激活社区社会资本，将其整合运用在社区服务当中，充分动员了社区居民、社会组织、政府部门等社区各类单位和个人的参与。

第三，本活动以青少年为主要对象，同时带动家庭成员和亲戚、邻居以团队形式参加，既促进亲子关系，又促进邻里关系。一个个家庭和一个个参与团队之间相互的交流，促进了社区的融合。

第四，活动的形式和内容方面，采用了“定向运动+历奇活动”相结合的方式，对参加的不同群体都具有吸引力。通过青少年喜欢的定向寻宝活动，让居民在活动中熟悉了本社区的各种资源；具有挑战性要求合作的历奇活动设置促进了团体成员之间的协作。

第五，本案例中的社区活动前期对青少年和居民需求评估准确，并设计了完整的招募、组织、实施、评估、总结等方案。在活动的过程中注意与服务对象关系的建立，且做了安全应急的预案，以应对活动可能出现的各种风险和意外。

四、社会工作行政

（一）对青少年社会工作行政的理解

社会工作行政是专业社会工作服务中的重要组成部分，是间接社会工作方法的重要内容。所谓青少年社会工作行政是社会工作行政在青少年领域的实践运用。根据王思斌（1999）对社会工作行政的定义，这里将青少年社会工作行政界定为依据一定行政程序，妥善利用各种资源，实施青少年社会政策，向有需要的青少年提供社会服务的活动。

在青少年社会工作服务的过程中，社会工作者需要形成资源整合的思维，通过整合人力、物力、财力、政策等各种资源来为服务对象提供服务，为了争取资金和更多的社会支持，还需要进行项目论证和项目申请。下面主要从资源整合、项目申请、志愿者管理、社会工作督导四个主要方面进行讲述。

（二）资源整合

社会工作者在进行青少年服务的过程中，经过认识问题和需求评估，可以制定出比较理想的服务方案，作出初步的服务计划，接下来就需要对开展服务所需的资源进行挖掘和整合，充分地利用资源，发挥各方面资源的优势。资源整合是达成服务目标的保证，也是为服务对象提供良好服务的保证。

1. 资源整合的重要性

资源主要包括环境资源和情景资源，也包括人力、物力、财力资源等。社会工作者在确定最终的服务方案和服务目标之前需要对所需的资源进行详细的考虑，只有把人力、物力、财力、政策等资源进行整合，才能让这些资源更好地发挥作用，帮助服务对象。

2. 资源整合影响建立服务目标的优先次序

社会工作者在明确了服务对象面临的问题之后，需要根据需求评估进行服务方案的策划，确定服务的目标。而是否有充足的资源决定着预想的服务能否按照计划实施，“可拥有和可动员的资源”影响着建立服务目标的优先次序，所以资源整合是社会工作者必须思考的一个方面，充足的资源是开展服务的保证。

3. 资源整合的功能

资源整合是社会工作的功能之一。社会工作者可以通过改善资源的配置来发挥资源的功能，所以资源整合的功能也是专业社会工作中一个重要的方面。社会工作的资源整合功能有以下几点：

第一，我们认为社会工作本身就是一种社会资源，能通过机构的设置、人员的配置、社会政策的倡导等一系列方式调节社会关系，促进社会的和谐，专业社会工作的存在本身就是一种社会资源和社会福利的体现。

第二，社会工作可以通过资源的整合调节资源的分配。社会工作者通过自己的工作协调社会资源，使社会资源能够为社会特殊青少年所用，比如社会工作者可以为特殊青少年提供资源信息，帮助他们了解获取帮助的方式，帮助特殊青少年获得更多的资源支持。

第三，社会工作者还可以通过资源整合为青少年争取资源，力争使资源的分配趋于公平合理，或者使资源的分配向特殊青少年倾斜。社会工作者还可以倡导国家和政府积极完善福利制度，使政府更加关注特殊青少年的生存和发展状况，动员社会中的各种力量来关心青少年的成长，增加全社会对特殊青少年的投入和帮助，帮助特殊青少年获得更好的生存环境，保证他们的生存、发展权利。

4. 资源整合的方法

（1）人力投入

①分析并确定投入的人力资源。在进行社会工作服务的过程中，人是组成服务团队的基础，任何的专业服务都是由服务人员提供的，所以明确人力资源的投入显得非常必要。人力投入包括专职人员、兼职人员和志愿者等。专职人员是指可以将全部的工作时间投入服务过程的专业人员，社会工作者需要明确专职人员的数量、工作量和能够全部投入的工作时间。兼职人员是指可以将部分的工作时间投入到服务中的工作人员，同样，社会工作者需要明确兼职人员的数量、工作量，确认兼职人员能部分用于服务的时间。而志愿者是自愿将业余时间投入到服务中的工作人员，社会工作者也需要明确志愿者的数量、工作量和可用的时间。

②合理地组织和管理人力资源。作为社会工作者，面对不同类型的人力投入，需要对参与青少年服务的专职人员、兼职人员和志愿者进行科学、有效的组织和管理，合理安排他们的工作量和工作时间，帮助他们形成合作关系，组成合作团队。

③明确人力资源的分工。人力的投入虽然大致是专职人员、兼职人员和志愿者三种类型，但是人是灵活的、有能动性的，所以对人力资源做好管理和整合也并非易事。一般地在进行人员管理时，制定详细的责任分工表是很好的方式，确定每一个任务和阶段的负责人及相关人员，可以避免职责混乱，明确每位工作人员的工作完成情况，保证服务的效率和质量。另外，在服务过程中通常可以制定进度表来表明服务的时间进度和执行情况，使服务的进行情况一目了然，这样能够对人员和服务情况都有详细的掌握。

（2）物力投入

服务中的物力投入包括场地、设施、器材、设备等各种物资方面的投入。物力投入是支撑起一项服务的物质平台，是服务能够顺利开展的物质支撑，是开展服务的硬件条件，没有合适的物力投入，可能会影响到服务的效果，影响服务对象对整个服务的满意程度，所以争取和整合充足的物力投入是整合资源的一个重要方面。

（3）财力投入

财力投入、资金支持是开展服务的重要后盾，是保证服务的品质和水平的重要方面。任何一项社会工作服务都或多或少地需要资金的支持，那么在进行服务设计时，社会工作者都需要考虑到财力投入，需要对服务所需的资金进行预算，并通过争取和管理资金来支持服务的开展。在进行资金预算时，社会工作者仍然需要考虑一系列的问题，例如在保证服务质量的前提下，需要多少资金可以满足开展服务的需求？也需要考虑财力支持的来源：是所在机构本身可以提供资金支持，还是需要向外部争取资金？

（4）政策支持

目前，我国越来越关注、支持社会工作专业的发展，重视专业的青少年服务。政府出台了促进青少年社会工作发展的政策和措施，也有相应的政策优惠和资金支持。若是能够争取到更多的来自政府的支持，可以很大程度上促进青少年服务项目的开展，能够获得社会公众的关注和舆论支持。作为社会工作者，应当时常关注相关的政策和法规，了解政府的相关规定，把握政策支持和优惠的契机，促成服务项目的开展。用这样的方式为服务对象争取福利资源，争取社会的关注和支持，帮助特殊青少年群体获得更多的帮助，这些都是在整合政策资源方面可以去做的。

（5）整合服务方式和服务资源

除了整合人力、物力、财力资源之外，社会工作者还可以将服务方式、服务资源整合起来。例如，在青少年社会工作服务的过程中，可以将家庭、社区、学校、同辈群体等各种与青少年密切相关的群体整合起来，把其中可以用来帮助青少年的资源结合起来，发挥家庭教育、社区照顾、同辈群体的正向影响，帮助青少年解决问题，促进青少年的正向发展。另外，社会工作者还可以将专业方法结合起来，众所周知，社会工作的三大方法包括个案工作、小组工作和社区工作，很多时候仅仅使用其中一种方法是不能很好地解决问题的，所以社会工作者在服务过程中可以运用多种专业方法，将专业方法结合起来为服务对象提供帮助，从微观、中观、宏观的角度全方位地开展青少年服务。

总之，资源整合涉及非常丰富的方面，包括整合服务所需的人力、物力、财力、政策等资源，还包括整合家庭、社区、学校、同辈群体等资源，也包括将服务的方式结合起来。资源整合是凝聚支持力量的方式，争取最丰富的资源来为青少年提供合适的服务，使得“人尽其才，物尽其用”，保证资源使用的效率，减少资源的浪费，维护服务对象的利益，进而提升服务的质量。

（三）项目申请

项目申请是项目的申请者对所要开展的项目进行论证并获取资金支持的过程。对项目进行论证和申请，能够使服务项目获得更多的政策和资金支持，获得更多的社会关注和舆论支持，得到更多使项目进行下去的资源和动力。项目申请需要遵循一定的规则，遵循申请的规范，下面将对项目申请的相关知识进行详细的介绍。

1. 项目申请的目的

项目申请是“项目执行者对自己想要承担的项目作出的项目论证”①，当社会服务机构的服务项目需要争取比较大宗的款项来用于服务时，一般就需要填写项目申请书，以此来争取资助。

通常，政府和基金会对服务机构的资金支持就是以项目的形式出现的，要想获得来自政府和基金会的资金支持就需要按照要求进行项目申请，项目申请方也希望通过这种比较公平、公正、公开的方式来获得政府和社会的资金支持。

2. 项目申请的步骤②

（1）关注项目申请信息

关注项目申请信息是进行项目申请的第一个步骤。通常在项目申请开始之前，项目资助方会发布项目申报通知，告知公众和机构项目申请的信息。项目申请通知有的是向所有社会公众发布的，有的是在某个范围内公开的，所以申请者就需要密切关注相关的项目申请信息，通过网络等各种可行的方式，积极查找申请信息，在要求的时间内进行项目的申请。

一般在发布项目申请通知时，发布者会在通知中说明以下内容：

第一，项目发布的主题、项目内容和文件的编号。

第二，项目申请发布的社会背景和目的，说明是向谁发布的信息。

① 时立荣．社会工作行政［M］．北京：中国人民大学出版社，2015：138.

② 同上，2015：138-144.

第三，能够提供资助的范围和数量。

第四，项目申请需要符合的要求，即要申请的项目需要符合的规范。

第五，申请的条件，即申请项目的组织、机构应具备的资质和条件。

第六，项目申请工作的程序和安排，一般来说需要按照项目立项、预算编报、项目发布、项目申报、资质审核、项目评审、合同签订、经费兑付、项目监管、绩效评价、财务审计等一个规范的流程来进行。

第七，项目申报的平台和用于通信的地址等。

第八，附上用来填写的项目申报书，说明发布时间、负责人、联系方式等信息。

以上信息都是申请通知中的重要内容，作为申请方需要特别注意。

（2）关注项目申请指南

项目的主办单位在发布项目申请通知时，也会同时发布项目申请指南。项目申请指南也是社会工作机构在申请项目时需要关注的方面。项目申请指南是“项目规范的具体化”，是对于项目申请的一系列说明和具体要求，是对申请要求作出的更详细的说明和解释。一般项目申请指南会包括以下内容：

第一，项目的标题和说明，即说明开展项目的原因、背景等内容。

第二，对项目的具体方向作出要求，比如服务的种类、申请代码等。

第三，说明对申报主体的具体要求，如对项目主责单位、项目申报单位的具体要求。

第四，说明申请流程、申请截止日期、注意事项等。

申请指南也是申请者必须要关注的。

（3）项目论证和填写项目申请书

“项目论证是指在项目的方案设计及变更过程中所作的论述、推理、证明和成本效益交代等智力服务工作，其中包含对项目方案的评价、评审和审查。”项目论证是获得资金支持的依据，一个透彻、清晰的项目论证是帮助项目申请者获得支持的最有效的方法，也是对项目科学性、可行性进行分析的手段。

项目论证的基本内容包括：对开展服务项目的必要性的论证、对技术可行性的论证、已有条件可行性的论证、服务背景的论证等。项目论证要坚持正确的价值观，本着对服务对象负责的原则，坚持维护服务对象的利益，坚持实事求是的原则，不作虚假报告，坚持规范化、系统化的原则，能够从微观、中观、宏观的角度进行系统的论证。

在进行了项目论证，明确了项目申请信息和项目申请指南的内容之后，就需要填写项目申请书，项目执行者需要根据项目申请书的指定内容和具体要求填写申请书。填写项目申请书一般包括以下几个步骤：

第一，填写项目的基本信息。申请者需要对项目的基本信息有详细的介绍，如项目名称、申请单位简介、负责人、联系方式、申请经费等。

第二，进行项目论证。在这一部分申请者需要对申请项目的必要性、可行性、创新性、已有的支持资源、工作计划、预期成果等作出详细的论述、证明，这是项目发布方对项目进行评审的重要依据，是申请书的重要组成部分，充分的项目论证可以增加申请成功的可能性，需要认真对待。

第三，写明经费预算。获得资金的支持是项目申请的一个重要目的，所以必须对经费预算有详尽的说明。经费预算是否合情合理、客观真实，对项目申请能否成功有重要的影响。

第四，填写项目真实性承诺，即申请单位需要保证申请内容都是真实可靠的，同时需要说明申请单位承担的责任，需要对责任和义务进行说明和分析。如果项目能够通过，就会签订立项合同，服务也可以开始实施。

第五，最后一部分是项目发布者的审批意见和结果，说明是否同意对项目进行资助，说明最终核实的能给予资助的预算额度。

3. 项目申请需要说明的重要内容①

第一，需要向政府或基金会说明申请项目经费或者某种事务的意义和用途，而这个用途必须是符合社会福利和社会公益目标的，必须与政府和基金会的资助目标是契合的。

第二，需要说明资助的重要性，也就是说明获得资助能对服务对象带来的影响和帮助，说明获得资助对于项目的开展来说是非常必要的，不能得到有效的资助可能会对服务的效果产生影响。

第三，需要说明申请资助的额度和申请这一额度资助的原因，在这里需要作出比较详细的开支预算，预算也需要是客观、透明的。

第四，需要说明在进行服务的过程中将要怎样使用这些资助，会将这些资助用于服务的哪些方面，承诺资助会用于服务过程和服务对象，需要

① 全国社会工作者职业水平考试教材编写组．社会工作综合能力（中级）[M]．北京：中国社会出版社，2014：191.

对这些方面作出论证和解释。

第五，需要说明拥有了这些资助可以达到的预期效果，可以给服务项目带来怎样的改变和影响，明确这些资助能给服务带来的益处。

第六，说明在使用了资助之后会向提供资助的政府机构或者基金会提供资助使用的报告，说明资助使用的情况和达到的效果。

上述六点是在项目申请时必须要重点说明的，尽管在实际服务过程中，可能服务项目、服务机构、服务对象等各方面都存在很多的不同，但是上述的重点内容一般都是必须要说清楚的，一份真实、客观的项目申请书也许就是项目申请成功的一个亮点。

（四）志愿者管理

在开展青少年社会工作服务的过程中，不仅需要服务机构工作人员的协同合作，而且在很多情况下需要志愿者的帮助和支持。社会服务的具体工作有时不能完全依靠专业社会工作者，因为他们的人数和精力都是有限的。而目前社会公众服务社会、奉献社会热情日益高涨，越来越多的志愿者积极投身于公益服务当中，从事青少年服务的志愿者也越来越多，其中很多志愿者也显示出了很强的服务能力和潜力，那么要想志愿者更好地发挥出自身的潜力，为社会服务作出贡献，就需要对志愿者进行指导和管理，志愿者管理也是社会工作行政的一项重要内容。

1. 志愿者的特点

（1）含义

志愿者管理是机构管理者对参与社会服务的志愿者进行“规划、组织、领导、控制”的过程，实际上是一种人力资源管理。

（2）志愿者的特点

①志愿者不是机构的正式员工，他们有很强的自主性和自发性，能够在服务中有所创新和突破。

②志愿者不计金钱的报酬，不以获取金钱利益为目的，但是他们也有自己的需求，也希望在服务的过程中得到尊重和肯定，希望在服务技能上和自我价值上有所收获，所以需要注意理解志愿者参与服务的心理，给予他们支持、鼓励和肯定，理解他们的心态，力争使志愿者在服务中有所收获。

③志愿者是自愿参与到社会服务中的，他们富有服务的热情和兴趣，但是可能在服务技能和经验上有所欠缺，所以应当注意取长补短，发挥志

愿者的正向作用。

2. 志愿者管理的目的

志愿者管理的目的包括：提升服务质量和效率、减少志愿者服务过程中负面影响的发生、保证服务的有效性，树立良好的机构形象、保证志愿者的能力得到最大限度的发挥。

对志愿者进行合理的分配和管理，能够使志愿者自身获得提高，在服务中获得成就感，服务能力得到提升，促使志愿者今后可以更加积极地投入到志愿服务当中。

3. 志愿者管理的内容

（1）规划

①需求评定。社会工作者首先需要评估目前机构对志愿者需求的方向、类型等，即机构的哪些服务项目和服务领域需要志愿者，需要志愿者具备怎样的素质或者专长特长，调查需要的志愿者的数量，等等。另外需要了解目前志愿者参与服务的动机和形式，了解志愿者在参与过程中的需求，为以后的志愿者招募、遴选、评估奠定基础。

②整体性方案规划。志愿者的管理工作需要与机构的定位和整体的服务目标相契合，所以在进行志愿者管理工作的规划时需要了解机构的整体目标的规划，了解项目的规划，从而制订总体的志愿者管理计划。一般整体性的志愿者规划会描述志愿者管理工作的整体目标、方案和前景，从比较宏观的角度进行规划。

③阶段性方案规划。在进行了需求评定和制定了整体性志愿者规划之后，需要制定详细的志愿者规划，一般制定的规划需要包括短期、中期、长期计划，即在不同的阶段和时期内，希望使志愿者工作达到怎样的程度，获得怎样的效果等，是志愿者发展、管理的阶段性计划和具体目标。

④经费。在进行规划时，社会工作者还需要根据实际情况进行经费预算、资金募集和财务管理，因为志愿者管理工作有时也需要一定的资金支持，所以进行经费预算是十分必要的，是今后的志愿者管理工作能顺利进行的物质保障。

⑤其他相关的策略——行销、创新、网络合作等。在规划阶段的最后，社会工作者还需要对宣传、创新方案等作出规划，比如确定志愿者招募的宣传方式，制定宣传方案，思考管理工作的创新方式等。

（2）组织

①志愿者组织的结构设计。社会工作者需要对志愿者组织进行结构设计，比如确定志愿者团队是否需要领导人和负责人，确定其他志愿者在团队中的角色，明确专业工作人员与志愿者团队的关系等。合理的组织结构的设计能够为将来的志愿者管理提供方便，防止在管理中出现混乱。

②志愿者的分组、分工。根据服务的需求和志愿者自身的情况，对志愿者进行分组和分工，保证志愿者的作用能够充分发挥。例如，志愿者能参与到服务中的业余时间有很大不同，所以需要将时间相同的志愿者分配到同一小组，另外志愿者的专长和特长也有区别，可以根据机构的需求将具有不同专长的志愿者分配到同一小组，使他们的能力形成互补，成为一个更全面的志愿者小组。

根据志愿者能够胜任的方面，还可以对志愿者进行分工，因为有时志愿者面对的工作是很庞杂的，对志愿者进行分工可以提高工作的效率，避免角色的重叠和人力资源的浪费。另外也可以鼓励志愿者团队内部进行自主的分工、合作，给予志愿者更多的自主性和自我决策的权利。

③规范的制定。没有规矩，不成方圆。社会工作者需要制定志愿者手册，在志愿者手册中需要明确服务的规定和章程，制定考勤制度，对志愿者的出席和缺席情况有清楚的了解。另外也需要让志愿者通过学习服务规范来了解专业社会工作的伦理守则与价值观，学习了专业伦理和价值观，可以在一定程度上提高志愿者的专业素养，减少不规范的服务行为，避免志愿者服务给机构、给服务对象带来的负面影响。

④制度的制定。社会工作者需要制定志愿者遴选、奖励、考评的制度。因为机构在招募志愿者时，往往有多于需求数量的志愿者报名，那么如何遴选志愿者就是必须明确的问题，最好的方式就是制定志愿者遴选的制度，使遴选过程明确、透明，选出最合适的志愿者参与到服务中。另外，志愿者希望在服务中获得肯定、支持，所以制定志愿者考评制度，给予志愿者奖励也是很必要的，虽然志愿者参与服务不以获取金钱和私人利益为目的，但是给予志愿者适当的奖励、表扬和认可是鼓励志愿者更加积极投入服务的重要的方式。

⑤授权。在对志愿者进行组织的过程中，可以适当地给予志愿者参与决策的机会，比如可以邀请志愿者代表参与机构的会议，请他们提出自己的意见和建议，或者给予志愿者一部分自主决定的权利，如规定志愿者们

可以自行讨论、处理基本的团队内事务等，这样给予志愿者们一定的决策的权利可以体现出机构对志愿者的信任和支持，能促进志愿者的成长。另外可以鼓励志愿者之间的团队合作，在互相的支持中获得提升。

⑥志愿者的工作流程。在思考了志愿者管理工作的计划和目标以后，需要制定详尽的志愿者工作规划和明确的工作说明书，这是志愿者管理工作的明确指南，能帮助社会工作者把握志愿者管理的大方向，也为志愿者提供了工作指导。

⑦志愿者的招募和遴选。志愿者招募和遴选是志愿者管理工作的重要环节，能否招募到优秀的、合适的志愿者影响着以后服务开展的情况。社会工作者需要确定志愿者的来源，确定遴选志愿者的方式，通过公平、公正的流程，本着为服务对象负责的态度，找到理想的志愿者。

⑧志愿者培训。在完成了志愿者招募工作之后，就需要对即将参与服务的志愿者进行职前训练，提升志愿者的专业素养，避免负面影响。另外在志愿者已经参与到服务当中时，需要对志愿者进行在职培训，因为志愿者在服务过程中能够发现自己的弱点和不足，在职培训可以有针对性地提供知识、技能的训练，是最有效、最有针对性的培训。通过这些培训可以增强志愿者的服务能力和技巧，使志愿者能获得个人的成长和自我的发展，体现自身的价值。

（3）领导

①督导形态。为了对志愿者进行专业上的指导和督促他们的服务行为，机构有时会为志愿者配备督导，以此来指导和管理志愿者的服务活动，对志愿者产生潜移默化的影响，实际上也能对志愿者有很好的领导作用。机构需要根据实际情况确定督导的形式，督导形式有一对一督导、团体督导等，另外社会工作者还要帮助志愿者处理好与督导的关系，促进双方的沟通和交流，使双方都能在督导的过程中获得成长。

②沟通协调。社会工作者可以通过对志愿者的领导和管理来促进志愿者之间的人际沟通，例如可以开展志愿者团队建设活动，帮助志愿者们形成归属感，形成更和谐的人际关系，在一个良好的团队氛围里能更加激发志愿者服务的热情；可以选出志愿者领袖，通过志愿者领袖的角色来增强团队的凝聚力。机构还可以促进志愿者与其他志愿者团队进行交流，互相学习，取长补短来促进志愿者的成长。

③福利及激励。为志愿者提供福利、激励也是志愿者管理工作的一部

分，比如机构可以为志愿者购买保险，保证在安全的前提下开展服务。志愿者需要得到支持和鼓励，机构可以制定相应的奖励制度，或者安排定期的专业培训，来满足志愿者获得自我成长的需求，也可以组织志愿者团队的学习活动，交流感想、互相解答疑惑，共同获得专业上的进步。

（4）控制

①建立志愿者工作评估标准和方法。志愿者管理工作中，需要对志愿者的工作进行考核和评估，建立清晰的评估标准和评估方法是很重要的，一般会根据志愿者参与服务的次数、出勤状况、服务表现等进行评估。制定标准之后也要让志愿者了解评定的指标，从而规范自己的行为，自觉遵守服务规范。

②志愿者基本资料建档。机构可以通过建立志愿者档案的方式来对志愿者进行基本的管理，从而掌握志愿者的基本资料和基本情况，可以在档案中进行基本信息登记、服务时数登记、参与培训登记等，可以方便以后联系和管理志愿者。

③志愿者满意度评估。在志愿者管理工作的最后，需要进行志愿者满意度评估，获得志愿者的反馈。在满意度评估中，可以根据之前的志愿者需求评估考察志愿者需求被满足的程度，调查志愿者对于服务的意见和评价，帮助机构和管理者进行回顾和反思，作为下年度计划参考的标准，从而完善以后的服务项目和志愿者管理工作。

（五）社会工作督导

1. 对社会工作督导的理解

督导是专业训练的一种方法，它是由机构内资深的工作者，对机构内新进入的工作人员、一线初级工作人员、实习学生及志愿者，通过一种定期和持续的监督、指导、传授专业服务的知识和技术，以增进其专业技巧，进而促进他们成长并确保服务质量的活动①。

2. 社会工作督导类型

（1）督导对象和督导者的类型

督导对象一般称为被督导者，社会工作的督导对象主要分为四类：

一是服务年限较短且经验不足的初级社会工作者。

① 全国社会工作者职业水平考试教材编写组：《社会工作综合能力（中级）》，中国社会出版社，2014. 2.

二是新进入社会服务机构的社会工作者。

三是社会服务机构的实习学生。

四是社会服务机构的非正式人员，主要为志愿者。

督导者是社会工作服务机构的督导执行人员，一般由机构内资深的社会工作者担任。督导者接受过正规或较为权威的社会工作专业训练，拥有良好的专业知识和督导技巧，具有丰富的实务经验，并且对社会及社会工作专业具有责任意识和负责精神。

（2）社会工作督导的类型

根据督导者与被督导者责任和讨论议题重点的不同倾向，一般将社会工作督导类型分为四种情况①：

①师徒式督导：督导者扮演着师傅的角色，提供教育训练。师徒式督导强调学习过程，焦点集中于一般议题。而从专业角度看，被督导者自己承担更多责任。

②训练式督导：被督导者被认为是学生或受教育者，在具体实务服务中，督导者负责部分工作。训练式督导同师徒式督导较为一致的是也强调学习过程，焦点集中在一般议题上。但在专业方面，督导者承担更多责任。

③管理式督导：督导者是被督导者的上级或主管，具有“上司与下属”的关系。管理式督导强调的是事务工作的完成及其服务质量，焦点集中于特殊议题。从专业角度看，督导者承担更多责任。

④咨询式督导：督导者与被督导者及其工作没有直接关系和责任，是纯粹的咨询角度。咨询式督导同管理式督导较为一致的是强调实务工作的完成及其服务质量，焦点集中在特殊议题上。但从专业的角度看，被督导者自己承担更多的责任，也就是说，被督导者根据实务工作的要求主动寻求帮助和支持更为重要。

督导关系是指督导者与被督导者之间在互动中所建立的关系。这种互动关系会随着督导者与被督导者互动形态的改变而有所不同。例如，对于一个刚到机构工作的工作人员而言，他与督导者的关系可能属于“教”与“学”的关系；当他适应了机构的工作，积累了一定的工作经验后，与督

① 全国社会工作者职业水平考试教材编写组．社会工作综合能力（中级）［M］．北京：中国社会出版社，2014：203.

导者的关系可能转变为“咨询”的关系。督导关系与个人关系最大的不同在于，机构赋予了督导者以行政权力，使得双方之间的关系成为上对下的关系。需要注意的是，督导关系毕竟是一种互动的过程，机构赋予督导者权力只是代表着督导者“有权”执行督导工作，督导工作是否有效还要看被督导者的接受程度。

3. 社会工作督导的内容

（1）行政性督导的内容

第一，行政性督导在工作中扮演着缓冲器、倡导者、机构变迁推动人的角色。首先，对于缓冲器的角色中，督导者必须成为被督导者与服务机构之间、被督导者与服务对象之间、机构内部各部门之间的缓冲器，处理各个对象之间产生的矛盾与问题。其次，对于倡导者的角色，一方面，督导者积极代表被督导者的利益；另一方面，督导者也积极地从服务对象和社区中了解其需求，了解政策及服务机构中的缺陷及不足，向上级主管部门传递资讯，提出建议和意见。最后，作为机构变迁推动人，督导者一方面积极地影响机构管理者在通过实务服务中出现的状况和需求不断调整机构动态；另一方面，也促使被督导者领悟、接受机构的政策及工作调整，促进服务机构朝向服务更专业、工作更系统的方向发展。

第二，社会工作者的招募、选择、安置和引导。督导者通过一系列的程序选择出符合服务机构发展方向的候选人，可以让符合条件的人实现组织目标时充满认同和胜任感。督导者要对新进人员进行安置和引导，让他们了解自己在机构中的位置，掌握组织的政策、宗旨、方向等相关资讯，使其能够在合理时间内融入机构，进入到工作角色的领域。

第三，工作计划、分配、授权、协调与沟通。督导者要对其所负责的工作人员，尤其是新进入的工作者的工作任务进行计划，包括服务个案量的分配、工作完成时间安排与管理、配置人力资源以及其他资源管理等①。在充分考虑任务量、种类和工作人员的能力及其他需求等的分配因素后，确保这些计划分配能够使被督导者发挥自身力量，在有效的工作效率中完成工作。

在任务授权这一过程中，督导者可以提供清楚和详细的指引进行指

---

① 全国社会工作者职业水平考试教材编写组．社会工作综合能力（中级）［M］．北京：中国社会出版社，2014：204.

导；或者提供一般性准则，但在细微之处给予较大弹性；或是通过共同讨论来确定任务应该被如何完成，有些是使工作人员完全不受特殊限制地展开工作。在协调过程中，督导者将部门中的成员、部门之间以及与其他机构的协调等一系列的工作联系起来，使服务工作能够系统全面地实施和完成。督导者也作为行政沟通纽带中的一个联结点，包括向上与行政主管沟通表达基层工作人员的心声，向下与基层工作人员沟通，传达重要的机构政策和工作思路。

第四，工作监督、总结和评估。在监督的任务中督导者听取工作人员面对面的口头分享、阅读服务书面记录和查看统计报告等。督导者根据监督工作及时对被督导者给予反馈信息，使其工作效果能够得到提升。工作总结包括检查工作人员配置是否足够，工作量是否合理，工作态度是否认真，工作效率是否高效。在工作评估中，要求督导者对自己的督导工作进行反思，也要求督导者对被督导者的工作进行评估。

（2）教育性督导的内容

教育性功能要求督导者提供被督导者完成工作所需的知识、技巧，协助服务人员将知识理论转化为实务服务。

第一，教导有关“服务对象群”的知识，提供专业“建议和咨询”。督导者要教导被督导者所服务的对象群的相关知识，例如当被督导者不太熟悉儿童青少年服务时，督导者要告诉他在儿童的不同时期，其所面临的社会化任务和心智发展不同，某一时期要发展儿童勤奋的品质，在日后的成长中则需要关注其自我同一性的发展，使被督导者既有普遍性的了解又有特殊性的针对。督导者作为顾问的角色时，应发挥其专家的特性，在被督导者对服务工作中遇到问题进行咨询时，要提供专业性建议，在必要时要主动提供相关意见，以促进被督导者的成长和服务工作的顺利进行。

第二，教导“社会服务机构”和“社会问题”的知识。面对社会服务机构的多样化，督导者必须教导关于机构的组织和行政运作、本机构与其他机构的关系、机构政策如何建立与改变、机构与所在社区的关系等知识。不同的服务机构关注的社会问题不同，督导者要告诉被督导者这些社会问题原因、国家相关政策，并引导被督导者对这些问题进行思考。

第三，教导有关“工作过程”和“工作者本身”的知识。在社会工作服务中，不仅有其专业共通的工作程序，在每一个服务机构，也有其特殊的工作过程。例如督导者不仅要教导被督导者在个案服务中接案前的相关程序，更要教导其关于本机构不同部门工作转介、协调时的相关程序。督导者要善于激发被督导者的潜能，使其能够“自我觉醒”，让被督导者能够有自我反思的意识和能力，确保其在社会工作服务中的专业性。

（3）支持性督导的内容

由于社会工作的服务性质，社会工作者本身经常容易受到紧张、压力的影响，甚至产生工作煎熬感的危机状况。

社会工作者最长面临的压力来源包括：一是来自服务对象的压力，如服务对象过度依赖、处理“非自愿型服务对象”的情绪问题等。二是来自工作的压力，包括工作环境不佳，无力解决一些严重的社会问题、无法改变病态社会结构现状，专业知识、实务经验不足等。三是来自服务机构的行政压力，包括工作绩效评估、工作量或工作待遇问题等。四是来自社会对社会工作认识的压力，包括社会公众对社会工作专业的不了解、不支持，其他专业对社会工作专业的排斥和质疑等。对于因上述情况产生的压力，社会工作督导必须发挥其支持性功能，帮助被督导者面对压力时能够进行自身的调节，增强自身的能量，缓解焦虑，增强工作信念和专业认同度。

为了对被督导者进行支持性的指导和关怀，督导可以在以下三个方面进行工作：

一是可以引导被督导者增强自我功能，协助其适应和处理服务工作中所带来的负面情绪。二是给予被督导者关怀和支持，使其在工作中产生安全感，对新工作有勇气去尝试，并对机构产生认同感和归属感，激发被督导者的工作情绪和士气，使其发现工作成效，懂得欣赏自我。三是给予被督导者专业满足感和价值感，促进专业认同，进而愿意持续投身于社会工作服务的行业中。

4. 社会工作督导的主要方法

社会工作督导工作对培养社会工作人才，促进社会工作者成长具有重要意义。社会工作督导的方式主要有个别督导、团体督导、同事督导。

（1）个别督导

个别督导是社会工作中较常见的一种督导方式，由一位督导者对一位被督导者通过面对面，定期、定时（每周或每两周一次，每次半小时至一小时）进行讨论。根据不同情况也会开展一些不定期的督导会议①。

在个别督导会谈中，督导者应注意从以下方面来深入了解被督导者：

一是聆听。督导者要从头至尾仔细聆听被督导者的谈话，以便在充分掌握信息的基础上作出专业判断。

二是补充。督导者要以资料、知识或归纳重点的方式补充被督导者谈话的信息。

三是提出质疑。督导者适时向被督导者提出问题，帮助其开阔思维和视野，激发其走向新的境界。

四是进行评价。督导者通过检查被督导者的工作情况，与其分享工作经验和想法。

五是提出建议。对被督导者提出处理服务对象需求和问题的具体建议和策略，协助被督导者拟定有效的工作计划。

同时，督导者要注重倾听、接纳、鼓励、支持的会谈技巧，逐步引导被督导者，避免被督导者产生抗拒心态。

（2）团体督导

团体督导是一位督导者和数位被督导者以小组讨论的方式，定期（通常是每周、每两周或每个月举行一次，每次一至两小时）举行讨论会议②。团体督导讨论会议的主要内容包括每个被督导的社会工作者在专业服务过程中遇到的困难和障碍，被督导者需提前将要讨论的问题和资料收集提交给督导者，以方便督导者能够提前做好了解及准备工作，节省时间充分督导。小组人数二三人至七八人不等，人数不宜过多，否则不方便讨论。

在团体督导会谈中，督导者应注意做到以下事项：

一是熟悉团队成员。包括被督导者的姓名、性格以及近期开展的主要服务活动等，要表现出对团队和团队成员的信任与兴趣。

二是引导被督导者们集中注意力和向心力。把握成员们所反映问题的重点，注重倾听。

三是促使成员能自动自发和自由自在地提出问题、观点和建议。进行

① 全国社会工作者职业水平考试教材编写组．社会工作综合能力（中级）[M]．北京：中国社会出版社，2014.

② 全国社会工作者职业水平考试教材编写组．社会工作综合能力（中级）[M]．北京：中国社会出版社，2014.

比较综合的分析，得出团体成员共同认识和理解的结论。

四是事先有所准备，讨论时间有弹性有把控力。不宜在同一主题和问题上停滞太长时间，把握讨论进度。

五是敏锐地察觉出团体成员的潜在感受，加以适当的处理和引导。以轻松、温和、婉转及幽默的方式向团体成员说明和修正其共同出现的错误。

六是对感性和理性的成员所表现的观点善加引导与应对。对攻击型和偏见型的成员妥善处理和限制。

七是及时进行总结和归纳。在非讨论的每个段落作“段落总结”，方便被督导者能够梳理思路和领悟，以方便实施。

（3）同事督导

同事督导是指具有相同需求、观点或技术层次的个人和一群社会工作者，通过个别互惠方式或团体讨论方式进行互动过程。参与互动的成员不一定来自同一机构或同一工作团队。

在同事督导会谈中，应注意以下事项：

第一，同事督导通常没有指定的督导者，团体成员都是以同等地位参与，所有成员都有他们共同缺失及有待学习和加强的方面；团体成员一般是成熟并有工作经验的社会工作实务人员，他们对督导中所讨论的个案能够负起责任并有所贡献。但在通常情况下，每次会议都会推选一位成员轮流主持会议。会议成员一般不超过 7 个人，成员间要签订明确的契约，写明召开周期、地点、程序等。

第二，同事督导的组成应注意价值的共同性，观点可以不同，但成员间的信念和态度应该具有共同点。注重督导过程的定期的反馈和总结。

第三，同事督导中要设定基本规则，均衡分配时间给每位成员表达意见和反馈，避免无意义的奖励式意见。安排一些非正式交流时间，让成员可以在会议正式程序外有机会进行更加充分地交流。

（4）个别督导、团体督导、同事督导的优点与不足

①优点：

个别督导：一是讨论问题不受他人干扰，时间充足，讨论充分，并有较高隐秘性。二是一对一的督导方式有助于督导者深入了解被督导者的个人近况及工作进展程度。三是个别督导本质上也是个别咨询的过程，督导者可以向被督导者提供充分、有效的服务示范。

团体督导：一是大量的信息传递和不同观点的碰撞可以矫正单一督导

可能产生的偏见和盲点。二是被督导者可以有机会聆听、分享和学习其他被督导者处理各种服务对象的问题时的工作经验。三是节省时间、经费和专业人力。四是在团体督导中类似于一个小组活动，可以在这种类似性小组讨论中充分感受各种角色扮演体验。

同事督导：一是在督导过程中，专家权威降到最低，没有权威现象；二是参与者可以在最方便的时间组织和安排督导会议；三是对非常有经验的社会工作者选择同事督导更容易有收获。

②不足：

个别督导：一是被督导者只接收一位督导者的信息，这些信息可用性低或产生偏差，并且也无法比较同一服务过程和阶段不同督导者的处理策略和技巧。二是督导者与被督导者过于紧密地分享彼此共同观点，容易在不自觉中发展成共同谋划的关系。

团体督导：一是每位被督导者接受督导的时间不充足，无法进行细节讨论。二是被督导者有较多机会隐藏和忽视自己的问题，也可能有意无意地与他人竞争。三是观点不同时容易产生冲突、走神、偏离主题的问题。

同事督导：每位成员都没有最终的权利和义务；也会彼此避免与他人争论，有时会形成同谋。

五、青少年社会政策

1. 对青少年社会政策的理解

社会政策是由国家和政府行政机关主导的，制定、修改、颁布、执行和评估政策、法规、方针和策略，来管理国家和社会事务。社会政策主要聚焦于社会方面，主要目的是通过推行这些政策来促进社会稳定、健康和团结。

福利政策是社会政策中的一种，它的制定、修改和执行由国家和政府部门完成，目的在于通过一系列政策的实施来促进社会成员福利水平的提高，满足社会成员的福利需求。

青少年社会政策主要是指青少年福利政策。福利政策是一套谋求青少年健康成长发展的方针或行动准则，其目的在于促进所有青少年的幸福。它是党和国家社会政策的一部分，是保证青少年健康发展的一切立法及行为的总的原则和规范。

我国历来重视青少年工作，青少年福利政策思想也在不断发展。近年来，关于青少年福利的政策法规也渐渐丰富起来，这些福利政策和法规的出台为青少年工作、生活、成长和发展创造了良好的环境，为青少年社会工作提供了明确的政策指引和行动框架。

2. 我国青少年政策的制定与推行

中国政府没有专司青少年事务的部门，但有自己独特的工作机制：由共青团组织和全国青联组织协助管理政府的青年事务。共青团、全国学联、中华基督教青年会、中华基督教女青年会、中国青年企业家协会、中国青年科技工作者协会、中国青年志愿者协会等青年组织都是全国青联的会员组织，这些组织在各地都建立了相应的地方青年组织，全国形成了统一协调的青年工作体系，保证了青年工作的系统性。从政策的执行来看，有三种主要力量：一是家庭、监护人履行的保护青少年健康成长的责任和义务；二是学校行政和教育行政部门组织实施，并接受政府职能行政部门的监督和指导；三是不同类型不同部门的“单位”内部组织，执行来自不同方面的规定。涉及青少年健康发展的法律有许多，不同法律法规的制定与主管部门也不相同。如《中华人民共和国宪法》《中华人民共和国未成年人保护法》《中华人民共和国婚姻法》是由全国人民代表大会及其常务委员会制定的，《中共中央办公厅、国务院办公厅关于禁止营业性录像放映和加强录像管理的通知》《学校卫生工作条例》等是由中共中央、国务院及其他部门联合制定或发布的。

3. 中国青少年福利服务政策

我国现行的青少年福利服务政策，在服务方面的有关政策的具体内容主要分为以下两大部分：

（1）针对一般青少年的福利服务政策措施

我国已经存在一些针对一般青少年的基本福利服务政策。在很多文献和政策表达中，都强调要保护青少年儿童的身心健康，积极主动地协同社会各方面为他们创造更好的学习、娱乐和生活条件，坚决反对一切损害下一代健康成长的做法。此外，即使在大量传统的以教育和组织为目的的那些政策中，也可以看到附带的某些涉及青少年的服务性的政策，如休闲娱乐服务政策、个人辅导服务政策和婚姻家庭服务政策等。

（2）针对特殊青少年群体的社会福利设施的政策

在中国，政府一直特别重视特殊的青少年亚群体的健全生存与发展，由国家、社会采取统一、专门的措施，分门别类，对他们实行某种集体照顾或社会福利。我国现行的青少年福利政策有明确的政策要求和照顾措施与手段，主要体现在以下几个方面：

第一，“三无”青少年及儿童的收养照顾和安置。“三无”青少年及儿童一般是指“无生活来源、无劳动能力者、无法定义务抚养人”的青少年与儿童，具体包括孤儿、弃婴（儿）、流浪青少年（儿童）等。对这部分处境不利的青少年和儿童，国家政策提供两种基本形式的照顾和服务：首先是院舍安置和收养的形式。主要是SOS儿童村，它是以家庭形式集中照顾处境不利的青少年和儿童。其次是鼓励并监督分散的家庭收养方式。

第二，残疾儿童和青少年的社会福利与康复政策。对有身体和精神障碍的儿童和青少年群体，政府采取了较为积极的福利服务政策。其内容主要包括两个方面：一是提供住院式的照料与康复服务。分为残疾儿童康复中心服务和儿童福利服务两种形式，前者是以社区方式为残疾儿童和青少年提供康复服务，重在对残疾儿童或者青少年的康复服务，而不是在机构中以住院的形式涵盖生活保障、日常照顾等内容，是20世纪80年代后发展起来的为残疾儿童及青少年提供有关康复照料的又一途径。二是重视残疾儿童和青少年的“特殊教育”服务。残疾儿童和青少年在接受教育方面有特殊的困难，需要社会为其作出特别的安排，为他们提供特殊性质的教育，即“特殊教育”。目前主要有“特殊学校”和普通学校里的特殊教育两种形式。

4. 我国青少年福利政策的法律形式

我国的青少年福利政策主要是以法律法规的形式制定、颁布和实施执行的。不同福利政策的法律形式也是各不相同的。一些基础性的福利权限的政策以国家基本法的形式存在，还有一些专门的、具体的福利政策则以专门的法规形式存在。熟悉这些法律法规对青少年社会工作有着重要意义，它们是青少年社会工作帮助青少年健康成长、全面发展的有力依据和武器。这些法律法规主要有以下五种形式：

（1）以国家基本法的形式保障青少年的基本权利，如《中华人民共和国宪法》《中华人民共和国婚姻法》《中华人民共和国劳动法》《中华人民共和国刑法》等。

（2）以具体法律法规形式对儿童实施特殊保护，如《中华人民共和国教育法》《中华人民共和国义务教育法》《全国人民代表大会常务委员会关于禁毒的决定》等。

（3）专门对青少年实施保护的法律法规，如《中华人民共和国未成年人保护法》《中华人民共和国预防未成年人犯罪法》《禁止使用童工的规定》等。

（4）对涉及青少年福利的有关机构和部门的规定，如《学校卫生工作条例》《中小学勤工俭学暂行工作条例》《儿童福利院工作条例》等。

（5）对特殊状态的青少年实施保护的相关法规，如《最高人民法院关于办理少年刑事案件的若干规定》等。

5. 青少年社会政策的实践

社会工作者要积极参与政策实践，充分了解与青少年群体相关的各种政策，了解与这些社会政策相关的政府部门，利用社会政策为青少年提供服务，搭建好服务对象与政策之间的平台。

社会工作者可以通过如下方式影响青少年社会政策：组织或服务与政策相关的委员会，通过接受记者采访或写专栏等舆论影响，为倡导组织和政策制定者提供意见，并且将政策实施的实践经验反馈给相关部门。除此之外，还可以通过进行相关研究并将调查结果分发给利益相关者来影响政策，从而形成政策变化的基础。

社会工作者参与青少年社会政策实践需要扮演以下几种角色：

（1）需求评估者。社会工作者在介入青少年群体后，首先要对其进行需求评估。社会工作者需要运用个案访谈、走访及问卷等方法，全方位掌握服务对象的情况，对其问题和需求进行精准识别，对不同需求进行科学分类、对症下药，制定个性化的服务方案。

（2）资源整合者及政策宣传者。社会工作者是政府与公民、社会资源与服务对象之间的桥梁，应该将政策信息传达给服务对象，将社会资源、服务机会进行梳理和整合后提供给青少年，确保青少年能够获得其所需要的资源，获得充分的满足和发展。

（3）权益维护者。社会工作者追求社会公正，以保障服务对象的利益为基本出发点。这主要表现为：在政策制定过程中，社会工作者积极参与，以自己的调研、实践为依据，反映青少年的真实需求，呼吁政府和社会进行关注和帮助；在政策传达过程中，社会工作者可以通过政策倡导让服务对象对政策有知情权，帮助青少年运用好政策；在政策执行过程中，最大限度地承担关心人、服务人和促进人的全面发展的责任，进而保护服务对象的权益，包括基本需要的满足、促进人际沟通与交往、扩大就业与社会参与机会、更好地融入社会等。

示例

A 机构成立于2004 年，是上海市当年为落实“构建预防和减少犯罪工作体系”总体部署、本着“政府主导推动、社团自主运行、社会各方参与”原则成立的三家社团之一。作为青少年事务社会工作机构，A 机构自成立之初就以助力青少年的成长与发展为己任，培养了一支规模化的青少年社会工作人才队伍。

目前，青少年社会工作者进行政策实践的状况并不复杂，直接形式较为有限，本质上以发声倡导为核心。参与路径和内容主要有以下几类。

其一，在自上而下的调研中参与调研以及参与相关立法的修订与编撰，为政策制定或修订提供知识源泉。目前机构层面会参与各级、各类自上而下的调研，如人大内司委的调研、服保办的调研和其他课题的调研等；也会参与相关立法编撰和政策制定过程，如新刑诉法中适合成年人、就业政策等议题。社会工作者立足服务困难群体的实务过程以及与多部门的互动，无疑是最直接的社会声音代表者。在协商民主作为人民民主重要实现形式的新时代中国，社会工作者的声音可以将人民群众的意愿最大限度地包容进来。其二，借助社会工作者内部力量，围绕服务对象的诉求、社会工作者权益或机构议题进行发声倡导。社会工作者们一般会借助自身、社会工作者中的人大代表及政协委员等内部力量进行发声倡导。一般而言，社会工作者会在工作过程中向机构领导直接汇报工作、反映情况，较为常见的是借此向上反映特殊服务对象问题的生成机制，并通过呼吁竭尽所能为服务对象争取所需资源。同时，对于考勤制度等机构内部政策或管理文件，一线社会工作者对此较有发言权，站长会组织实务工作者讨论并向上提交意见。进一步地，站长、社会工作者中的人大代表及政协委员，基于对社会工作实务情况的汇总和把握，从问题的一个原点出发来反思整个政策环境，再借由提案的方式代表服务对象或社会工作行业进行直接发声和倡导。其三，借助社会工作者外部力量——专家、政协委员、人大代表面对面、大众媒体等——发出声音和倡言。由于专家的发言更有影响力，社会工作者一般会借助有身份的专家聚焦服务对象、社会工作行业等进行发声。有些社会工作者借助政协委员或人大代表面对面的会议，围绕青少年发展议题进行发言，并将发展的问题传达给政协委员、人大代表，使其了解实务工作中的难点、约束和挑战，并寻求其支持。社会工作者惯用专报、期刊、报纸、媒体等媒介工具来进行发声倡导。他们在专报或期刊上发表撰写的原创文章或翻译的外国文献，并借助报纸或自媒体等工具宣传社会工作，将其主题观点、专业理念、行业进展等一一呈现给公众，进行更广泛的社会教育。

根据对站长和优秀社会工作者的比较分析（见表1），可以发现A机构社会工作者在政策实践上积累了一定的经验。凭借A机构在体制内多层级嵌入中所衍生的纵向-横向叠合关系，社会工作者在立法系统、行政系统、司法系统、草根或社区组织场合，在机构、社区、上海市乃至全国的层面上参与了政策改变过程，但整体仍以“发声倡导”的协商民主参与为主。比较而言，站长群体更普遍地看到了现有社会工作服务在顶层设计上的不足或缺失，相对也有更多的正式渠道直接参与政策过程。而一线社会工作者进行政策实践的渠道相对狭窄，以适合成年人、关护帮教、附条件不起诉等日常与司法系统相关联的工作为主。

表1　站长与优秀社会工作者在政策实践上的比较

站长	优秀社会工作者
①参与上级调研及立法修订与编撰 ②借力“内线”和“外线”人士，如人大代表、政协委员、领导、专家等发声、倡导、提案、议案 ③汇总并上传政策执行中的问题，借助大众媒体围绕青少年发展或社会工作议题进行宣传或社会教育	①参与政协委员面对面进行发声 ②社会工作者中的人大代表、政协委员向上提案、议案 ③讨论机构内部政策或管理文件，并上交意见 ④向站点、机构管理层直接汇报工作中的不合理状况

［示例来源：韩央迪，赖晓苗，周晶．社会服务机构中社会工作者的政策实践——基于上海市A机构的初步研究［J］．中国社会工作研究，2018（16）］

示例分析

本案例为某青少年社会工作机构采用政策实践的方法开展进行政策建议。以政策实践的渠道和议题性质为对应的横纵坐标，可将当前青少年社会工作者的政策实践作如下提炼（见图1）。在横纵坐标中，个案/机构向度代表社会工作者在日常直接服务或机构行政管理上的内涵；社会向度代表的是基于一线实务过程所发现的社会风险内涵，包括与特殊群体或更广

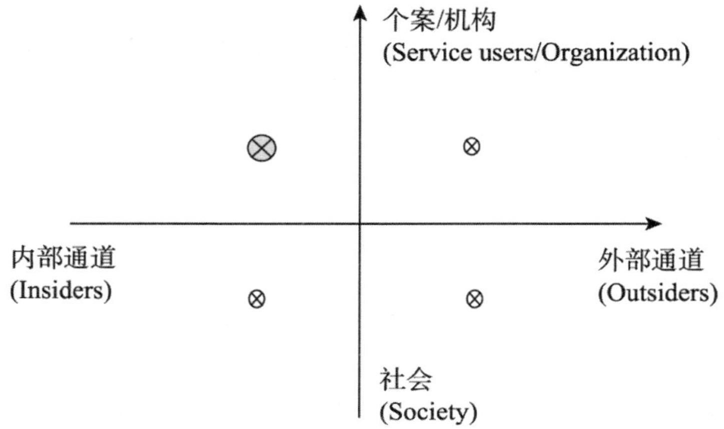

图 1

大人民群众息息相关的生存风险以及关乎社会工作整个行业的发展风险。利用内部渠道，社会工作者对个案、机构与行业发展进行了较为充分的发声倡导，但在社会向度上的作用仍比较有限。相对地，嵌入政府体制和群团组织体系中的社会工作者倚仗体制内的信任和关系，通过外部通道融入或被吸纳至政策联盟中，正式地在立法系统、行政系统、司法系统进行一定程度的双向政策实践，但整体水平都还十分有限。

六、青少年社会工作研究

1. 对青少年社会工作研究的理解

青少年社会工作研究是青少年的另一种间接服务方法。结合王思斌（1998）对社会工作研究的定义，我们认为青少年社会工作研究是青少年社会工作者或者青少年服务机构利用科学的方法所进行的与青少年社会工作实务有关的研究，其目的在于提供青少年社会工作实务知识并提高青少年社会工作实务的有效性。

2. 开展青少年社会工作研究的功能

开展青少年社会工作研究对整个青少年社会工作服务过程十分必要，它对于青少年社会服务项目的选择、青少年社会服务计划的确定、青少年社会服务的施行、青少年社会服务效果的提升及青少年社会政策的修订都具有重要的意义。概括来说开展青少年社会工作研究具有以下功能：

第一，它通过调查研究，能够清楚了解青少年的服务需求，从而针对需求提供最合适的服务。要开展科学合理的青少年服务就必须针对青少年问题、青少年的真实需求作科学的调查研究，分析其原因，探讨解决问题的途径及可行的解决问题方案。加之在青少年问题纷繁复杂、对青少年的社会服务投入不断加大、青少年服务项目日益更新的情况下，认真研究青少年的服务需求是十分有必要的。

第二，它能够分析青少年问题形成的各种原因，从而对症下药，解决青少年的问题。由于青少年正处于生理、心理的成熟过渡期，他们有着自己的身心特点，由于提供服务的过程还要受到复杂的社会、文化等环境影响，因此针对他们的服务是相对复杂的。要认真研究青少年的真实问题，结合其生存的社会环境综合分析问题的原因，并认真研究青少年自身对服务的接受心理及接受行为，从而能够合理、及时、客观地推动青少年服务的发展。

第三，它能够有效评估青少年社会工作服务的效果，从而改进工作的方法与技术，增进工作的素质与服务的效果。青少年的服务需要可以在实践当中得到施行、检验与不断提升。如何在实践中检验服务效果呢？这就需要通过研究对青少年社会工作服务进行有效评估，需要社会工作者深入青少年服务对象内部去了解他们对服务的接受心理、接受行为及服务效果，从而真实地反映服务对象的服务感受，有效评估服务的效果，以便进一步改善、提升针对青少年的服务水平。

第四，它能够检验和发展青少年社会工作理论。社会工作理论来源于实践，开展具有我国特色、符合我国国情的青少年服务，开创我国本土的青少年社会工作理论也需要在我国的青少年社会工作服务实践中去提取，对已有理论也需要在实践当中去检验。我国对于青少年的理论研究远远落后于发达国家，因此我们更加有必要在实践当中去对青少年进行专业的研究调查。

3. 青少年社会工作研究的过程

科学的研究是按照科学认识论展开的一系列有序的活动，这一程序保证着研究活动的科学性和效率，从而使青少年社会工作研究易于取得预期的效果。青少年社会工作研究的科学开展包括以下几个过程：

（1）研究主题的选择。青少年社会工作在实践中提出了多层面的研究任务，包括理论层面的、政策层面的以及方法层面的诸多任务。因此，青少年社会工作研究要不断从实践中发现新问题和新领域，并选择有利于产生实际效果的研究主题进行研究。

（2）文献研究及研究问题的确定。在选择了一个研究主题之后，还需对其进一步研究，以使研究问题具体化。因此，文献研究就显得不可或缺。文献研究的目的就是查阅、分析已有的同类研究或相关研究，明确在该研究领域中已有的理论成果以及他人在研究中有哪些不足或有哪些需要，并能进一步研究问题，以保证研究的重要性、新颖性。在青少年社会工作研究中，文献研究是指从相关领域的专业期刊、著作及其他资料来源中选出适当的文献作为参考，并在此基础上进行分析评价，以发现现有研究的不足和以后研究的方向，同时确定一个有价值、有意义的研究问题。

（3）进行研究设计。研究设计是指在进行实际研究之前对研究进程、方法及相关事务的安排，包括明确研究思路、规范调查研究的问题，选定调查研究方法，以及与调查相关的人力、财力、时间等方面的安排。在青少年社会工作研究中，要针对各种具体的研究方法，有针对性地进行研究设计。如果选用问卷调查法或实验法等定量研究方法，还需要提出相应的研究假设，通过研究结果来证明之前的假设是否成立；如果使用质性研究中的访谈法、行动研究法或个案研究法，则不能带有任何前提假设。

（4）资料收集。资料是研究的基础，收集尽可能丰富的、能反映问题的资料是青少年社会工作研究的关键。根据研究的设计，在青少年社会工作研究中可以选择不同的资料收集方法，总体上有定量研究方法和质性研究方法，具体方法如前面所讲的问卷调查法、深度访谈法、个案研究法、行动研究法、实验法等。在实际应用中，使用不同的资料收集方法需要注意具体细则。

（5）资料整理、分析与解释。在资料收集过程中及之后，需要及时对所收集的资料进行整理，对数字资料要进一步核实、编码，对文字资料要辨别其可靠程度并根据研究目的进行专题归类，进行摘要和编整。在对资料进行整理归纳后，需要对资料进行解释和分析。对于数字资料，一般采用统计分析方法，发现各变量之间的内在联系，解释数字所反映的社会意义。对于文字资料，则要使用比较、归纳、推理、语义分析等方法，以发现资料的真正内涵。

（6）撰写研究报告。青少年社会工作研究的最后一个环节是撰写研究报告或撰写研究论文，主要是呈现研究者所作研究的成果及其在相关领域的应用推广。青少年社会工作研究报告的撰写包括以下要素：确定报告题目，交代本研究的背景、目的、意义等，文献回顾及评述，交代本研究所采用的方法，根据研究对象发展的逻辑展示调查资料、进行理论分析，最后得出结论。在青少年社会工作研究中，撰写研究报告应该做到主题突出、概念明确、资料与观点统一、理论判断准确。同时，还应遵守青少年社会工作伦理，注意不要对支持研究的人员形成伤害，要严守职业和学术道德。

示例

社会工作专业介入大学生就业工作的实务研究

针对大学生就业难、压力大的问题，笔者在中国青年政治学院社会工作学院从事学生工作期间，结合社会工作专业和就业工作的实践，开展了“社会工作专业介入大学生就业工作的实务研究”。

在研究主题方面，笔者确定了社会工作专业介入大学生就业工作的实务研究主题，这一方面结合笔者的个人专业特质，另一方面也是结合笔者的工作实践经验。这样的研究既有现实条件的便利，同时也有专业优势。而实践研究确定了研究的主要方法。

确定主题后，要明确研究的问题。“大学生就业难、压力大”是现实问题，大学生就业工作的主要对象是大学生，把大学生放入生态系统的中心位置，从生态系统理论的视角来看，大学生就业工作主要面临以下问题：(1) 微系统方面：第一，大学生自身的能力问题。大学生的自身能力素质还有待提高。第二，大学生自身的就业观念问题。(2) 中系统、外系统和宏系统方面：第一，高校与社会和家庭的链接问题。第二，就业模式与就业市场的问题。第三，用人单位的问题。第四，就业指导体制的问题。(3) 时间系统方面：第一，大学生在进入大学前接受的职业生涯教育不足。第二，大学生就业工作缺少全程观。

针对以上问题，生态系统理论提供了介入的视角，可以分析这些系统中的问题，以开展相应的工作。但是具体用什么方法？开展什么样的工作？怎样开展工作？生态系统理论不能够回应“如何去做”的问题。而社会工作专业作为一门实务性很强的助人专业，则恰好可以回应“如何去做”的问题。中国青年政治学院社会工作学院从社会工作专业生态系统理论的视角出发，结合社会工作的专业方法，秉承全程育人的理念，积极探索和实践一种系统的“全程就业”就业工作模式，以回应大学生就业工作的问题。所谓“全程就业”是指全人、全员、全程。一是全人就业。强调以学生发展理论为本，关注学生的生理、心理、社会、情感、智能等方面的发展需求，全面提升学生的综合能力。二是全员就业。强调以学生为中心，推动由相关领导、学生工作人员、班主任、助理辅导员、任课教师、咨询辅导专业人员、学生干部、校友等与学生相关的人员组成“全员就业”工作团队，共同参与到学生就业过程中。三是全程就业。即注重对不同年级学生开展不同的就业工作内容，形成贯穿于学生在校期间的“全程就业”的工作体系。

从社会工作专业生态系统理论的角度，运用社会工作专业个案、小组、社区等专业方法，中国青年政治学院社会工作学院近年来开展了一系列的尝试和探索，与此同时，通过对实务经验的反思，也有一些发现：(1) 微系统和中系统，是大学生就业工作实践干预的重点。(2) 家庭系统是就业工作中的难点，要充分发挥网络和现代物流的作用。(3) 大学生就业工作的目标应该是帮助学生能够更好地作选择。［示例来源：彭振．社会工作介入大学生就业工作的实务研究．中国青年社会科学，2015 (1) ］

示例分析

本研究是基于工作实践开展的一项实务研究。社会工作者在实践中可以将有关服务进行梳理和总结，从研究的视角探索服务的成效以及成效的影响因素、服务模式等。结合相关理论，形成研究报告和论文，这样将工作经验转化成为研究成果，更有成效。

研究的目的是为了更有效地开展工作。社会工作者依据社会工作相关理论和方法设计的一套学生就业工作的内容，经过多年来不断的实践检验，在实际的工作当中是有效的，且被其他相关部门借鉴使用，取得较好的效果。应该可以总结出一套实务模式，以便传承、复制和推广。

研究的条件方面，社会工作者依托自己的工作平台，具有研究的实践场所，同时社会工作者具有一定研究受训经历，可以开展相关的研究。

研究方法方面，本研究采用实务研究的方法，结合文献研究法和观察法，选取社会工作的相关理论，将工作中的做法梳理、总结、分析、提炼成一套相对系统的模式。

研究的过程方面，社会工作者首先结合工作实际和研究特长兴趣选定研究主题；然后查阅相关文献，确定研究问题；进行研究设计；资料收集；资料整理；分析与解释；撰写研究报告；发布或者发表。

第二节　针对特定需要的介入方法

原文

6.2.1 危机介入

通过多专业合作方式协调资源，以中途之家、类家庭、收寄养等方式为不适合家庭居住的青少年提供安置服务，进行综合援助。

主要针对可能危及青少年自身和他人生命安全的问题而实施的紧急干预策略。

解读

1. 对危机介入的理解

在青少年社会工作中，危机介入不仅仅存在于心理层面，还延伸至当青少年生理、心理、社会关系等系统出现重大变故导致青少年不适合在家庭居住或丧失正常的安全成长环境时，社会工作者通过帮助服务对象联系资源等手段，为服务对象提供安置服务，让服务对象在安置地能够正常地进行日常生活及学习，并为其在心理上提供有效的帮助和支持，让服务对象按照正常的轨迹发展。

危机干预是服务对象与社会工作者共同参与、共同努力地助人自助的过程。社会工作者在帮助服务对象的时候，应充分发现服务对象的力量，挖掘服务对象的潜能，提高服务对象解决问题的能力。

2. 危机介入的原则

社会工作者在进行危机介入的过程中主要考虑的因素有问题的严重程度、服务对象自身解决问题的能力及社会支持系统。

社会工作者应在专业价值观的指导下，运用专业手法帮助服务对象摆脱困境，为他们开启新生活采取一系列措施。在危机介入过程中，社会工作者有时候需要根据服务对象的实际需求开展综合性的、全方位式的服务。危机介入在具体的场所中，应该充分运用目前政策的便利性，通过运用中途之家、儿童福利院等场所，开展危机介入的具体工作。

其实，在实务工作中，有时候未必教条地只能运用某一种模式来开展工作，社会工作实务者往往可以根据实际情况，从所有危机干预理论的应用模式中，有意识地、系统地选择和整合各种有效的概念和策略来帮助服务对象。这种强调操作性的做法并非意味着漫无目的地进行干预，而是为了不局限于任何一种教条式的理论方法，将各种理论和方法很好地结合在一起，选择适当的方法以切合求助者的需要。

示例

北京市未成年人救助保护中心的服务对象主要是在北京市范围内流浪的年龄在3—18周岁、智力正常、身体基本健全且身边无监护人的青少年。现在未保中心基本上提供的是一种临时性的服务，主要分为两个方面：一方面是基本生活服务，如吃、穿、住、就医、查询联系进出站等；另一方面是发展性服务，体现在对他们的教育、心理辅导等方面。但是由于流浪青少年流动性的特点以及中心人力资源的限制等原因，后者工作的开展不尽如人意。

来到中心的这些孩子流浪的原因是多种多样的，有的是来京打工的，有的是被别人骗来的，有的与父母走失，有的因家庭原因（如父母离异、家庭暴力等）而离家出走，有的是被家人遗弃的。他们主要是被公安民警或城管送过来的，有些是在街头被发现的，也有些是孩子主动打110要求救助的。流浪青少年来到中心将由登记室（24小时值班）值班人员对儿童情况询问了解，确定是否符合中心接收条件，要求流浪青少年填写《求助申请表》（主要是由工作人员填写，再由孩子押手印确认），要求民警提供工作申明等资料，给他们拍照，入站后由医生对孩子进行体检，健康符合条件才可驻站。孩子携带物品除必需物品外由中心代为保管，在孩子离站时归还。进站后由工作人员带领洗澡，领取生活用品，分配寝室，进入后院的生活区。当中心取得孩子的真实户籍资料并与孩子的监护人取得联系后，流浪青少年就可以离站，多由家属接领离站或者由中心护送离站。

未保中心已累计接收3006名孩子，平均每天在站儿童有50多名，其中男孩子占多数，女孩占少部分；年龄分布为中间大、两头小，10—14岁比例最大；受教育程度以小学一、二年级为主；身体状况不同，有患病的、智力受损或聋哑的孩子。在站儿童时间最长达到3.5年，还有3个月、

5个月的，甚至两三个星期的。现在正处于暑假时期，出来流浪的儿童有上升趋势，因此是进站儿童的高峰期，也是中心业务的繁忙期。（示例来源：北京市未成年人保护中心）

示例分析

未保中心为流浪青少年提供的紧急救助服务，化解了流浪青少年的危机。中心的救助使流浪青少年结束了在外颠沛流离、食不果腹的生活，为他们提供了一个栖身的港湾，保证了他们的安全和基本生活需要的满足。机构为孩子们所提供的教育服务，使其最大限度地与其他正常孩子一样拥有学习文化知识的权利，也有助于其身心状况的改变。未保中心在社会工作介入过程中根据服务对象危机的轻重缓急、服务对象自身解决问题的能力及社会支持系统来开展不同服务，首先化解服务对象的危机，保障服务对象的安全；其次根据服务对象的实际需求开展综合性的、全方位的服务。

原文

6.2.2 家庭治疗

以家庭为介入单位，探索青少年问题背后的家庭结构和互动关系，促进家庭内在系统的改变，优化青少年成长的家庭环境。

主要适用于改善并重建青少年和家庭成员之间的关系，实现家庭成员的良性互动。

解读

1. 对家庭治疗的理解

家庭治疗作为一种治疗模式，是以整个家庭作为治疗的单位，着重的焦点在家庭成员间的互动和沟通问题，是处理人际关系系统的一种治疗模式。

2. 家庭治疗的理论

家庭治疗理论认为，每个家庭成员的行为都是与家庭、家庭其他成员互动的结果。人的问题不单单是个人问题，可能与家庭系统有关。所以，家庭治疗的对象不只是病人本人，而是通过在家庭成员内部促进谅解，使每个家庭成员了解家庭中的病态情感结构，以纠正其共有的病态，改善家庭功能，产生治疗性的影响。

3. 家庭治疗的技巧

家庭治疗的流派包括 Bowen 家庭系统治疗、结构性家庭治疗、策略派的家庭治疗、经验性家庭治疗、精神分析家庭治疗、认知行为家庭治疗和萨提亚模式等。下面主要介绍其中较有影响力的一种模式即萨提亚模式家庭治疗。

萨提亚模式认为人是活在情境、关系中（或系统中）的。所以，一个症状的出现与他人、情境的互动有很大的关系。其中，一个人在原生家庭中经验到的各种关系以及各种应对方式，对这个人的一生影响重大。

萨提亚模式家庭治疗的主要方法有冰山、家庭重塑、沟通姿态、家庭雕塑、绳索的使用、面貌舞会等。家庭重塑是萨提亚家庭治疗模式中最有特色和最有代表性的技术之一，融入了许多其他流派的元素。在家庭重塑中，个体成为主角来重新建构自己过去生命中存在的迷惑，并寻找记忆中遗失的碎片，回到当时的场景，从一个新的角度来理解当时的实际情况，与过去错误的知觉和理解相区别，在此过程中认识父母的人格，探寻自己人格的形成过程，并学会使用成人而不是儿童的眼光来看待问题，转变自己的生活模式。

冰山理论是萨提亚模式家庭治疗中的重要理论，实际上是一个隐喻，指一个人的“自我”就像一座冰山一样，我们能看到的只是表面很少的一部分——行为，而更大一部分的内在世界却藏在更深层次，不为人所见，恰如冰山。冰山理论包括行为、应对方式、感受、观点、期待、渴望、自我七个层次。

沟通姿态是萨提亚总结出来的人们在压力下对他人、环境和自己的应对方式，不恰当的沟通是功能失调家庭系统的特征。沟通姿态反映了家庭成员的自我价值感，有五种基本的沟通姿态：指责型、讨好型、超理智型、打岔型和表里一致型。家庭成员可以将自己摆成各种姿势来代表这些沟通和交流模式，并配合以语言描述，以讽刺夸张的形式来表现身体姿态。通过扮演这些姿态，参与者逐渐意识到自己平时的互动模式，以及这种模式对他们自己和与自己有关系的其他人的含义，内心和外在表现不一致时的意义。

家庭雕塑则是让参与者扮演假想的家庭成员角色，这样他们平时已经习惯的沟通姿态就会显现出来。模拟家庭的体验，可以很好地帮助个体理解家庭系统的力量和它的普遍意义。这种技术常以“金鱼缸”的形式被使用，让“鱼缸外”的观众有机会分享他们对所观察到的事物的反应。也可以让家庭成员模拟彼此的行为，向对方展示在自己眼中对方是如何行动和反应的。

绳索的使用让家庭成员每个人找一根能够代表“自己”的短绳，并将其绕在自己的腰上，此外每个人还会得到与家庭成员数目相等的绳索，这些绳索代表他和家庭成员的关系，他要把它们系在代表“自己”的绳索上，把绳索的另一头系在相应的家庭成员的身上，每个家庭成员都被绳索环绕。使用这一技术的目的在于向大家展示，要有足够的自由和空间来处理家庭关系，当人们逐渐学会放松彼此间的绳索，就会意识到正在发生的事情，并将这种学习延伸到现实情景中。

示例

小杰，女，14 岁，初中三年级，性格自卑内向，不喜欢说话和与人沟通，通常就是保持沉默，学习成绩也很差，两年前她就开始接触并渐渐地沉迷于网络。网瘾形成过程：小杰一家共三口人，父亲，37 岁，高中学历，在外地打工。父亲因为工作关系，常年在外，自小杰懂事以来就很少与她进行交流，在家时也是十分严厉的，经常打骂小杰。父亲脾气暴躁并且经常外出，所以只关注小杰的学习成绩，如果得知小杰成绩下降，就会对小杰进行责骂，很少关心小杰的生活和心理方面的情况，因此小杰与父亲隔阂十分严重。母亲，36 岁，无业，在家料理家务和务农。日常生活中母亲基本包办了对小杰的家庭教育，母亲一向溺爱小杰，尽量满足小杰的任何要求，对于小杰出现的问题也难以管束。小杰小时候很依赖母亲，但随着年龄的增长以及青春期心理的影响，小杰开始觉得母亲太唠叨并且很软弱，不愿意与母亲交流，甚至因为母亲对于其上网问题的说教而离家出走（只是在网吧，不回家）。家庭因为有父亲打工的收入和国家每年给予的高额草厂补贴而经济条件优越，小杰的家庭给予小杰极高的物质满足，时尚的衣服，新款的手机和电脑，但对于小杰心理情绪方面的关注则很少。

小杰在上初中后与同学交往过程中开始接触网络，最开始只是简单的网络聊天，后来逐渐沉迷于网络游戏，最终网络成瘾。

经过评估，社会工作者通过家庭图呈现出了服务对象家庭系统的现状及家庭成员彼此互动的交互性。选取了萨提亚模式进行介入，干预介入的过程由接触期、蜕变期和巩固期三个阶段组成。在接触期，社会工作者运用冰山访谈，对服务对象及其家庭进行家庭诊断，主要是为了对服务对象小杰及其父母进行系统翔实的观察评断，分析判断服务对象的家庭系统形式，对服务对象家庭的沟通模式、家庭规则、家庭成员个人自尊等信息进行诊断。通过家庭诊断，获得一手翔实资料。与小杰家庭进行访谈的目的主要是为了对家庭规则、沟通模式、沟通姿态有一个详细的了解。基于在家庭访谈中获取的这些信息，对服务对象家庭功能进行必要的评估。与服务对象小杰的家庭成员进行个案访谈的目的主要是了解家庭成员对于现今家庭环境抱有何种看法、家庭成员是否有寻求改变的希望和动机，以便于笔者寻找到帮助服务对象小杰及其家庭成员进行恰当改变的突破口。

在蜕变期，社会工作者促使家庭成员对家庭中的问题产生一定的了解，让他们意识到问题并学会用新的方式来处理问题，传统既成的沟通模式被打破。服务对象与每位家庭成员都进行了单独的沟通与交流，结果各位家庭成员均做到了不要刻意隐瞒。访谈基本上将父母和小杰之间存在的问题都展示出来了，并且也说服父母要诚恳地面对小杰情感上的需求，并努力修复和小杰之间的关系。在访谈中，由小杰的网瘾问题引申出了家庭成员在情感沟通方面的问题，这些暴露出来的问题让小杰的父母亲都意识到了自己的不足。平日里父母对于小杰的关爱不够，也没有过多的交流，他们觉得在以后的生活中应该多关心自己的孩子，多花点时间和女儿谈谈心，以便及时了解女儿的心理动向。小杰的父母发觉此方面的不足已是巨大的进步，十分有利于后期治疗工作的开展。此阶段中，社会工作者运用了雕塑、重构等方法，采用鼓励支持技巧，促使家庭成员大胆真实地表达自己的内心想法。每当小杰不愿意谈论某个话题的时候，社会工作者便会鼓励她勇敢表达自己的感受，并在访谈中尽量找机会让她实践。通过这样的方式，小杰的自尊得到了提升，同时也为父母做了榜样。同样还有父亲，在访谈过程中，父亲说出了藏在心里很久的事情——没有尽到一个父亲本该尽的责任，对于自己的女儿小杰在内心存在愧疚感。父亲是一个自尊心极强的人，几乎不会低头认错，即使已经意识到了自己的错误，但是这次父亲承认了自己的错误，所以这对于父亲来说是有困难的，需要付出极大的勇气。他若是可以做到，就是取得了很大的突破。在这里小杰家庭环境的主要冲突焦点也展现了出来，即父女间的沟通障碍。通过访谈，服务对象小杰作出的改变是最明显的，但是家庭是一个系统，解决家庭问题需要整个家庭共同努力。

在巩固期，社会工作者用家庭雕塑技术，帮助家庭成员练习在前一阶段习得的新的沟通模式和应对方式，并不断强化这些内容，同时不断提高家庭成员的自尊，健全家庭功能，充分利用家庭资源，使家庭成员能够成功地应对小杰的网瘾问题。（示例来源：齐振雅．萨提亚家庭治疗模式介入青少年网络成瘾的个案研究［D］．兰州大学）

示例分析

本案例中，社会工作者运用了冰山访谈、沟通姿态、家庭图、家庭雕塑等工具进行干预，其中通过使用家庭雕塑这一技术，主要目的是引导和帮助家庭成员发现他们之间存在的沟通裂痕，并鼓励家庭成员接受现状，传授其表里如一的沟通技巧，从而促使家庭成员改善沟通状态。萨提亚家庭治疗模式介入青少年网络成瘾的实务主要干预目标有两个：第一，提升服务对象个体的潜能，建立自尊，使个体获得应对问题的能力；第二，释放家庭的潜能，改善家庭沟通，以达到家庭系统的良性发展。通过这两个目标，最终改善服务对象小杰的网络成瘾问题。

原文

6.2.3 外展服务

深入青少年经常出入的场所，主动与青少年接触并发现其问题和需要；及时联系有关部门共同对处于风险状态的青少年进行保护、辅导和安置。

主要针对很少参与主流的青少年活动并容易受不良影响的青少年，走出去开展的服务。

解读

1. 对外展服务的理解

外展服务是通过系统化的服务程序，由专业社会工作者外展至青少年流连的地方，主动与其接触并建立关系，结合个案、小组、社区工作等方法，就其所遭遇的家庭、学业困扰、情绪、职业适应、休闲活动、同辈关系等提供情绪辅导、就学就业安排、资源提供、转介服务、团体活动等立即性、紧急或是长期性的服务，旨在协助其处理生活中的困扰或问题，合理地满足个人需要并发挥个人潜能，从而达到帮助青少年健康发展，进一步健全预防青少年犯罪工作体系的目的。

2. 外展服务的目标

外展服务的目标就是通过治疗、发展或预防来增强个别年轻人的社会功能，同时也能处理任何妨碍青少年发展的社会问题。

3. 外展服务的理念

外展服务相信人所拥有的内在的、积极的动力，希望通过为有需要的青少年提供指导、辅导及转介服务，从而提高青少年解决困难的能力，挖掘其发展潜能并使其贡献社会①。

4. 外展服务的技巧

（1）积极接触青少年。对于随家人流动而来的青少年，外展社会工作者应该到那些“城中村”或者附近学校找这些青少年，和他们的父母及老师一起帮助他们尽快适应新的环境；对于城市的青少年，则应该在网吧、迪厅、游戏厅等地方找到他们，给他们一些免费就业培训的相关信息。当然，在接触的过程中，社会工作者并不需要为了融入他们而模仿这些青少年以取得信任，完全模仿也未必会有好的效果。对外展社会工作者来说，最重要的是要在与他们接触的过程中，依然能保持社会工作者的身份。社会工作者的职业操守以及职业形象在工作中是不能丢的。

（2）针对青少年的问题和需求开展服务。社会工作者认为每一名青少年都是一个独特的个体，因此青少年的成长是一种个性化的过程。有的时候尽管青少年存在的问题相同，但是问题产生的原因可能千差万别。根据

---

① 陆士桢，李江英，洪江荣．中国青少年社会工作实务案例精选［M］．上海：华东理工大学出版社，2010：98-104.

这一情况，社会工作者在服务过程中要注重个别化工作理念的运用。比如，青少年社会工作者经常使用的辅导方法是个案辅导，这一方法强调服务过程中针对青少年个体的不同需求，与服务对象一起制订可操作化的工作计划介入服务。社会工作者要深入基层社区，与街头的青少年做面对面的沟通与交流，一个一个地分析问题、解决问题。

（3）服务过程中注重实用性。青少年的生存和发展问题是青少年社会工作服务的重点，在这一基础上，青少年社会工作服务过程中主要考虑的是青少年的长远利益和生涯发展规划以及基本的生存技能。针对青少年开展的社会工作服务要囊括促进青少年健康发展、维护青少年权益、挖掘发展潜能、协助处理面临的困难等各种措施。

示例

2004年12月17日到18日，上海市阳光社区青少年事务中心组织上百名社会工作者开展了“冬日阳光”行动，他们在上海市青少年聚集的网吧、舞厅以及各街头巷尾，寻找、识别和帮助迷失方向的青少年。参与本次行动的社会工作者们顺利完成了浦东新区深宵外展、闸北区网吧外展、徐汇区和卢湾区娱乐场所外展及全市各区县未成年人购买烟酒的街头外展和调查行动。

上海市阳光社区青少年服务中心通过外展服务发现，“青少年滞留娱乐场所的真正原因是缺少正面的休闲方式和良性的活动场所”，因此为青少年举办“夜墟”① 活动。“回归计划”，为积极探索预防青少年犯罪、促进青少年健康发展开辟了一条途径。

从2009年开始，上海市阳光社区青少年服务中心卢湾区工作站开启了一项名为“回归计划”的活动。社会工作者们希望通过外展工作，使那些流连于游戏机房、网吧的青少年可以重新回归到正常、健康的生活中来。社会工作者们每周一、三、五都会到网吧和游戏机房接触社区青少年，与他们进行面对面的交流、辅导和谈心，同时发放“夜墟”“回归计划”的后续活动卡。社区青少年可以凭卡入场，参与活动和游戏，以及换取饮料

① “夜墟”一词来源于香港，意在为深夜流连户外或复杂娱乐场所的青少年提供另类消闲场所，鼓励他们接触较健康的消闲模式。

和点心。在“夜墟”现场，一些社区青少年自由组队，在篮球场打起了比赛，还有一些人则玩起了沙包躲避球、三人制篮球、羽毛球等游戏，孩子们玩得不亦乐乎，说笑声不断。场地内还开设了游艺项目，设置了一些法律常识和生活常识题，答对后可换游戏币，也可以换饮用水、奖品等。

社会工作者设计的“回归计划”以及后续的“夜墟”活动能通过健康有趣的活动，有效引导社区青少年在升学、就业、滥用药物等问题上增强正确认识，避免走向犯罪边缘，回归主流社会。同时，通过具有吸引力和持续性的奖励计划，协助社区青少年融入白天的活动，建立健康的生活模式。而且，“与青少年一起参加活动，和他们建立朋友关系，也能为日后的社会工作打好基础”。（示例来源：上海市阳光社区青少年事务中心组织）

示例分析

青少年外展服务的最大特点是社会工作者主动积极地寻找“隐形”的服务对象，这些青少年他们不会主动寻求社会工作者的帮助，也常常活跃在社会工作者的工作场域之外。找到这些青少年，给予其关心、支持，与其建立联系，是青少年外展服务非常重要的前提工作。

青少年外展服务不仅仅需要到青少年聚集地主动开展工作，还需要积极策划组织丰富的、对青少年有吸引力的各项活动，引导青少年从“边缘地带”回归社区、回归家庭，从网络回到现实。

在这一外展服务的过程中，社会工作者在工作方法上从单一的个人化介入发展到兼顾社会层面群体性的综合服务。除了关心青少年个人层面问题的解决之外，社会工作者还积极推动了社会环境的改善，对青少年群体倡导建立正确的人生观和价值观，积极回应青少年群体的需求，并根据不同类别、年龄段的青少年群体的不同需求开展服务，有效地协助青少年健康成长。

原文

6.2.4 历奇辅导

有目的地把青少年带离安适区，进入低冒险区，通过体验性活动经历新奇，促进青少年自我探索、自我觉察与自我成长。

主要适用于帮助青少年提高自信、提升自尊、培养团队合作精神。

解读

1. 对历奇辅导的理解

历奇辅导是通过一系列精心设计的历奇活动，导师循序渐进地介入，让学员处于一个既陌生新奇又充满合作气氛的环境中，经历各种不同的难题和挑战，体验解决难题、战胜挑战的成功感，将经验整理、升华、转移、应用到日常的生活实践中，帮助学员成长，达到教学与辅导目标的一套特定方法①。

2. 历奇辅导的要素

（1）体验式学习。体验式学习始于体验，然后内省、讨论、分析和体验评估，社会工作者引导服务对象从体验中选取符合自己的方向、目标、理想、志向和期望的意义，在此过程中，新观点、新发现和新认识因而产生。过程中反思和分享得以组合，体验所形成的意义会与其他相关经验作联结，然后通过思考、觉察、归类、分析、搜寻经验的过程，再被概念化、同化、整合成个人建构的处事系统。

（2）挑战舒适区。舒适区（Comfort Zone）指的是一个人所处的一种环境的状态和习惯的行动，人会在这种“安乐窝”的状态中感到舒适并且没有危机感。舒适区的理论指出，每个人都有自己的舒适区，舒适区是可以变化的，当走出舒适区的时候，个人会感觉不舒适。走出舒适区其实也是一种冒险，而正是这种不舒服才让人成长。当人们适应了新的尝试，舒适区也就变大了，那么个人就获得了成长。历奇辅导正是创造这样一种体

① 彭振．历奇辅导对青少年社会工作实务的启示［J］．山东青年政治学院学报，2014（4）．

验，让参与者突破自己的舒适区，并经由边缘体验带来成长。

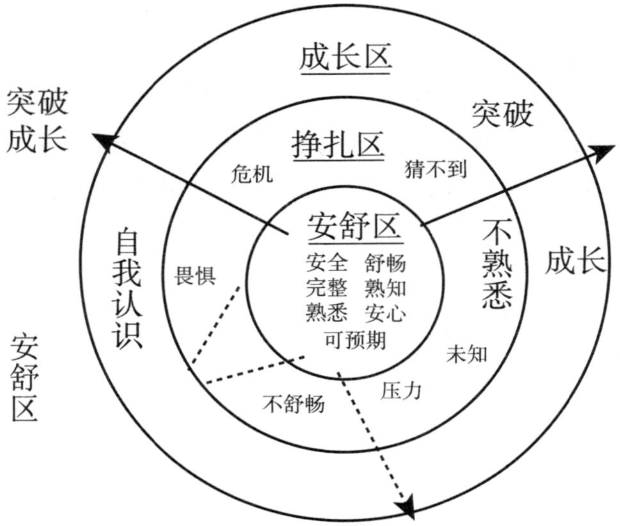

（3）可选择挑战。可选择挑战是指所有参与者在活动过程中，面对某项活动，有权利选择是要亲自参与活动或暂时退出不参与活动，其他队友必须尊重个人的意愿，但个人应以团体为重，必须选择其他较低挑战的工作或协助其他队员，不可以离开团体自行消失。

选择性挑战意向包括：第一，参与者永远都有权选择何时参与活动及参与程度。第二，参与者随时都应提供有价值的经验。第三，参与者绝对尊重团体中任何成员的决定。

（4）全方位价值契约。借着鼓励、肯定、目标设立与达成、团队讨论商议，面对冲突的处理、解决与宽容的精神贯彻施行全方位价值契约，使得团队肯定自我及他人价值，找出每个人的正面特质，进一步肯定了团体及学习经验和学习契机。全方位价值契约要求每一位成员做到下列各项：

①出现：每次机会，不但都能参加，而且尽可能地将生活重心放在学习课程上。

②专心：将全部的注意力放在体验及了解课程上。聆听是专注的最基本态度，不只是聆听其他人的讲话，更要聆听自己内心所发出的声音，这些声音所要传达的想法常常是丰富且具有启发性的，对个人成长有很大的帮助。

③说真心话：感觉不但是独一无二的，而且对于全体的学习经验是重要的。小组成员的感觉与想法对于自己及他人有潜在的学习价值，所以自

由地说、诚实地说真心话，同时也虚心聆听他人的意见。

④开明的态度：试着放弃对即将发生的学习经验持有的成见与恐惧，以开明的态度来迎接全新的学习经验的产生。

⑤重视身心安全：团队中每个人都有责任确保学习环境的安全无忧，不论在言语还是肢体行为上，都要注意他人心理上及生理上的安全需求，同时竭尽所能给予伙伴最大的鼓励与支持。

3. 历奇辅导的过程

（1）活动前的预估。在每一次进行历奇之前，都需要通过与参与者老师、家长的交谈以及与学生本人接触等方式对他们的基本情况有所了解，进行预估，以对历奇过程中青少年的行为、表现有所预期，减少突发事件的发生，为分组提供参考。

（2）活动的目标的设定。针对不同对象的历奇会有不同的目标，总体而言，历奇辅导的目标一般包括以下几个方面：

①通过证明参与者有能力接受挑战、面对困难，提升他们的自信心。

②帮助参与者了解为了达成目标，有必要进行合作。

③使参与者认识到除了自己固定交往圈子的伙伴以外，还可以和团体中的其他人建立友谊。

④通过竞争性游戏引发小组间的竞争，培养参与者的团队精神和领袖才能。

⑤通过学生和社会工作者、老师共同参与活动、面对困难建立起社会工作者和学生之间的关系。社会工作者因此对参与者的行为、态度、个性加深了解，为跟进服务建立基础。同时，老师和学生之间也有了与上课期间不同层面的沟通，开始能够站在对方的角度上考虑一些问题，增进他们的感情。社会工作者和老师也因此建立更加密切的关系，为以后的合作提供便利。

（3）活动计划的制订。计划的设定要力求详尽，对活动的选择、人员的安排、分组的过程、活动器具的发放和回收都要有详细的说明，对于突发事件的发生要有充分的准备，每一个小游戏分别要达到什么目标、在哪些游戏后要进行分享也要有所说明。

（4）活动后的评估。历奇活动结束后，对活动中社会工作者和服务对象的表现都要有所评估。活动是否达到了预期的目标、社会工作者是否在不同阶段发挥了恰当的作用、游戏使用是否得当、游戏中的受教时刻和解说时间是否把握准确、安全工作是否完备、如何跟进服务对象进行下一步的工作等都需要进行评估。

4. 历奇活动带领的流程和技巧

（1）历奇活动带领的流程。历奇活动带领的流程参考“历奇波浪”（见下图），一般有讲解、带领和解说三个阶段，三个阶段是循序渐进的。

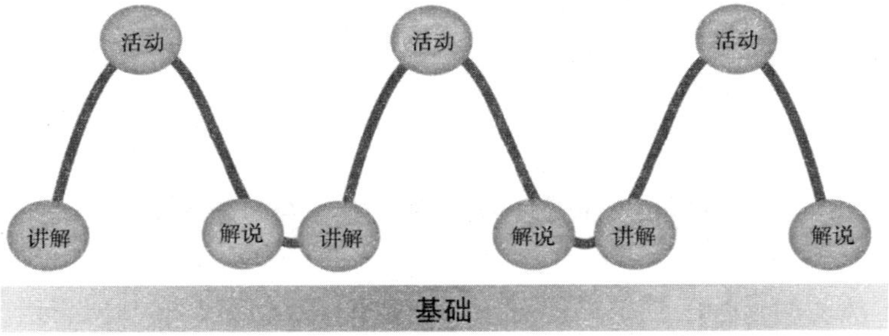

（2）历奇活动带领的技巧：

①讲解技巧。讲解是为使参加者参加历奇辅导前做好心理准备。讲解内容包括：活动介绍、活动规则、安全指引、示范和订立目标。讲解技巧：要以情境、比喻和故事等技巧来介绍，使参加者将体会与生活现实结合，利用鼓励及肯定的态度和语气，以达成协议及目标。

②带领技巧。带领的目的是协助参加者安全、顺利地完成活动，谨记应用“可选择挑战”原则，尤其关注带领技巧，如：真诚地鼓励及支持；不强迫参加、给予参加者选择、尊重个人意愿；作出适当的评估，如有危险即时叫停。

③解说技巧。解说是一种技巧，也是一种思维模式。解说技巧中常用“4F”模式，即为 Fact（事实）、Feeling（感受）、Finding（发现）和 Future（未来应用），其目的是强化参加者的正面获得，并鼓励参加者将所学到的应用在生活各层面，并促进参加者的转化学习及应用。

示例

历奇辅导在大学生班级团队建设中的运用

大学新生入校后面临着与同学之间陌生、组建班级团队困难、班级团队凝聚力不强、个人抗压和适应困难等问题。针对上述问题，某大学社会工作专业服务团队运用历奇辅导的方法设计了“班级团队建设历奇辅导”活动。

活动集中安排在一天时间进行，累计时长约6小时。

活动目的是增进大家的熟悉度、建立班级归属感和认同感、增强班级凝聚力，同时提升个人的抗压能力和适应能力。

活动以班级为单位，参加人数在50人左右。在多功能教室和历奇训练基地组织开展。

活动设计方案如下：

“班组团队建设历奇辅导”活动设计方案

时间（分钟）	主题	目标
10	热身活动：馒头、包子、烧卖	活跃气氛、拉近距离，引发组员发现积极的行为动力，促使他们融入活动建设中去
20	分组活动：找相同 熟悉活动：拍手掌	快速分组后，让各小组通过游戏进一步熟悉
120	主题活动：合作圈、信任不倒翁	培养团队合作意识
30	小组分享	让组员表达对活动的感受，通过游戏让他们知道信任和沟通的意义，增强团队凝聚力
120	午休	
15	热身活动：团体热身操	让所有组员都热身，以便下面活动的进行
90	分组进行历奇挑战活动	通过小组配合与团结，完成高空断桥、空中飞人等高空历奇活动，体验个人挑战和团队合作
40	全班集体完成“胜利墙”挑战	进一步增强全班互相支持的团队精神和整体意识
20	分小组分享	带领每个小组组员分享下午历奇活动的体验和感受
15	总结分享	带领小组组员分享一整天活动的感受和收获

活动的讲解、带领和介绍方面，首先活动以整个班级为单位，集合围成一个圆圈开始，由活动总导师以大团体的方式来带领活动，讲解活动要

求和注意事项。

活动总导师带领全班做热身活动，和建立关系、促进熟悉的活动。之后总导师将班级大团体分成12人左右的小团体。

这时候由小组导师（小组工作员）分别进入各组带领小组活动，完成小组熟悉、建立信任、沟通与合作、困难挑战等环节的任务。

在每一个小活动之后，或者在半天的活动体验之后，小组导师会带领小组成员进行小组分享，引导大家结合活动的目标，围绕活动体验、心情感受、学习收获、如何应用等方面进行分享和总结。在小组活动结束之后，将各小组集合在一起，完成班级大团体挑战任务，以增进班级整体的凝聚力和团队合作精神，增强班级的归属感和认同感。

完成班级挑战活动之后，由总导师带领进行活动最后的分享和总结。带领过程中运用历奇辅导相关的讲解、带领和解说技巧，同时也运用大团体和小组工作的相关技巧。

活动评估：在活动开始前和结束后，分别进行前测问卷和后测问卷的填写，并邀请一些参加者进行个别访谈和小组访谈，以评估活动效果。

笔者根据多次开展大学生团队建设历奇辅导的评估结果发现：第一，学生对班级的认同感和归属感显著提高；第二，班级的凝聚力和团队精神提升；第三，学生的沟通能力、抗逆力得到一定程度的提升。

最后，活动评估结果以及活动前期准备情况和过程观察情况，撰写活动总结报告。（案例来源：案例由作者根据工作实践编写）

示例分析

大学生班级团队建设，在大学生新生教育和管理服务工作中存在普遍的需求。本案例运用历奇辅导的方法，结合大团体带领和小组工作的技巧，选用新奇、有挑战的活动吸引同学的兴趣，引导同学积极参与到活动当中。活动的设计层层递进，一步一步实现团队建设的目标。

在活动中，总导师和小组导师的带领和分享非常重要，确保了同学的参与以及活动的目的达成。活动导师的安排方面，一般安排一名总导师，同时根据小组数量，每组安排一名小组导师带领。

历奇辅导中往往会安排一些有挑战的活动，有些活动具有一定的风险，因此对于活动导师的要求较高，需要经过严格的训练。组织历奇辅导活动，安全是基础，一定要做好安全保障相关工作。本案例中安排有高空历奇挑战活动，而一般的青少年社会工作服务机构不具备这样的场地设施条件，可以选用其他有挑战的场地项目来替换。时间安排方面也可以根据需要和实际情况进行挑战。

原文

6.2.5 朋辈辅导

通过发现、培训和搭建平台，组织年龄相仿、生活环境和经历、文化相似，或具有共同语言的青少年交流互动、分享经验、唤起共鸣、持续支持和互助成长。

主要适用于帮助青少年改善朋辈关系、建立朋辈支持。

解读

1. 对朋辈辅导的理解

朋辈辅导是指由志愿参与辅导训练课程与活动并在专业人员督导下的较高年级学生，运用语言或非语言的互动交流，对需要帮助的年龄相近的青少年提供倾诉、支持或咨询等服务，同时对学业发展、生活适应、职业规划、人际交往等问题进行个别与团体辅导，核心是同辈互助、共同成长，核心理念是“年轻人帮年轻人”。同时，朋辈辅导员也担负着校园的危机处理、信息提供及转介等服务。

朋辈辅导里工作员与服务对象是年龄相近、教育文化程度相似的青少年，所以他们之间的关系是朋友和同辈的关系，服务对象对工作员的接纳程度较高，从而能够减少建立关系的时间。服务对象接下来的经历是工作员经历过的，所以工作员对服务对象也有一定的影响力与说服力。

2. 朋辈辅导的类型

朋辈辅导的主要类型有朋辈教导、朋辈调解、朋辈咨询三种。朋辈教导指同辈之间互相教导、共同提高的一种辅导方式。在教导中教导者与被教导者角色是不确定的，即相当于“道之所存师之所存”。朋辈调解主要是由经过训练的同辈辅导员，利用有效的沟通技巧，倾听同辈不同的观点，引导冲突双方共同探讨解决问题与争端的途径，建立相互尊重的气氛，终至问题解决，防止争端扩大。朋辈咨询属于间接辅导，重视问题解决、信息提供、内容导向，比较强调预防的功能。学生在学校里学习与生活可能面临很多的适应问题，例如如何查阅图书资料、如何操作电脑、如何与异性交往、生涯如何规划等问题，他们一般不愿意寻找专业人员咨询，而学校对于热心公益事业的学生进行培训后，可以为需要帮助的学生提供咨询服务，这样将会解决很多的适应问题。

示例

中国青年政治学院社会工作学院于2005年开始开展朋辈辅导计划，该计划旨在帮助社会工作学院学生特别是大一新生应对大学期间可能面临的思想、学习、情感、就业、适应社会能力等实际问题，提升学生的综合素质，促进大学生全面成长。在朋辈队伍结构上，形成了以学院分管学生工作的专业老师和专家型专职辅导员为“塔尖”，以朋辈组织主要负责成员为“塔身”，以朋辈辅导员为“塔底”的“金字塔形”格局。专业老师和专职辅导员对朋辈辅导员进行专业督导和行政指导。

“朋辈辅导计划”于每年6月面向社会工作学院大二学生进行该组织主要负责成员的招新，吸纳人才，扩充朋辈力量，为提供更好的服务打下基础。同月召开新老成员见面会，并请学院分管学生工作的专业老师对朋辈组织新成员进行培训，使新成员深入了解朋辈辅导，内化朋辈辅导理念，明确朋辈辅导活动模式。

9月初面向社会工作学院全体大二学生，在自愿原则下，以个人申请的方式报名，通过面试选拔最终确定朋辈辅导员名单，并且根据新生名单将朋辈辅导员与新生进行分组配对。在开学迎新的当天摆展台，发放介绍朋辈辅导的宣传单，并为新生提供服务，让新生对朋辈辅导有初始的印象，为后续活动的开展奠定基础。之后会设立朋辈辅导信箱，摆放在宿舍楼门口，有需要的同学可以把自己的困惑或问题写成纸条放进去，如果朋辈辅导员们暂时无法解答，就由朋辈成员联络老师或其他同学进行解答。也设立朋辈辅导寝室，设计朋辈辅导标识，贴在有意愿提供服务的高年级学生宿舍门上，有需要的同学可以自行联系志愿者，寻求帮助，使朋辈辅导更加便捷、私密化的同时用标识提升朋辈辅导的影响力，朋辈辅导信箱和朋辈辅导寝室的设置是从开学开始贯穿朋辈辅导服务始终的。

在新生入学的第一个月，会组织朋辈辅导员进行三次针对自己负责的大一新生的寝室走访，走访目的分别为介绍学校概况、讲明军训注意事项、介绍选课流程以及注意事项。第一次寝室走访在抚慰新生陌生感的同时会发放并讲解一些有关学校概况、生活等方面的小贴士，让新生对学校概况、周边环境、出游路线等有一些了解，并且建立QQ群、微信群等方便与新生的交流；第二次走访会让新生对军训有充分的心理准备及物质准备；第三次走访则使新生了解学校的选课制度、学分制度，为新生更好地规划学业提供信息。

10月份，朋辈辅导组织会邀请新生和高年级的朋辈辅导员共同观看有关专业的影像，并就专业进行交流，以协助新生更好地了解专业，尽力去解决新生的一些困惑。在期中与期末考试前，朋辈辅导员们会以寝室走访、考前交流会等形式与新生交流备考经验，协助新生规划复习计划，提供情感支持，缓解焦虑心理。

朋辈辅导员想新生之所想、帮助新生适应成长的过程，也是他们自我成长的过程。许多接受过“朋辈辅导”服务的新同学已经成为“朋辈”的一员，用自己的行动传递着成长的经验。（示例来源：中国青年政治学院）

示例分析

大学新生入学适应问题是普遍的问题，中国青年政治学院社会工作学院充分运用了朋辈辅导的方法，由专业老师进行设计和指导，成立专门的学生组织“朋辈辅导组织”具体实施朋辈辅导计划，招募高年级的学生担任“朋辈辅导员”来为大一新生提供入学适应服务。

朋辈辅导员是学生的良师益友，各方面为新生起到了榜样作用，中国青年政治学院规范了朋辈辅导员队伍建设的管理，加大了对他们的教育培训力度，并且大力加强对他们的业务指导和能力培训，定期开展工作交流，使他们把从事朋辈辅导教育的过程作为自我教育与自我成长的过程，在帮助教育他人的过程中，也使自身得到不断的成长，确保朋辈辅导教育在新生适应性教育中的实效性，真正做到“用生命影响生命”。

原文

6.2.6 向导服务

由受过训练的成年志愿者或同龄志愿者，在社会工作者的督导下，向青少年提供“一对一”的长期陪伴，通过关爱且富有支持的积极人际关系来促进青少年的健康成长与发展。

主要适用于引导青少年树立正向的价值观和养成健康积极的行为习惯。

解读

1. 对向导服务的理解

向导服务是青少年受导者家庭以外的成年人承诺付出时间和精力，在多方面，包括学术、人际关系、情绪甚至体艺技能上协助青少年面对在学校、家庭、社区中所遇到的困难。在这个过程中，向导会与青少年建立亲切、有爱、正向的关系，能够带给青少年新的体验，同时也能够为青少年提供情绪上的支援①。

2. 向导服务的关键要素

成长向导计划或项目至少应该包含以下几个关键要素：第一，向导在经验和知识上都较受导者要更多或更高。第二，向导为受导者提供引导或指导之前会经历专业的训练及督导，在督导下的引导和指导将致力于促进受导者的成长和发展。第三，向导与受导者之间通常是“一对一”的长期陪伴关系，即一个向导带领一个青少年。在这种情况下，向导与受导者之间存在着信任关系。

3. 向导服务的过程

（1）招募向导。向导服务招募向导的对象及条件是大学生、毕业生、在职人士，以及愿意抽空关心青少年的义工，并且希望服务的对象和条件是自愿参与一些有特别需要或资源相对匮乏的青少年。

（2）配对、建立关系。根据双方的意愿和性格特点、过往经验等资料

① 陈清海．导向：一生有一年，贡献青少年［M］．香港：香港理工大学应用社会科学系医疗及社福研究网络，2008.

进行配对，配对后，双方在“结对仪式”上作初步接触再开展全年关系的建立。因应不同的原因，部分成员可重新结对。在结对关系中，主要依据向导和青少年的意愿进行结对，这种从双方的志趣出发建立关系，能够促使向导与青少年之间互相熟悉，促进关系迅速发展。

（3）向导服务设计。向导服务注重从需求出发，在内容设计方面更优先考虑受导者的需求和发展，针对不同情境下的青少年提供不同的服务。在青少年的发展项目中，向导服务扶助特殊青少年，注重发展青少年的眼界、潜能及自信心，促使青少年学习与人相处，促进个人组织和领导来加以强化互助和社会网络，推动社会融合与平等的观念。在推行策略上，注重广泛宣传，推动更多的社区中心、机构和学校参与。

（4）向导服务执行。向导服务计划确定后，即可按照服务计划来执行。过程中，根据实际情况可以进行调整。

（5）向导培训和督导。由于向导服务是以“生命影响生命”的概念指导服务，在向导服务中，为向导提供专业的技能培训课程是提高服务质量的重要途径。为向导提供课程训练是为了让向导对自我有一定的认识，让其对自身的能力有一定的了解，这样向导才能运用自己的优势去引导青少年的成长和发展。同时，为向导提供训练课程也是为向导的服务提供督导支持，有经验的督导定期跟进服务进度，给向导技巧指导和情绪上的支持。

（6）向导服务评估。向导服务质量的高低与向导关系息息相关。多数向导服务在促进青少年与向导关系、推进向导关系的发展方面具有积极的经验。通过回溯以往的文献研究可以知道，亲密的向导关系对青少年的影响更加深刻，并且这种影响是积极正向的。向导积极主动相约青少年，在时间上以青少年为先，尽可能配合他们，主动建构与青少年的关系，这种状态下服务效果比较理想。在向导服务结束阶段，对结对的双方进行评估，了解服务的成效情况。

示例

助力高关怀学生学校社会工作服务项目由北京同理社会工作服务中心举办，针对BC地区高关怀学生的行为转化教育问题，运用社会工作专业的理论和方法，组织社会工作专家团队和专业志愿者，通过开展“2+1”

成长陪伴、主题班会、小组活动、家庭探访、家校共育、驻校社会工作者服务、青少年和亲子培训营活动、个别深度辅导等线下和线上形式相结合的服务内容，目的是协助支持学校迅速介入评估学生问题和需求，发掘学生优势和潜能，搭建学生自我成长安全网，提升学生的自我效能感，帮助学生应对当前的问题和困境，促进学生行为转化，实现学生健康成长。

项目联合中国社会工作教育协会学校与青少年社会工作专业委员会组建由高校社会工作专业教师组成的专业支持团队，组织成立专业志愿服务团队，通过优秀大学本科生、研究生担任“成长向导”，与中学生结成“2+1”小组进行成长陪伴服务。

项目安排2名社会工作专业大学生志愿者和1名中学生结对形成“2+1”成长陪伴的机制（一名大学生为主要的向导，另一名大学生为协助的向导），并组成由社会工作专业大学生志愿者、班主任、德育主任、家长、心理教师、社会工作专家等人参与的跨专业服务团队，对BC地区工读学校初二（一）班、初三（一）班和高二（一）班的25名高关怀学生进行全面、全程、全方位的跟进服务。

社会工作专业学生经过报名及遴选、培训、签订服务协议后确定为陪伴志愿者。陪伴志愿者与中学生结成固定的组合，并需要承诺服务至少半年以上。

专业志愿服务团队通过在学校、社区、家庭等地方“线下见面陪伴”，以及通过微信、QQ等网络平台进行“线上陪伴”。陪伴服务的内容包括但不限于面谈、游戏、作业辅导、聊天、家访、看电影、小组活动等。陪伴志愿者正向肯定、优势视角、细致关怀的行动，在原有家庭、学校、朋辈系统外，为服务对象提供了新的、稳定的支持。（示例来源：北京同理社会工作服务中心）

示例分析

向导服务对向导进行严格的筛选、提供专门的服务场地、对服务次数与服务内容的科学安排以及对向导的管理与定期培训，保障了向导服务的质量。助力高关怀学生学校社会工作服务项目运用向导服务的方法，招募社会工作专业的研究生和本科生成为“向导”志愿者，中学生成为“受导者”，向导为青少年学生树立成人角色榜样。选择向导的过程中，项目组严格把关，面向在校大学生招募，通过网上报名，项目组进行首轮筛选，

然后再由项目督导老师、项目负责人、以往参与过服务的志愿者担任面试官，对第一轮筛选入围的志愿者进行面试的方式，选出最终合适的向导，以确保被选出的向导能够为受导者树立一个正向积极的榜样。向导服务中，青少年不只会接触向导，还会接触其他受导者。向导服务还会安排一些大型的活动，这些活动不仅仅是为了加强向导与受导者之间的关系，也是想让受导者在参与活动的过程中，向其他小伙伴学习一些良好的品质。向导服务赋予了青少年高期望，在服务过程中，每对向导和受导者都会规定每次见面时间，并完成指定的学习辅导、游戏、运动、散步等各项服务内容。其中在学习方面，向导志愿者通过教授受导者学习方法、讲解题目等方式帮助受导者取得更好的成绩。此外，在有关受导者兴趣爱好方面，向导和家长也会给予受导者积极的引导和鼓励。

参考文献

［1］陆士桢，李江英，洪江荣．中国青少年社会工作实务案例精选［M］．上海：华东理工大学出版社，2010.

［2］时立荣．社会工作行政［M］．北京：中国人民大学出版社，2015.

［3］全国社会工作者职业水平考试教材编写组．社会工作综合能力（中级）［M］．北京：中国社会出版社，2014.

［4］王思斌．社会工作概论［M］．北京：高等教育出版社，2006.

［5］彭振．社会生态系统理论视角下中国本土医务社会工作研究［J］．山西高等学校社会科学学报，2011（6）．

［6］梁朝辉．试论当前大学生就业工作存在的问题及其对策［J］．今日科苑，2008（20）．

［7］由昭红．大学生就业难原因解析及对策研究［J］．科技信息（科学教研），2008（10）．

［8］陈冲．我国中学生职业生涯教育现状剖析［J］．广西青年干部学院学报，2012（6）．

［9］齐振雅．萨提亚家庭治疗模式介入青少年网络成瘾的个案研究［D］．兰州大学硕士研究生论文，2018.

［10］武晓娟，金小红．浅谈外展社会工作在预防城市外来青少年犯罪中的作用［J］．青少年学刊，2012（2）．

［11］徐从德．香港青少年社会工作服务及对内地的启示［J］．社会工作，2014（1）．

［12］彭振．历奇辅导对青少年社会工作实务的启示［J］．山东青年政治学院学报，2014（4）．

［13］陈清海．导向：一生有一年，贡献青少年．香港：香港理工大学应用社会科学系医疗及社福研究网络，2008.

第五章 《指南·流程》解读

近年来，在民政部、共青团中央等有关部门的大力推动下，我国青少年社会工作服务迅速发展。青少年社会工作者秉承专业价值观和理念的指导，运用相关的理论及方法，根据我国的实际情况，开展了大量的专业服务，积累了大量的本土实践经验。依据社会工作通用过程模式，结合我国本土青少年社会工作实务工作流程，《指南》归纳梳理提炼出四阶段的工作流程，主要包括接触预估、服务设计、服务实施和成效评估四个阶段。每个阶段都提出了需要完成的核心任务，再细分为多个紧密相连的步骤，每一步都提供了专业的定义、必要的基础工具和简明扼要的使用方法，对实务工作的指导性很强。

《指南》流程具有通用性、规范性和逻辑性特点：

通用性。本标准从青少年社会工作服务开展的一般过程出发，围绕着青少年社会工作服务各阶段的核心工作，明确并细化了各流程环节和主要内容，使这一服务流程具有广泛的适用性，也便于青少年社会工作者对流程的整体理解和把握。

规范性。本标准对服务流程的设计和解读突出了专业性、学理性、科学性，采用了行业内比较成熟且行之有效的理论、方法和技术工具进行示范，用词严谨，结论可信，可作为青少年社会工作服务的行业规范全国推广使用。

逻辑性。本标准对青少年社会工作服务开展的一般流程进行了全面细致的总结、提升及审定。各流程的环节之间具有较强的内在关联性和逻辑性。这不仅保证了流程的完整性、严密性，更便于青少年社会工作者在实务中实现工作程序和专业逻辑的有机统一。从这个意义上说，这一流程能够有力地保证服务过程的专业性和服务效果的有效性。

第一节　接触预估

原文

7.1 接触预估

在接触预估过程中应完成的主要工作包括但不限于：

——与服务对象建立专业关系；

解读

了解服务对象的状况、处境及需要是预估阶段的重要工作，而与青少年服务对象建立良好的专业关系是完成预估不可或缺的重要前提。

1. 对专业关系的理解

社会工作者在开展助人工作时，为了履行职业责任和促进服务对象的自我发展而与服务对象建立的助人关系，就是社会工作的专业关系。专业关系既能成为促进服务对象改变的动力，又能保证社会工作者的助人过程有计划、有目标、有亲切感。

2. 与服务对象建立良好专业关系的关键要素

影响社会工作者与服务对象建立良好专业关系的关键要素有：温暖和尊重、同感、真诚一致、积极主动、社会工作者的自我袒露、现实性等。

青少年由于身处人生发展的上升及转折阶段，人生观尚未定型，具有性格上的不确定性以及挑战主流文化的叛逆性等特征。这些特点更需要青少年社会工作者善用以上要素，打好专业关系的基础。

3. 与非自愿服务对象建立专业关系的策略与方法

在实务过程中，与自愿来机构求助的服务对象建立专业关系相对容易。然而，青少年社会工作者除了接待自愿来机构求助的服务对象外，还常常需要接待非自愿的服务对象。这些服务对象有可能是因为司法制度的要求，也有可能是因为学校、家长的安排而来到社会工作服务机构，并非出于自愿。他们通常既不了解机构的服务，自身改变的动机水平也不高，普遍存在质疑、过度防备、抗拒等心理。当社会工作者面对非自愿的服务对象时，建立专业关系会面临更多挑战，需要更有效的策略。因此，下面以非自愿服务对象为例来阐述与服务对象建立专业关系的策略与方法：

（1）充分理解非自愿服务对象的想法和处境。通常非自愿服务对象的想法和处境主要包括：曾在社会工作服务机构有过不太愉快的经历；并不想改变现状；不理解社会工作者的角色和职业等。

（2）真诚、清晰地向服务对象解释社会工作者的角色和责任，以及机构和社会工作者对服务对象的期望。

（3）应允许服务对象发泄对被迫来见社会工作者的不满。在服务对象发泄完这些不满之后，社会工作者可以和服务对象讨论合作与否的后果，找到对服务对象个体而言具有意义的目标，使得强制性目标和个人目标能很好结合起来；告诉服务对象积极合作可以带来的结果，激发服务对象的改变动机，再请对方自己来作出选择。

社会工作者与青少年服务对象建立专业关系的场所多种多样，并不局限在专门的社会工作服务场所中。一般而言，社会工作者在青少年工作、学习、娱乐、休闲等场所中都可以尝试上文所指引的要素、策略及方法，选择适当的时机和切入点，与服务对象建立良好的专业关系。例如，对于深夜在网吧或游戏厅遇到的还没有回家的青少年，可以表示出对他沉迷的游戏很感兴趣，从而降低他的心理防备，拉近距离，通过对游戏的讨论，尝试建立专业关系。

示例

服务对象小A，男，15岁，是一名初中生，身体情况良好，生长在单亲家庭，从小与母亲、外公、外婆生活在一起。几年前外婆去世了，母亲是一名保洁员，不善言辞。外公基本承担了小A成长和教育的家庭角色。在初二下学期，小A不去上学，并且拒绝与他人交流，无论是老师、同学，抑或是家人，一概不予理睬。辍学后，小A每天除了睡觉、一日三餐、做一些日常的个人卫生之外，基本都在玩电脑游戏、看自己感兴趣的四驱车论坛、聊QQ等，日常作息混乱，日夜颠倒，生活、学习态度十分颓废。

当社会工作者接案时，小A不上学、拒绝交流的情况已经将近5个月。社会工作者充分理解服务对象的想法和处境，预想到服务对象辍学后处于封闭的环境，难免会产生逃避现实的想法，于是以巧妙的方式和真诚的态度与服务对象沟通，积极主动地了解服务对象的兴趣爱好，逐步与服务对象建立了专业关系。

在第一次入户访谈时，服务对象拒绝用言语交流。社会工作者充分考虑到服务对象封闭的处境，以尊重、接纳的态度，将想要问的问题写在纸上递给服务对象，这个巧妙的方法得到了服务对象的积极回应。就是这样的一来一回，社会工作者与服务对象建立了交流。在之后的交流中，服务对象开始逃避回答与学习、重返校园、将来规划等相关的问题，因此社会工作者主动放弃了直接提问以上敏感问题的方法，以真诚温暖的态度尽量把问题设计成封闭式的，或者写几个选项让服务对象自己选择。在这个过程中，社会工作者积极主动与服务对象沟通，试图以一个"朋友关系的同龄人"身份，从服务对象的兴趣爱好入手与其进一步建立信任关系。在社会工作者一步步的努力下，最终与服务对象建立了良好的专业关系。（示例来源：魏爽．青少年社会工作案例评析［M］．北京：中国社会出版社，2016：41-47）

示例分析

面对拒绝与社会工作者交流的服务对象，根据建立专业关系的关键要素和方法，以真诚和尊重的态度与服务对象沟通，积极主动地了解服务对象的兴趣爱好，并以"朋友关系的同龄人"身份来温暖服务对象，最终与服务对象建立了良好的专业关系。

原文

——预估青少年个人的生理、心理、社会发展状况；

解读

能否对服务对象的问题有正确的认识和判断，在一定意义上取决于我们所能得到的资料以及资料所提供的信息。因此，进入预估阶段时，全面高效地收集服务对象的各类资料就成为青少年社会工作者的重要任务。在实际工作中，一般从收集青少年个人的生理、心理、社会发展状况等方面的资料入手，开始对青少年服务对象的预估。

1. 收集预估资料的常用方法

收集预估所需资料的方法很多，社会工作者要根据实际情况灵活运用多种方法，以便全面了解服务对象及其所处的社会环境。具体来说可采取以下方法：

（1）询问。主要有 3 种方式：会谈、角色扮演、问卷。

（2）咨询。社会工作者向其他专业的人士咨询意见，达到对服务对象的问题有全面、正确、科学认识的目的。例如，为患有抑郁症青少年提供服务前，社会工作者可向有关医学专业的人士咨询抑郁症的病理和治疗知识，以获得对服务对象问题的科学认识。

（3）观察。观察有参与观察和非参与观察两种。通过观察可以增加社会工作者对服务对象及其所处社会环境的了解，增加对问题的实地感受，使收集的资料更丰富和准确。

（4）家访。家访是社会工作者收集资料时常用的方法。在家访中社会工作者有机会观察服务对象在自然的家庭生活环境中与其家庭、相关社区系统的互动状态，观察和了解到很多在机构会谈中不能发现的东西。

（5）利用已有资料。这主要是指利用机构已有的服务对象资料、机构转介资料、工作报告、调查研究报告及政府机构所提供的有关问题与政策的资料等。社会工作者需要注意资料获取途径的合法性、资料的时效性和准确性等。

2. 青少年个人的生理、心理、社会发展状况的意义和内涵

青少年期是一个充满变化、不断成长的时期。预估青少年个人的生理、心理、社会发展状况，有助于对某些造成服务对象心理症状的生理原因有所掌握，有助于识别服务对象问题的主观因素，有助于掌握服务对象的社会发展情况，最终对青少年个体性发展状况形成一个全面的判断。

（1）生理状况。青少年生理的发展是这一时期诸多发展中最为突出和显著的。从生命周期的视角看，青少年期的生理性发展状况也是这个群体其他方面的发展及发展问题产生的起因和源头。了解青少年的生理状况主要包括对青少年生长发育情况、身体特征、性成熟情况、健康状况等资料的收集。

（2）心理状况。心理发展系统是青少年期最重要、最复杂的发展系统。了解这一系统的发展状况，具体是要了解青少年的认知、情绪、情感、意志、人格、自我概念、态度等方面的发展情况。

（3）社会发展状况。了解青少年的社会发展状况，指的是了解青少年接受社会规则、内化社会道德、充当社会角色、学习社会能力的社会化过程等情况。

3. 收集青少年个人的生理、心理、社会发展状况资料的注意事项

除了前述收集预估所需资料的常用方法以外，收集青少年个人的生理、心理、社会发展状况资料时要注意以下情况：

（1）收集青少年生理状况资料时，可多关注服务对象的青春期发展状况、神经系统发展状况等。实践证明，这些方面的生理发展如果呈现比同年龄群体提前或延后的情况，往往会影响青少年对自我的认知，容易导致忧郁、易怒、不安、焦虑或其他方面的问题。

（2）收集青少年心理发展状况资料时，应注意青少年的心理发展是一个异常复杂的过程，具有主体和客体互动、动荡与稳定结合、突变和渐变统一的特点，需要耐心细致的分析。而且由于社会心理内容是青少年心理活动的主干，因此社会环境的影响也不容忽视。这方面既可以通过运用心理学的各种心理测验工具（如智力测验表、兴趣测验表、性格测验表及人格测验表等）获得较客观的数据，也可以通过社会工作者与服务对象的直接会谈来获得深入了解。例如，服务对象面对人际冲突、经济困难、工作压力等问题情境时，其内在心理感受、态度反应、防卫机制及行为方式都会在会谈中表现出来，而且服务对象的自我概念如自我形象、自我评价等也会在会谈中体现。

（3）收集青少年社会发展状况资料时，应注意区分主流社会文化和非主流文化中的青少年形象，避免某些社会文化对于青少年的标签和排斥现象，不用僵硬、静止的观点来评价青少年的社会发展状况。

示例

服务对象阿寒是一名初中三年级的学生，今年16岁。最近阿寒无心念书，希望早点辍学去打工挣钱，情绪很低落，脾气也比平时暴躁很多。阿寒的母亲甚是担心，就介绍他来青年中心社工站接受服务。妈妈希望社会工作者能够劝导阿寒，同时能够帮助阿寒继续学业，争取能够有个好的出路。

社会工作者尝试通过多种方法收集服务对象及其所处社会环境的资

料，并关注服务对象处于青春期的心理发展阶段，基于以上背景资料进行预估。通过与服务对象的面对面接触和访谈，社会工作者重点收集了服务对象的身体特征和健康状况两个方面的资料。预估得出服务对象的生理状况为：外形比较出众，身高中等偏上，身材适中，身体状况良好。

通过与服务对象的直接会谈，社会工作者主要询问了服务对象的人际状况、对人际关系的看法、自我评价、应对方式四个方面的问题。综合各方面资料，社会工作者认为服务对象正处于青春期，情绪波动较大，对于很多事情尚未有正确的认知；性格偏内向，不善于与同龄人交往；有些自卑，对于学习没有自信；对于学习和生活持迷茫与消极的态度。这些问题给服务对象的生活和学习造成了很大的阻碍，但他只是采取逃避的方式来应对。

结合对服务对象母亲的访谈，社会工作者了解到服务对象的社会发展状况为：服务对象从家长和老师处能获得的指导有限，在接受社会规则方面显得较为被动；对社会道德有一定的认知；偏内向自卑，在生活中很少主动结交朋友；社会学习能力一般。（示例来源：黄家瑶．社会工作实务案例[M]．上海：立信会计出版社，2012：80-82）

示例分析

该青年中心社工站的社会工作者根据收集预估资料的方法和注意事项，预估服务对象的生理、心理和社会发展状况。社会工作者先后采取了与服务对象面对面接触、访谈（包括与服务对象母亲进行访谈）等方法，全面收集了服务对象个人的生理、心理、社会发展状况资料。最后，基于服务对象处于青春期心理发展阶段的背景，预估得出该服务对象的生理、心理和社会发展状况。

原文

——预估青少年的成长经验和生命历程；

解读

从生命周期理论出发，青少年社会工作者把服务对象看作是成长和发展中的个体，认为青少年经历的每一个成长阶段都有特定的生命任务，要有系统地、全面地思考青少年个体或群体在成长与发展过程中发生的问题，予以协助。对青少年个人生活经历和生命历程进行评估有助于社会工作者对该服务对象的生命脉络建立立体、全面的了解。

1. 收集青少年的成长经验和生命历程资料

收集青少年的成长经验和生命历程资料，主要从以下角度入手：

（1）个人的成长经历：个人在初级群体（重点是家庭、同伴群体）中的成长经历；家庭中父母的教养态度、重要经历及与兄弟姐妹的关系；个人对成长过程的感受等。

（2）学习经历和学校适应情况：学习经历和学校适应情况是个人成长经历的重要组成部分，包括学习表现、与同学和老师的关系以及同学和老师对其的评价等。

（3）个人对职业的适应情况：选择该职业的主要理由、职业的适应性和满足程度、与同事及上司的相处情形、收入与生活需要的配合程度以及职业理想等。

（4）个人的社会生活表现：对社区有关文化活动及人物的态度和接触情况、与邻居与友人的关系、宗教信仰活动参与情况以及其他个人特殊文化生活事项。

（5）个人的生命历程资料：包括个体在婴幼儿、儿童和青少年期间的发展情况，特别要结合人和环境互动的观点，收集和判断青少年服务对象在完成生命任务的过程中遇到的资源、机会的满足情况，解读其重要的生命事件。

青少年社会工作者需要特别关注以下要点：在服务对象的成长经历中有无关键性人物；哪些人在服务对象生命历程中有着举足轻重的影响，他们是如何影响服务对象的；他们对服务对象是双向还是单向的支持；与服务对象的亲密程度如何；关系长久性如何。

2. 预估青少年的成长经验和生命历程的方法

除了前文收集预估所需资料的常用方法以外，下面的方法也适合用于收集和预估青少年的成长经验和生命历程情况。

（1）家访。家庭是青少年成长和发展的重要场所，对青少年的生命历程影响重大。因此，运用家访来收集青少年的成长经验和生命历程资料常常会起到意想不到的好效果。在家访中，社会工作者应抓住机会观察服务对象在自然的家庭生活环境中与其家庭及相关社区系统互动的情形。

（2）社会历史报告方法。社会历史报告是通过对服务对象社会生活历史的梳理，将各种信息进行整理分析后形成的综合报告，内容主要包括服务对象社会生活历史的资料及社会工作者对这些资料的思考和预估。报告中应提供以下资料：服务对象系统的资料；服务对象关心的事项、需要、与需要相关的问题，以及这些事项的发展过程；服务对象现在的能力和限制等。

社会工作者通常会在家庭、学校、社区、工作单位等地方，收集青少年的成长经验和生命历程资料。一般而言，在这样的工作情境下，服务对象与自然的家庭生活环境及相关系统互动的情形会自然显现。社会工作者应抓住机会观察自然状态下各方的互动情形如何，有哪些举足轻重的人物在影响服务对象，影响的方式和途径是什么。例如，在对低保低收入家庭未成年子女进行家访的过程中，社会工作者可以重点关注这个家庭中没有固定收入的父母亲是如何影响家庭的总体氛围，长期被迫窝在狭窄的客厅的角落里和哥哥一起做作业的服务对象又是怎样应付学业的。这些对于了解服务对象的成长经历及生命历程都是非常重要的资料。

示例

服务对象凌某，男，14岁，求助时初中在读，经上海专业医院诊断为强迫症及中度抑郁症，患有严重的心理疾病。凌某拒绝去学校，一提到去学校就发呆，不停洗手，尽量拖延去学校的时间。和同学之间没有交往。接案时，凌某连正常外出、与亲戚走动、超市购物都不愿意去。

上海市阳光社区青少年事务中心的社会工作者首先通过访谈的方法，收集凌某的资料；其次运用社会历史报告方法对服务对象的成长经验和生命历程情况进行预估。

社会工作者通过对服务对象及其家属的访谈，得知服务对象在上学之前一直与祖父母生活在一起，早期教育亲情缺失。初中时服务对象离开祖父母，搬到南桥与父母生活在一起。离开祖父母对他无微不至的照料环境，转由工作繁忙的父母照料，服务对象的心理存在较大的落差。去年身体发育期口腔异味引起同学们嘲笑，老师没有较好地加以疏导，使服务对象变得更加自卑和抑郁。同时，母亲缺乏对服务对象在特殊阶段所具有的特殊生理情况知识的了解，教育方式粗暴，经常在亲戚、外人面前数落他，加重了凌某的抑郁症。

收集到上述相关资料后，社会工作者运用社会历史报告方法，梳理服务对象的社会生活历史。社会工作者认为，服务对象经历了主要照顾者发生变化的重大生命事件，但却没有获得足够的系统支持，因此导致一系列症状的发生。服务对象现在的需要主要是缓解并治愈心理疾病。与需要相关的问题主要有服务对象与母亲的亲子关系问题、服务对象与学校老师和同学的关系问题等。服务对象现在的限制主要为不能很好地认清现实，不能有效缓解他人带来的压力等。（示例来源：魏爽．青少年社会工作案例评析［M］．北京：中国社会出版社，2016：141−142）

示例分析

上海市阳光社区青少年事务中心的社会工作者运用访谈和社会历史报告方法开展了有效预估。他们首先通过对服务对象及其家属的访谈，收集服务对象成长经历、生命历程的资料。其次梳理服务对象的社会生活历史，将各种信息进行整理分析后完成综合报告，从而对服务对象的主要问题作出了准确判断，捕捉到服务对象经历了主要照顾者发生变化的重大生命事件，但却没有获得足够的系统支持，因此导致患病的这一重要诱因，并由此梳理出服务对象的主要问题，找出帮助服务对象的可能路径。

原文

——预估青少年的家庭、学校、工作场所和所在社区的情况；

解读

从生态系统理论的视角来看，青少年所在的家庭、学校、社区、工作场所等，共同构成了青少年的社会生态系统。它们不仅是青少年发展自我、发展人际关系、提升社会适应性、获得社会支持的重要情境，同时也蕴含了青少年处理自身问题的重要资源；它们对于引导青少年形成对自我、对社会的正确认识，形成正确的世界观起到了不可替代的作用。因此，对这些方面的情况进行全面预估，可以帮助青少年社会工作者找到有利于服务对象改变的因素和资源，促进服务对象的全面健康发展。

1. 收集青少年的家庭、学校、工作场所和所在社区的资料

（1）收集家庭资料

现代社会的家庭结构呈现出多样化的发展态势，由此带来了前所未有的复杂的家庭系统。这些情况给社会工作者的预估工作带来了新挑战，对家庭进行预估时，社会工作者需要深入了解家庭成员各自对服务对象的看法，再对所收集到的信息加以汇总，不能仅听一面之词。建议社会工作者重点收集以下资料：家庭基本功能实现的情况；家庭内有哪些影响或主宰家庭互动的子系统；家庭规则和家庭角色如何；家庭内部怎样进行重大决定，家中谁支持改变，谁反对；家庭的沟通方式是怎样的，家庭成员如何表达自己的期望和需要；家庭成员通过什么方式来解决分歧（例如：指责他人、责怪自己、避免争吵、开放真诚的沟通）；家庭成员会怎样安排他们的时间（如工作、闲暇时间）。

（2）收集学校、工作场所和所在社区的资料

学校、工作场所和所在社区是青少年服务对象的社会性系统的主要组成部分，对青少年的成长有较大影响。对它们进行资料收集，主要是要了解青少年在这些场所中的综合表现，包括：与老师、同学、上司、同事、邻里的相处是否融洽；学习及工作的表现如何；日常生活状况如何以及他人对服务对象的评价等。

2. 预估青少年的家庭、学校、工作场所和所在社区情况的常用方法

除了前文收集预估所需资料的方法以外，下面的方法也很适合用来收集和预估青少年的家庭、学校、工作场所和所在社区的情况。

（1）家庭结构图

家庭结构图也称家庭树或家庭图谱，是以图形表示家庭中三代人之间关系的方法。家庭结构图的内容有：家庭的历史；有关家庭婚姻、死亡、家庭成员所处的地位和位置、家庭结构等与服务对象有关的摘要式信息；家庭不同世代关系、家庭资源、服务对象问题与家庭的关系等资料。

由于家庭结构图具有直观、简明扼要等优点，非常适合社会工作者了解服务对象的家庭模式、服务对象在家庭中所处的位置以及家庭对服务对象的影响等。

（2）社会生态系统图

社会生态系统图是根据生态系统理论发展出来的，又称为生态系统图。它能够描述服务对象的社会功能，以直观的方式呈现服务对象与这些

系统的关系，勾勒出系统间的交流情况，提供可使用资源的相关信息，帮助社会工作者认识服务对象个体、家庭、群体和社区与环境之间关系的本质。生态系统图的绘制方法与家庭结构图的绘制类似，只是多了一些圆圈来代表家庭、学校、社区、单位等不同系统。

3. 预估青少年的家庭、学校、工作场所和所在社区情况的注意事项

在预估青少年的家庭、学校、工作场所和所在社区等社会支持系统时，社会工作者需要注意，以“人在情境中”的视角来看，服务对象的问题很可能是出在他（他们）和环境之间交互作用上。“交互作用”主要是指个体或群体、组织、社区与其环境交接的状况。任何一种交互作用都会受到其他系统交互作用和关系的影响。因此，在收集青少年的家庭、学校、工作场所和所在社区的情况资料时，要全面地进行了解和分析，重点了解个人和这些系统、系统与系统之间如何进行互动，关注服务对象与以上各种环境之间交互作用的结果。

示例

本案例根据深圳市东西方服务社的案例资料改编。服务对象小斌是一名初二男孩，为人诚恳，忠厚老实。当母亲生了弟弟后，小斌产生了“就算自己离家出走，母亲也不会因此感到难过”的想法。在学习上，小斌曾暗下决心把成绩提高，不再让母亲失望，但是仍然没有太大的进步。考试失利后，服务对象很自责，于是产生离家出走和自杀念头。

社会工作者通过与服务对象的母亲、老师、同学分别进行面谈，从多方面收集有关服务对象的资料，包括服务对象的家庭情况及学校、所在社区等社会支持网络的状况。之后将所获得的资料进行汇总、梳理和分析，从而得出预估结论。

社会工作者通过家庭结构图的绘制发现：在家庭方面，服务对象家庭的一般功能基本正常，唯有当他与母亲的沟通涉及学习时，由于不能满足母亲的要求，沟通就很不顺畅；在学校方面，服务对象在班里能和同学打成一片，由于其为人诚恳，虽说学业不佳，但老师还是比较喜欢他；在社区方面，服务对象所在社区较为和谐，服务对象一家在社区中的社会关系较好。

社会工作者对收集到的上述资料进行整理，得出了以下预估结论：服务对象家庭环境中等，在与学习相关的亲子沟通方面存在障碍，沟通效果

有待提升；学校环境相对较好，服务对象在学校有亲密的同学和老师；社区环境较好，关系和谐。（示例来源：魏爽．青少年社会工作案例评析［M］．北京：中国社会出版社，2016：99-102）

示例分析

深圳市东西方社工服务社根据家庭结构图和社会生态系统图的方法，预估服务对象的家庭及其他社会环境的情况。他们首先访谈服务对象的母亲、老师、同学，收集相关资料；其次运用家庭结构图探讨家庭成员之间的关系和功能，运用社会生态系统图了解服务对象的社会功能，重点关注了服务对象与学校、社区等各种环境之间的交互作用的结果，从而清晰地预估得出家庭、学校、工作场所和所在社区的情况。

原文

——预估青少年的问题和需要；

解读

预估是收集资料和认定问题的过程，目的是为了识别服务对象问题的客观因素、主观因素和使问题延续的因素等。因此，预估青少年的问题和需要是整个预估过程的重要内容。预估青少年的问题和需要有助于全面把握青少年存在的问题与多方面的需要，能为开展服务提供正确的指导。

1. 问题的界定和分类

从社会工作的角度看，问题指的是个人、家庭或群体因受到环境及其他因素的限制，不能发挥他们的内在潜能去面对社会、经济或健康等方面的一些挑战而导致的不适应的情形。青少年的问题主要包括：成长环境问题、健康和安全问题、教育问题、就业问题、娱乐和休闲问题、人际交往问题、价值观和道德观的发展问题以及特殊青少年问题等。

在描述青少年问题时，社会工作者要注意避免针对青少年的标签和排斥，避免不自觉地参与青少年问题的主观建构，应该更多地从社会环境和青少年个体成长的互动状态中去理解、体会、包容和倡导。

2. 需要的界定和分类

需要是人类为了维持生活质量而产生的各种要求。青少年的需要从根本上来讲，是指其社会化过程中的基本条件是否得到满足，在社会化过程中是否实现了自我同一性。从发展的角度看，青少年的需要具体包括：

（1）接纳自己的身体与容貌，表现出符合社会规范的性别角色要求。

（2）与同伴发展适当的人际关系。

（3）追求个体的情绪独立自主，少依附父母及其他人。

（4）自食其力，寻求经济独立。

（5）为未来的职业生涯做准备。

（6）发展符合社会期望的认知技能和概念。

（7）努力表现负责任的行为，追求理想和抱负。

（8）为未来的婚姻和家庭做准备。

（9）建立个体的价值体系，符合现实世界的需求。

社会工作者分析服务对象的需要，目的是为了更好地满足其对服务的需求。社会工作专业对服务对象的需要进行界定和分类时，较为常用的理论工具是 Bradshaw 提出的四种需求理论。下表是对这一理论工具的说明，社会工作者可以依据此表进行需求的初步分析。

表 5.1　社会服务对象四种需求的界定和收集方法

需求类型	定义	示例	常用收集方法
规范性需求	将“低于某个标准”界定为有需求，而这个标准的建立来自惯例、专家权威或者普遍共识	因家庭人均居住面积达不到全市人均居住面积而被认为“有住房需求”的人数	分析现有的数据和资料，例如社区调查报告、政府工作报告、权威标准、专业人士建议等
感受性需求	人们主观认定或者感受到，但没有形成行动来表达的需求	在社区调查中，一群向调查员反映社区环境脏乱差的老年人的人数	抽样调查、社区漫步、有关焦点小组、重要人物访谈等

续表

需求类型	定义	示例	常用收集方法
表达性需求	以“实际寻求协助的人数”来界定需求	社区广场上正在排队等待义务法律咨询服务的人数	分析机构或其他服务提供者现有服务数据、本区人大代表政协委员的年度议案、居民代表大会发言汇总等
比较性需求	比较两个相似社区或地区间服务的差异来说明的需求	与甲社区比较，乙社区中已经安装社区安老呼叫系统的人数占比	分析现有的数据和资料，例如媒体报道、相关文献、社区调查报告等

3. 预估青少年的问题与需要的步骤

对青少年问题和需要的界定主要围绕以下几个方面展开：服务对象最初的需要和关注内容、服务对象对自己的问题及其原因的看法、问题行为发生的时间、地点、频率、强度、持续时间、问题产生的后果、服务对象应对问题的方法等。社会工作者可以按照收集资料、分析和解释服务对象的资料与问题、认定问题三个步骤来完成对青少年问题和需要的预估。以下对每一步的主要任务进行说明。

（1）收集资料

表 5.2　社会工作者需要收集的资料

资料类型	资料分类	具体内容
个人资料	基本资料	年龄；简历；社会经济地位；生活中重要的人物；相关的社会系统
	主观经验	服务对象如何看待自己的问题；自己觉得问题出在什么地方，原因是什么；问题持续的时间、频率和强度；问题的后果；为解决问题所作的努力，使用的方法等
	解决问题的动机	服务对象是否有不适感；服务对象对解决问题的希望等
	生理、情感和智力方面的功能发挥	生理方面：健康状况、活力水平； 情感方面：处理情绪、挫折和愤怒的能力； 智力方面：认知能力、抽象思考能力、作决定的能力

续表

资料类型	资料分类	具体内容
环境资料	家庭状况	家庭成员基本情况；家庭基本情况；家庭成员的角色和互动情况、沟通方式；家庭规则；家庭关系；家庭的决策和分工方式
	社会环境	社会支持系统及其功能发挥；物理环境及对服务对象需要满足的程度；服务对象对环境资源的主观认知；服务对象的社会网络环境；社会的体制和组织环境等

（2）分析和解释服务对象的资料与问题

表 5.3　分析和解释服务对象的资料与问题的步骤

步骤	具体内容
排列次序	按顺序和重要性对资料进行排序，将其排列成为在时间上有先后次序、在逻辑上有因果联系或者有其自身脉络的事件图
发现	识别资料间的关系或形态，发现各部分间的逻辑关系，从而能够将零散的资料组合成为一个完整的整体
识别	从问题的表面深入问题的内部，将那些形成问题或者可以缓解问题的因素找出来，进而确定事件各因素间的关系和形态，确定导致问题的原因
对服务对象的问题与需要作出解释	将所获得的有关服务对象系统资料、直觉及服务对象和社会工作者对需要与问题的认识加以整理和组织，形成概念性的认识来解释问题

（3）认定问题

表 5.4　认定服务对象问题的步骤

步骤	具体内容
描述服务对象的问题与需要	问题是什么，问题的范围、原因、严重程度及持续时间
描述问题是如何发生的，问题发生的原因是什么	描述服务对象的问题与需要；服务对象和其他重要系统的反应及应对措施
描述服务对象的处境及其社会系统的情况	确定服务对象系统、目标系统和行动系统，描述出服务对象系统之间的关系、服务对象系统与目标系统和行动系统之间的关系
探究服务对象问题得不到解决的原因	分析具体原因
描述服务对象系统的发展阶段	无论服务对象系统是个人还是家庭，他们都有其“生命周期”，也有与生命周期对应的发展阶段及其各发展阶段的特征
描述并鉴定服务对象系统的资源状况	包括预估服务对象参与解决问题的动机强度、学习的能力、资源和时间等情况

原文

——预估青少年及环境的资源和优势；

解读

在预估阶段，从优势角度预估青少年及其所处环境的资源，有助于聚焦服务对象的优势、能力、资源以及成就，调动服务对象的积极性，便于社会工作者全面了解服务对象的问题及成因，找到解决问题的有用资源，发现服务对象的潜能，利用服务对象自身的力量来解决问题。

1. 青少年的资源和优势

青少年的资源和优势是与青少年的问题和弱点相对而言的，可以从以下方面去挖掘。

表 5.5 青少年主要的资源和优势

分类	具体维度
认知方面	(1) 从自己的文化、族群角度理解对与错 (2) 对从不同的角度看待事件持开放态度 (3) 推理过程容易琢磨
情感方面	(1) 与情感具有联系且在受到鼓励下表达 (2) 对亲近的人表达爱意和关心 (3) 显示一定的自制能力
动机方面	(1) 遭遇问题情景时，不逃避、不隐藏也不否认问题 (2) 不希望依靠别人 (3) 通过知识、教育和技巧提高自己
应对方面	(1) 在处理家庭危机时有持续性 (2) 有条理 (3) 对决定有一致的执行
人际方面	(1) 有朋友 (2) 试图理解朋友、家人和他人 (3) 为朋友、家人和他人作出牺牲 (4) 外向、友善 (5) 值得信任 (6) 热情接受他人 (7) 聆听他人 (8) 主动表达自己

2. 环境的资源和优势

环境的资源和优势通常从以下方面去挖掘。

表 5.6 环境主要的资源和优势

分类	具体维度
自然资源	(1) 足够的住房，有宽广空间、卫生、隐私权，空气不受污染、不被噪声影响 (2) 安全和健康的工作环境 (3) 足够营养的摄取 (4) 与生活中重要人士（如孩子）的居住安排

续表

分类	具体维度
社会资源	（1）获取特殊健康照顾服务的途径（如医生、物理治疗师、医院、养老院等） （2）取得日间照顾服务的途径（如工作的母亲和单亲家庭） （3）资源的可流动性及使用公民权的权利 （4）有足够的财力资源来购买必需品 （5）足够的警力和失火的安全保护
社会关系	足够的社会支持系统（如家庭、亲戚、朋友、邻居、组织团体等）
提供机会	（1）教育和自我实现的机会 （2）取得法律资源的途径 （3）受雇的机会

示例

服务对象依依，女，家住海淀区，学习成绩较差，喜欢手工和画画。她患有轻度抑郁症，不爱说话，不善于与人交流，对自己认为正确的观点比较固执；身体健康，自理能力比较强；喜欢玩手机游戏，缺乏自信心。依依的家庭比较贫困，属于低保户，家庭居住环境简陋。

社会工作者按案以后，首先开展了入户信息采集和需求调查，并向街道、社区、老师、同学了解服务对象的基本情况，通过对服务对象的访谈，发现服务对象很有绘画天赋，也愿意改变现状；性格上寻求独立，自理能力较强，显示出有较好的抽象思考能力。在环境资源方面，服务对象母亲希望能积极改变服务对象的状态，表态愿意配合；服务对象的老师愿意提供帮助；服务对象的同学也非常愿意接纳服务对象；服务对象居住社区的居委会工作人员比较关注服务对象一家，社区居民关系比较融洽，愿意为其提供机会展示天赋。（示例来源：北京市海淀睿搏社会工作事务所）

示例分析

北京市海淀睿搏社会工作事务所从优势角度出发，挖掘服务对象的资源和优势。他们首先收集了服务对象自身和周围环境的资料，其次对收集的资料进行挖掘，发现服务对象在动机和特长方面有优势，可以作为改变的重要资源；从依依所处的环境中可获得的资源也不少，包括足够温暖强大的社会支持系统（母亲、老师、同学、社区干部等），还能为依依提供展示自我的机会，这些都是解决问题有用的资源。社会工作者可以据此去设计适合的方案，挖掘服务对象的潜能，利用服务对象自身的力量来解决问题。

原文

——预估是否在业务范围和能力范围内，决定是否提供服务或转介。

解读

在完成前面各类预估之后，青少年社会工作者需要把所有有关服务对象的资料有机地组织起来进行专业解读，最终对自己和所在机构能否在业务范围和能力范围内处理服务对象的问题作出专业的判断。如果服务对象的问题与机构的功能及社会工作者的能力相符合，则决定提供服务、予以立案、开始登记并建立服务对象档案，进入下一步的工作。如果服务对象的问题与机构的功能或社会工作者的能力不符合，则要进行转介。

1. 对转介的理解

如果社会工作者或机构认为自身无法为服务对象提供必要的服务与帮助，就需要经过一定的工作程序转交或介绍给其他机构或个人，使其能获得更加适合的专业服务，这个过程就是转介。转介可以是正式的，也可以是非正式的。

进行转介时要注意三点：一是征得服务对象同意，耐心说明转介的原因和必要性；二是应向要转介的机构出具正式的转介信和相关的转介资料，说明情况；三是进行转介后跟踪服务。

2. 判定提供服务或转介的依据

（1）判定提供服务的依据

当如下情况存在时，可提供服务：

①机构具备合适的工作人员；具备具有必要技能的工作人员。

②服务对象或其问题在机构正式或经常的职责、使命或功能范围之内。

③其他机构不具有处理特定服务对象或问题的特权（如社区矫正服务的专门机构）。

④服务对象对问题的看法和期望与社会工作者所能提供的服务相符。

⑤社会工作者所能提供的服务能解决服务对象的问题。

（2）判定转介的依据

通常在以下几种情况下要对服务对象进行转介：一是服务对象超出了机构的服务范围或服务领域；二是服务对象的问题超出了社会工作者的工作能力范围，机构无法提供更专门的服务；三是工作关系无法建立。

3. 撰写预估报告

完成了前文所提及的预估所需的所有资料的收集和分析，社会工作者就可以撰写预估报告了。

预估报告的结构如下：第一部分：资料和事实。这部分主要是对问题的呈现，包括问题发生的时间、涉及的人和系统、服务对象问题的背景（如家庭背景、教育背景和学业或就业历史等）。第二部分：专业判断。这部分包括以下内容：对各类资料的理解；对服务对象问题的评估；对问题原因的分析、理解和解释；判断服务对象改变的可能性和益处。

撰写预估报告应注意的事项有：①确定报告的目的和读者：报告给谁看？要达到什么目的？②确定报告应使用的资料。③将资料组织成为有意义的不同部分。④将事实与判断分开。⑤语言简洁精练。

需要指出的是，在预估报告中仅仅去呈现问题是没有意义的，社会工作者需要把问题转化为需求来加以表达；同时注意，需求还会受到社会政治经济体制的影响。

示例

王某，男，16岁，汉族，X市人，初中文化程度，初二就辍学打工，辍学原因是自己不喜欢所就读的学校，喜欢钓鱼、打篮球。王某因与被害人冯某发生矛盾，便与同伴汤某预谋殴打被害人。2014年8月11日晚7时许，由犯罪嫌疑人王某将被害人诱骗至X市KL中学附近，伙同汤某以拳脚、木棍等对被害人进行殴打。后犯罪嫌疑人汤某令被害人交出随身携带的华为手机一部、人民币25.5元，后逃离现场。经新城区价格认证中心鉴定，手机价值人民币250元。被害人冯某伤情为轻微伤。2014年8月29

日王某因涉嫌抢劫罪被公安C分局刑事拘留，同年9月25日经X市检察院审查后不批准逮捕，次日由X市公安局C分局取保候审。

案件发生后，X市检察院经过预估，认为犯罪青少年的社会调查工作及对犯罪青少年的犯罪动机、犯罪心理进行分析等工作均不在检察院的业务范围之内，于是将王某转介给陕西指南针司法社会工作服务中心，由该机构来负责犯罪青少年的社会调查工作。指南针司法社会工作服务中心作为专业的社会工作服务机构，很快形成书面的社会调查报告，对王某的犯罪动机、犯罪心理进行分析，完成犯罪评估，提交作为法院、检察院量刑评判的一个重要依据。（示例来源：范文立．少年司法转介中的社会工作介入空间研究［D］．西北大学，2017）

示例分析

王某作为一名越轨青少年被起诉，X市检察院根据判定转介的三个依据进行分析后，认为这名服务对象的问题需要工作人员进行犯罪青少年的社会调查工作，还需要对犯罪青少年的犯罪动机、犯罪心理进行分析，超出了该机构的工作能力范围，检察院无法提供更专门的服务。因此X市检察院根据转介程序操作，将王某转介给陕西指南针司法社会工作服务中心，向该机构出具正式的转介信和相关的转介资料，说明情况。在顺利转介后，指南针司法社会工作服务中心很快完成了对王某的社会调查系列工作。

第二节　服务设计

原文

7.2　服务设计

在服务设计过程中应完成的主要工作包括但不限于：

——确定服务主题；

【解读】

1. 对确定服务主题的理解

确定服务主题是青少年社会工作服务进入服务设计阶段的第一个工作，指的是划定服务的工作边界，确认服务的目标和主要可交付的成果，规定服务应该做的事。这个工作可作为一个“过滤器”，在服务目标的指引下，把预估阶段收集和整理到的各种资料进行梳理和筛选，以确定服务该做哪些事、不该做哪些事。它能帮助我们找到实现青少年社会工作服务的目标的正确方向。

2. 确定服务主题的方法

青少年社会工作面临青少年发展与青少年问题两大主题，均与青少年面临的发展任务直接相关。基于青少年的发展需求和问题，形成了以下青少年服务内容：思想引导服务、身心健康促进服务、婚恋交友服务、就业创业服务、社会融入与社会参与支持服务、社会保障支持服务、合法权益维护服务、青少年违法犯罪预防服务等。

虽然青少年社会工作可以开展的服务内容众多，但是并非每一项服务项目的主题都包含以上所有要点。如果什么都想做、什么都去做，会导致服务缺乏重点，无法精准地针对服务对象的问题和需要来开展服务。

确定服务主题既需要利用理性逻辑的方法进行成本效益分析、推理计算，又需要结合服务经验、机构愿景等进行创意思维。常用的方法有：

（1）基于目标树的分析法

问题树和目标树常常作为分析问题的工具来使用。这个分析法是要从目标树中提取目标策略，然后从中进行必要的取舍，确定服务主题。下面的原则有助于青少年社会工作者进行取舍：

①是否能够回应机构的使命和愿景？

②对服务对象的利益影响有多大？

③达成目标的成功率有多大？

④服务团队及机构的问题解决能力有多大？

⑤所需经费是否能承担？

⑥所遇到的风险有多大？

⑦能否实现服务的可持续性？

（2）基于服务理想状态的“勾画图像”法

所谓“勾画图像”，指的是通过创意制作、绘画、戏剧等方式，把“对该项服务结束时要达到的理想状态的期待”形象地表达出来，进而推动社会工作者去思考服务要达到什么目标、做什么事情可以达到这些目标等问题的答案。这是一个进行创意思维的方法。以下要点有助于达到较好的结果：

①以“正向陈述”为主。

②当你走进服务对象群体时，你看到了什么情景？

③想象本项服务结束时，服务对象会出现什么样的改变？

④社会工作者需要做些什么，机构需要做些什么，可以帮助服务对象完成这些改变？

以上的方法可以帮助青少年社会工作者确定服务主题，使其脚踏实地开展符合青少年需要且易被青少年悦纳的服务。

为了确定服务主题，青少年社会工作者在工作例会、项目筹备会、专家督导会等会议上，与机构的督导、同事开展相关的讨论。组织这项工作的同事不论使用目标树也好，勾画图像法也好，都可以选择较为空旷便于活动的会议室，放置一块大白板，或把大白纸张贴在墙上，供大家进行头脑风暴和发散思维时记录和使用。

示例

“在城长”生活馆是北京市西城区常青藤可持续发展研究所在社区打造的流动青少年在城市的成长乐园。几年前，“在城长”项目筹备组在前期走访调研中发现，青岛、西安和合肥这三个二线城市的外来务工人员和流动青少年的困境与北京非常相似：他们在家里和社区忍受着恶劣的生活条件；缺乏自信和归属感；面对困难时缺乏家庭支持；缺乏整合的社会支持网络。经研究分析，虽然这些流动青少年及其家庭有很多需要，但当前很多同行的社会工作机构都已经设置了各种服务项目去满足需要。从常青藤的机构使命和愿景来看，“如何帮助这一群体实现可持续发展”对这个群体的意义更重大，更能充分发挥机构在社区服务和家庭成长中的优势，因此聚焦于青少年及其家庭的社会融入与社会参与支持服务，打造一个根植于流动人口社区的长期干预保障系统、一个可以聚合社会资源来提供服务和支持的整合平台是更好的定位。如果能把以上服务放在一个立足社区、服务流动青少年及家庭的“生活馆”来实施，在生活教育、家庭成长的过程中实现对青少年成长的促进及营造良好的支持性的社区环境，将是令机构员工充满激情和力量的理想的创意方案。

为此，研究所确定了“在城长”生活馆在青岛、西安和合肥三个城市的服务主题：一是在三个城市项目点建立6个便捷优质的社区生活馆，为流动青少年提供陪伴与指导，改善他们的生存现状；二是为流动青少年提供成长助力课程、城市适应活动和专业社会工作干预，并通过大型活动提供展示自我的机会；三是开设家长微课堂、组织亲子活动，提供特困家庭社会工作支持，提升家庭对流动青少年的支持；四是设立生活馆理事会自主管理生活馆，通过社会支持网络获得各项社会支持。

明确了服务主题之后的"在城长"生活馆服务项目，针对青少年群体，以他们的成长为契机，开展普惠性非正规教育课程和活动，通过生活教育、家庭成长和社区营造，调动家庭、学校和社会三者互动的功能，全面助力青少年成长，获得了服务对象和社会的好评，于2017年荣获首届中国好项目大赛公益项目一等奖。（示例来源：北京市西城区常青藤可持续发展研究所）

示例分析

该机构一直把关注流动青少年及其家庭的可持续性发展作为机构使命和愿景，因此在调研发现北京、青岛、西安和合肥等城市的外来务工人员和流动青少年的困境后，机构需要进行服务主题的选择。他们认为，虽然这个群体需要的服务很多，但当前很多同行的社会工作机构都已经设置了各种服务项目去满足需要。对常青藤而言，他们要回答：哪些服务主题更能够回应机构的使命和愿景，更能实现服务的可持续性，更能符合机构和员工们的社会理想？经过多角度讨论研究，机构最终把服务主题聚焦在青少年及其家庭的社会融入与社会参与支持服务，认为打造一个根植于流动人口社区的长期干预保障系统、一个可以聚合社会资源来提供服务和支持的整合平台是他们开展服务的更好的定位。这个服务主题的确定，促使机构设计和运作了符合青少年需要且易被青少年悦纳的服务项目——"在城长"生活馆服务项目，更给机构员工带来了追求社会理想的巨大动力。

原文

——明确服务理念和理论依据；

解读

1. 青少年社会工作服务理念

理念即内在精神和根本原则。社会工作是一个利他主义的专业，既有价值理念的要求，又有专业理念的追求。从专业使命看，社会工作强调“助人自助”；从社会使命看，社会工作以解决社会问题、满足社会需求为己任，维护社会稳定，促进社会公平正义。这些理念反映到社会工作服务上，就是强调平等、尊重、接纳等原则。在个人、家庭、群体、社区出现困难时，社会工作者向其提供专业的服务和支援，整合社会资源，挖掘潜能，推动服务对象走向自立、自助和自强。

作为社会工作的重要实务领域，青少年社会工作的服务理念与社会工作保持一致，强调对青少年个体和群体的尊重、接纳，呼吁社会给予青少年平等的发展和参与机会。

2. 常用的青少年社会工作理论

社会工作理论是社会工作者运用的各种理论知识的总称。社会工作者需要理论指导，理论在社会工作过程中可以发挥以下作用：解释所要解决问题的性质与原因，设定社会工作过程的工作目标，提出有效的实务工作方法、技巧和模式等。

青少年社会工作服务要帮助青少年获得健康积极的发展、预防和处理青少年的问题，因此社会工作者需要掌握有关青少年时期发展特点和有关青少年常见问题成因的各种理论，以保证服务的针对性、专业性、有效性。青少年发展理论、青少年偏差理论是青少年社会工作者开展内容丰富的专业服务的两大类重要理论基础。社会工作者重点要理解每个理论对于青少年的影响，掌握具体运用操作的指引。

（1）青少年发展理论。青少年发展理论主要包括生物进化理论、精神分析理论、学习理论、认知发展理论、社会文化理论等。

（2）青少年偏差理论。青少年偏差理论主要包括社会结构理论、社会过程理论、社会回应和冲突理论等。

3. 选取理论依据的方法和原则

社会工作者选择了正确而有效的理论，服务的效果就有了保证。反之，盲目选择理论会降低青少年社会工作服务的效果，甚至会带来不好的影响。社会工作服务的具体目标、服务对象的规模与接受程度、社会工作者可整合的资源、所处社会的意识形态、哲学理念、实践情景及机构目标等，都可以列入社会工作者进行理论选择的考虑因素。以下方法可作为选取理论依据的参考：

（1）比较与分类。社会工作者根据机构功能、工作情景、经验等相关理解和个人经验，运用已建立起来的一般性程序来选择。

（2）融合性实践理论的应用。社会工作被看作一种社会而非心理过程，社会工作者可根据社会情景选择理论。

（3）启发式搜索。社会工作者通过多元方法收集与了解信息，最终选择最优的理论方案。

要注意，选择理论依据时，应按照“实事求是”“一把钥匙开一把锁”的原则，选择最具有解释力、最能指导服务开展的理论，才能真正推动实务前进。教条主义、无原则折中、大杂烩式的做法，会导致脱离实际、概念不清、乱用框架等不良后果。

示例

广州市南源街社会工作服务站是广州市北达博雅社会工作资源中心承接运营的社区综合服务项目。项目自2012年开始运营至今，始终遵循“助人自助，人文和谐”的服务理念，以青少年为本，增能赋权，回应社区基础服务需求，提升居民参与社区公共事务的能力，整合资源，致力于打造多元参与社区治理的平台。

何琳（化名）是广州市北达博雅社会工作资源中心社会工作者在南源街项目里接触到的一名主动求助的青少年服务对象，她性格内向，朋友较少，且不愿意与朋友分享自己的心事，支持网络较为薄弱；分班后，她觉得同班同学对自己有“冷暴力”行为，精神压力极大，并表示按照分班前的成绩，自己根本不应该被分到重点班，因此当前重点班的学习任务导致其学习压力极大。专业社会工作者对何琳进行接案评估后，结合机构服务理念，选择了优势视角、认知行为理论，有针对性地设计针对何琳的个别服务方案，取得了很好的治疗效果。

1. 认知行为理论

认知行为理论通过改变思维或信念和行为的方法来改变不良认知和不适应的行为反应，它关注并着力解决个体当前的问题，但不与过去的生活经历联系起来；认为人是自己心理困扰的制造者（不合理的观念导致不合理的行为），同时个体也有能力去除这些心理困扰；主张改变个体的认知，从而改变个体的行为与情感，注重短期治疗；个体在治疗过程中是一个学习者，将要掌握必要的知识和技能，提高解决问题的能力。因此，在上述案例的服务过程中，专业社会工作者可以引导何琳进行自我审视，发现自己的“自动化思考模式”，修正不合理的假定，促进其行为的改变。

2. 优势视角理论

优势视角就是从青少年优势的角度来关注人的优点和抗逆力，认为良好的个人能力可以使人正确面对生活中的困难。在优势视角理论指导下，社会工作者不再聚焦于青少年的问题、不足以及标签，取而代之的是关注青少年在互动过程中所呈现出来的优势、能力、资源以及成就，挖掘青少年的潜能，提高青少年的抗逆力，建立自信心，启发他们对生活的希望和热情，增强其处事能力，使其摆脱原有的困境，适应环境中的问题。这对于何琳来说是一个非常重要的视角转变，可以引导她去关注自己在适应重点班学习方面取得的成就和资源，挖掘其潜能。（示例来源：北达博雅社会工作资源中心）

示例分析

这个示例中的青少年何琳是一名主动求助者，综合评估她的问题与需求之后，社会工作者需要在有关青少年时期发展特点和有关青少年常见问题成因的各种理论中选择最适合她的理论，以保证服务的针对性和有效性。何琳对于“重点班”的认知和理解集中在“压力”上，这种认知给她的生活及学习带来了很多困扰，导致她陷入了当前的困境中。而认知行为理论可以帮助她在短期内通过改变思维或信念和行为的方法来改变不良认知，从而摆脱不适应的行为；优势视角理论则可以帮助她正确面对生活中的困难，聚焦自己在适应重点班学习方面已经取得的成就和获得的资源而不是总是看着自己的不足。这两个理论有助于何琳发展对自身能力的积极看法，形成积极的自我形象。事实证明，这些理论的选择有力指导了服务方案的设计，最后取得了很好的介入效果。

原文

——确定服务目的和目标；

解读

服务设计是一个需要理性思考及作决定的过程，必须在服务目的引领下制定介入目标，选择为了达到目标要采取的行动。如果服务目的不清楚、服务目标不明确，就会导致服务设计发生重大的偏差，从而无法帮助服务对象。因此，确定服务目的和目标就成为这个阶段的核心任务。

1. 对目的和目标的理解

目的是指总体介入工作要达到的方向，目标则是指具体的工作指标。实现一个个具体的目标，就能达到目的。例如：某位青少年社会工作者确定某个个案的助人目的是构建良好的母女关系，具体目标包括母女每天至少交谈半小时、每周共同参加一次家庭生活教育小组活动等，这一个个具体目标得以逐步实现后，作为总体目的的“构建良好的母女关系”也就达到了。

2. 合格的服务目标的标准

一个合格的服务目标必须符合“SMART”原则，五个原则缺一不可。

（1）目标必须是清晰而具体的（Specific）。就是要用具体、不含糊的语言清楚地说明要达成的行为标准。不能使用模棱两可、含义不明的描述。

（2）目标必须是可以衡量的（Measurable）。目标应该是明确的，可以用一组明确的数据作为衡量是否达成目标的依据。如果制定的目标没有办法衡量，就无法判断这个目标是否实现。

（3）目标必须是可以达到的（Attainable）。从知识、技巧、资源等角度综合来看，目标虽有挑战性但可以实现。过高的目标会带来过大的压力，但如果目标完全没有挑战性则无法唤起动机，对服务对象的成长也没有帮助。

（4）目标是有相关性的（Relevant）。服务目标的设定要与机构定位、服务对象的问题和需要等紧密关联。

（5）目标必须具有明确的截止期限（Time-bound）。需要明确指出服务的起始时间，这样可以激发服务对象的成长和改变动机。

3. 目标制定的步骤

目标设定涉及很多活动，其执行过程包括如下基本步骤：

（1）确定服务对象的准备状态。预估期的任务就是探究服务对象与其生存系统的互动状况，明确其问题所在。在进一步和服务对象协商目标前，需要再次确认彼此对问题的共识，以便察看服务对象是否已做好准备进入下一阶段。

（2）向服务对象解释设定目标的目的。本步骤可以使服务对象了解下一步做什么以及为什么这么做。日常实践经验告诉我们，当服务对象了解目标及其设定的意义，明确自己在设定目标中的重要性并了解自己在选择目标时拥有最终决定权，他们会产生认同、积极参与等正向反应，从而投入其中。

（3）共同选择适当的目标。一般而言，选择适当的目标包含两个步骤：一是筛选目标，即社会工作者与服务对象共同找出想要达成的初步目标；二是定义目标，是指初步筛选出想要的目标后，把目标用规范的语言界定清楚，明确想要改变的程度。

（4）与服务对象讨论目标的可行性和潜在的利弊。在决定目标前，非常重要的一点就是要检查目标达成的可行性。目标过高容易给服务对象造成挫折感，目标太低又会使服务对象缺乏成就动机。因此，需要和服务对象多讨论目标的可行性。如果按照法律或相关政策要求，一些非自愿服务对象必须达到特定目标（例如社区矫正对象需要定期完成一定数量的思想汇报，戒毒人员需要参加一定数量的强制戒毒小组活动等），社会工作者要明确清晰地告知他们达不到这些目标会带来的后果。

（5）共同确定最终目标并排定优先顺序。在服务对象建立他们确认的最终目标后，社会工作者协助服务对象讨论这些目标的先后顺序，并将法律命令必须完成的强制性目标列为优先级。

示例

“‘爱心 1+1，公益我先行’青年家庭参与社区环境治理项目”是北京市朝阳区亚运村立德社会工作事务所 2018 年度在北京市亚运村安慧里和安南社区开展的青少年服务项目。项目设计初期，社会工作者对亚运村安慧里和安南社区 186 位有子女的青年人进行随机调查发现：94% 的青年人非常关注子女的教育，82% 的青年人对楼院里的同辈群体邻居是陌生的，

66%的青年人没有参加过社区组织的任何活动。同时，社区组织的居民活动以文娱活动为主，服务主体多为老年人和低龄儿童群体，活动形式较为单一，参与人员以社区党员和老年人志愿者为主，青年人参与率几乎为零。显然，现有的社区活动难以满足青年人的需要。在分析社区青年群体存在的共性问题、了解实际需求、与青年群体代表沟通后，青年群体代表认为要提高环保意识和公益意识，从个体入手不如从青年人的家庭入手具有可行性，还能兼顾青年人对家庭照顾的需求，保证了参与的积极性，使项目更为可行。在与服务对象充分沟通行动的利弊、优先顺序之后，最终社会工作者设计制定了具体清晰、可操作性强、可衡量的服务目的和目标。

服务目的：用一年的时间，增强青年家庭的社区公益意识和环境治理意识，促进青年家庭在社区环境治理中发挥重要作用，营造多方尤其是青年家庭群体参与社区建设的氛围。

服务目标：(1) 引导青年家庭对社区定位、职能、公益服务、环境治理树立正确的价值观和态度，提高他们对社区的认同感和归属感。(2) 通过2个计划（乐宝潜能开发计划、暖心家庭计划）和1个行动（家园美丽行动）的开展，改善亲子关系，优化家庭教育，激发青年家庭安全感、获得感、幸福感，提升家庭成员参与社区服务的意识、注重社区参与的体验。(3) 转变社区传统服务方式和途径，组织开展更多有价值有意义的社区活动，满足青年家庭的需求，动员培育新的以家庭为单位的“爱心1+1”志愿自组织，搭建公益服务和环境保护的平台，促进青年家庭在社区建设中的价值实现。(示例来源：北京市朝阳区亚运村立德社会工作事务所)

示例分析

本案例是一个发动青年家庭参与社区环境治理的服务项目，旨在提升青年群体关心社区环境、参与环保治理的积极性。机构并没有被动员青年人参与社区活动的难度吓倒，更没有为了完成项目指标而随便地让青年人直接加入现有的社区活动，而是基于充分的调研，综合分析社区青年群体存在的共性问题，了解实际需求并与青年群体代表沟通，共同选择适当的目标。青年群体代表认为，青年人双休日要兼顾家庭，平时工作繁忙，因此服务从个体入手不如从青年人的家庭入手。经过和服务对象讨论目标的可行性，并确定了各种活动计划的优先顺序之后，社会工作者确定了服务目的是在一年内增强青年家庭（而不是个人）的社区公益意识和环境治理意识，促进青年家庭在社区环境治理中发挥重要作用，以家庭为单位带动社会公众树立生态文明理念。在服务目的的引领下，具体的服务目标也得以一一确认。

原文

——识别服务对象系统、目标系统及行动系统；

解读

1. 社会工作服务的四个基本系统

通用过程模式认为社会工作服务系统由改变媒介系统、服务对象系统、目标系统和行动系统四个基本系统构成。除了改变媒介系统和社会工作者直接相关之外，其余三个系统都需要社会工作者识别、了解、建立或维系。运用四个基本系统，能帮助青少年社会工作者识别出改变服务对象系统所必须完成的一般性任务。

（1）改变媒介系统

“改变媒介”是指受雇于政府、非营利机构、组织和社区中的社会工作者。在“问题-解决”的改变过程中，他们是有计划变迁的具体操作者和促使服务对象发生改变的媒介。在很多情况下，服务对象的改变媒介并不只是社会工作者，还包括由与服务对象有关的、具有不同专长的助人者组成的“改变媒介系统”。这个媒介系统通过有组织的、结构性的工作，达到助人改变的目标。

（2）服务对象系统

服务对象系统是指社会工作服务的对象，也是社会工作服务的直接受益人。服务对象系统可以是个人、家庭、团体、组织或社区。通常来社会工作机构求助的服务对象可以分为以下类型：自己主动求助的；邻居、熟人、朋友介绍的；其他机构转介来的；有关司法机构要求的。

（3）目标系统

为了达到改变服务对象系统的目的而需要改变和影响的系统即是目标系统。实际工作中，在确认了服务对象系统后，社会工作者的任务通常是要与服务对象系统一起确定目标系统。

（4）行动系统

行动系统是指那些与社会工作者一起为了实现改变目标、采取行动共同努力的人，他们是社会工作者的合作者。例如，为改善大学生就业环境而采取行动的企业家协会、新闻媒体的记者等都是行动系统的组成部分。为了推动行动系统充分发挥作用，社会工作者要进行各种努力，调动各种资源。

2. 识别服务对象系统、目标系统及行动系统

社会工作者必须与不同的系统建立关系，但与不同规模和类型的系统工作需要掌握更专门化的知识。在识别这三个系统时，社会工作者需要注意：

（1）识别服务对象系统

①当服务对象的需要与问题可以通过对其个人的介入而解决时，社会工作的关注对象即为个人。

②当服务对象的需要和问题与其家庭有关时，家庭便应该成为介入的对象。从社会系统视角来看，个人问题常常与个人所处的家庭有密切联系，因此家庭系统也是社会工作介入的关注对象。

③当有事实表明某个群体对服务对象个人有明显及重要的影响时，社会工作者就要选择这个群体或小组作为关注对象。

④当一个社会工作服务机构因内在政策、结构和工作程序而影响其运行效率时，就成为介入的对象。

⑤当社区缺乏适当资源和服务，社区环境影响到大多数人和家庭的生活时，便有可能成为关注对象。

（2）识别目标系统

服务对象系统与目标系统有时是一致的，有时是不一致的，有时还可能是交叉的。一般来说，目标系统大于服务对象系统，而且具有时效性。目标系统是可以转换的、有时效性的，会随问题的发展而变化。

（3）识别行动系统

行动系统里面有可能存在很多与社会工作者一起努力以实现改变目标的人。当存在多个行动系统时，要注意协调各行动系统的工作步调。同时，要随时研究、评估行动系统是否有效运作。

示例

上海市阳光社区青少年事务中心受上海市金山区廊下镇团委委托，在

廊下镇农村青少年群体中开展了一次调查，以了解16—25岁这一年龄层青少年的内在需求。他们发现，青少年群体需要更多的文化引导以改变无力的生活状态，排解紧张、压抑等负面情绪。结合廊下镇镇区特色，社会工作者将“体育疗法”运用到社会工作实务，与镇团委书记协商沟通，由镇团委牵头，各村居委团支部协作，各村居委团支部在自己所在村居委进行社区青少年招募。随后计划整合社会资源，开展“乡村体育节”系列活动，并以此作为“农舍人家”项目工作的探索和实践。

通过分析识别，社会工作服务的对象是上海市金山区廊下镇农村青少年群体。这个群体也是社会工作服务的直接受益人，因此服务对象系统为：当地农村青少年群体。

目标系统：上海市金山区廊下镇团委、当地农村青少年群体、当地居民。由镇团委牵头组织“乡村体育节”系列活动，青少年群体和当地居民如果都能重视和响应，对营造当地文化体育氛围有直接影响。如果他们作出改变，愿意提供资源，廊下镇农村青少年群体的文化体育需求就可以得到满足。

行动系统：帮助确定活动方案的镇团委书记、牵头调查和宣传的廊下镇团委和各村居委团支部、提供招募场所的各村居委团支部所在村居委、为活动提供场地的当地主管部门等，都是与社会工作者一起进行改变努力的行动系统。（示例来源：魏爽．青少年社会工作案例评析[M]．北京：中国社会出版社，2016：77-96）

示例分析

开展“乡村体育节”是一个非常有创意的服务项目，但也给机构带来很多挑战。在一个很缺乏配套设施的乡村中开展青少年社会工作服务，需要整合大量的资源，调动很多人力物力。上海市阳光社区青少年事务中心的社会工作者通过前期大量细致的沟通和交流，充分发动了金山区廊下镇关心青少年工作的各级政府、各类机构、普通村民，建立了针对服务对象的目标系统及行动系统，协同发力，把一个非常有难度的服务项目做到了优秀水平，值得推荐。

原文

——选择介入策略；

解读

社会工作者在社会工作服务理念指导下，综合考虑，合理选择介入策略，方能取得最有效的介入效果。

1. 对社会工作介入的理解

（1）社会工作介入

社会工作介入也称社会工作的实施、干预、行动、执行和改变，是社会工作助人过程中的一个重要阶段。介入阶段是社会工作者和服务对象采取行动，按照服务协议落实社会工作计划的目标，帮助服务对象改变，解决预估中确认的问题，从而实现助人计划的重要环节。

（2）社会工作介入的性质和特点

①有计划、有目的。

②干预是核心。

③物质和精神帮助并重。

④有短期和长期效果。

2. 社会工作介入的分类

（1）直接介入

直接介入指的是微观的社会工作实务，是社会工作者与服务对象面对面互动的服务，针对个人、家庭、小群体采取的行动。

（2）间接介入

间接介入指的是中观和宏观的社会工作实务，是社会工作者代表服务对象采取行动，也称为是改变环境的工作。

（3）直接和间接综合介入

在开展服务过程中，既有针对服务对象所采取的改变行动，也有针对服务对象周围系统所开展的服务。也就是说，专业服务常常是直接介入和间接介入两种形式综合运用的，其介入焦点为：增强个人的适应能力，增加社会和物理环境对个人需要的回应。

3. 对社会工作介入策略的理解

（1）介入策略

所谓介入策略，是指社会工作介入服务对象的需要与问题的整体方案，是改变服务对象态度和行为的一套方法。介入的策略原则是多层次介入，包括直接提供服务给服务对象以解决问题和满足需要，改变他们的观念及应对问题的方法，以及间接介入策略。

（2）选择介入策略的方法和原则

一般来说，社会工作者应该根据预估阶段对服务对象需要和问题的认定来选择介入策略及行动，但很多时候情况的变化也需要社会工作者本着以下原则来灵活应对：以人为本、服务对象自决；个别化；考虑服务对象的发展阶段和他们的特点；与服务对象相互依赖；瞄准服务目标；考虑经济效益。

4. 社会工作介入策略的具体做法

（1）直接介入的行动和策略

这个介入策略的做法是与服务对象系统一起行动，帮助他们更好地应对人生任务和环境的需要，减少由社会功能问题而带来的不利影响。

第一，社会工作者通过了解现有资源、进行转介、资源倡导和增能等技巧，促使服务对象运用现有资源；第二，必要时使用危机介入，目的在于去除服务对象的紧张情绪，恢复其功能，使他们走出危机；第三，运用活动作为介入的策略，综合考虑介入目标是否与活动相符、活动是否符合服务对象的能力和特殊需要、资源和设备是否与活动相配合等；第四，采取调解行动，重点是通过服务对象与环境系统的互动，消除冲突，满足共同需要；第五，运用影响力，社会工作者要有意识地运用诱导、劝导、关系、环境等各种能够影响服务对象改变的力量。

（2）间接介入的行动及策略

间接介入的行动及策略是社会工作者代表服务对象采取行动。当服务对象系统缺乏行动的能力或是处于没有能力行动的情况时，就需要社会工作者为他们去争取资源来满足需要、解决问题。常用的做法有：第一，运用和发掘社区人力资源；第二，协调和链接各类服务资源与系统；第三，制订计划创新资源；第四，改变环境；第五，改变组织或机构的政策、工作程序、工作方式。

无论是直接介入还是间接介入，社会工作者都应在尊重服务对象自决权的前提下，与服务对象一起讨论、选择、确定介入的行动和做法。

示例

吴某，女，25 岁，肢体残疾二级，于 2007 年被送到 H 社会福利机构。杭州师范大学社会工作系专业社会工作者对该服务对象的基本情况和需求进行分析评估后，发现她需要解决的问题有：首先，改变个人习惯，社会工作者需要帮助服务对象养成良好的生活作息习惯，克服爱睡懒觉的陋习；其次，确立合理的人生目标，为服务对象合理规划未来，找到其正确的人生定位；最后，搭建服务对象和机构之间沟通的桥梁，改善服务对象与机构管理者之间的关系，使服务对象形成对福利院管理制度的正确认知，消除对机构管理的误解和偏见。

机构根据问题成因进行分析，并与服务对象一起共同制定了相应的介入策略。

表 5.7 机构供养孤儿的个案介入策略选择

介入层面	介入方法	角色
直接介入	(1) 通过会谈发现服务对象认识偏见的根源。搭建服务对象与福利院之间的沟通桥梁，消除服务对象对福利院的偏见，建立良好的关系	服务提供者
	(2) 鼓励服务对象思考自己的生活方式对其身体健康的影响，帮助其分析利与弊，让服务对象进行自我选择，并引导服务对象改变	支持者
	(3) 鼓励服务对象参与组织策划志愿者活动，对机构供养的老人开展志愿服务，在服务中学会感恩，并回报社会	支持者
	(4) 鼓励服务对象参与组织策划机构供养孤儿的集体生日会等自我服务性活动，发挥服务对象在福利院的影响力和号召力，并与福利院其他供养孤儿建立良好的关系	支持者
	(5) 鼓励服务对象参与链接机构外出工作、成年孤儿信息跟踪收集，让服务对象主动参与福利院的事务管理，从而体会工作的不易	支持者
间接介入	协助福利院更加清晰地宣传和解释机构供养孤儿的外出参观和婚姻管理等制度	倡导者

（示例来源：秦均平．社会工作案例选编［M］．北京：社会科学文献出版社，2017：72）

示例分析

这个案例中，服务对象是一个由社会福利机构供养的孤儿，社会工作者在对其问题和需要进行预估后，和她一起制定了直接和间接两种介入策略，并设计了具体的介入行动。直接介入重点是促进服务对象与环境系统的互动，让她和其他孤儿建立联系，和机构建立联系，进而影响她发生改变；间接介入是基于服务对象不了解现行制度，缺乏与福利院直接讨论制度规定的能力，因此需要社会工作者为她去争取福利院的主管领导更耐心具体细致地来解释、解决她对外出和婚姻管理等方面的困惑。

原文

——签订服务协议；

解读

1. 对服务协议的理解

服务协议也称为服务合同、工作契约等。订立协议的目的在于使社会工作者和服务对象双方明确各自的任务和角色，保证计划的执行和实现。社会工作的服务协议是社会工作者与服务对象之间经过商议而达成的结果，它具体地标明了社会工作者和服务对象对问题的认识与界定、工作的目标及相互责任。服务协议应该明确，具有弹性和实用性，并且得到社会工作者和服务对象的认可。

2. 服务协议的形式

服务协议的形式主要有口头协议和书面协议两种。服务协议类型的选择主要依据服务的实际情况而定。

表 5.8　服务协议的优缺点

协议类型	优点	缺点
口头协议	简洁明了、方便；无须签字，不会使服务对象产生勉强感	容易遗忘商定的细节内容
书面协议	正式；内容明确且强化双方的责任感	费时费力，且容易产生法律纠纷

3. 服务协议的内容

一般而言，完整的服务协议包括七个部分：

（1）要完成的目标（排好优先顺序）。目标在协议中既被用来作为结案及评估的标准，又要为整个助人历程提供行动的焦点。

（2）参与者的角色和任务。社会工作者的角色是多元的，服务对象或其他参与人员在整个助人历程中也有各自扮演的角色。角色明晰有助于所有参与人员明确自己的责任。

（3）提供的服务内容与策略、方法。服务协议要明确记载达成目标所需要采用的服务内容及实施策略、方法，有时还要写明对于可能发生的意外情况能提供什么补救行动。

（4）时间与进度安排。这部分需要写清整个助人过程的持续时间，以及会谈时间的次数与长度。时间限制的确定有助于社会工作者与服务对象对服务进程的掌握，并且能够增强服务对象的信心。

（5）监控进展的方法。在协议中要规定如何监控进度，如何进行评估及提供行动导向的思考方式。这样能够增强服务对象的动机。

（6）重新协商服务协议的规定。社会工作者需要让服务对象理解服务协议有可能会发生变化，并让服务对象明确在何种情况下双方需要重新协商并调整协议。

（7）其他补充内容。例如：关于取消或更改服务时间的规定，关于收费问题等。

在实际工作中使用的服务协议，可以根据情况对各部分的内容有所取舍。

4. 服务协议签订的过程和技巧

（1）签订服务协议的过程

①讨论协议。双方需要对协议的具体内容进行平等、友好的全面讨论。

②界定服务对象的问题。协议需要双方确认服务对象的问题和需要是否得到准确、一致的界定。

③确认介入目的和目标。双方需要确认本协议规定的服务项目的介入目的及具体目标是否符合实际情况。

④确认介入策略和行动。双方需要协商确认适宜的项目介入策略及具体的项目行动。

（2）签订服务协议的技巧

以下技巧可以帮助双方尽快就服务协议的关键内容取得一致意见，并落实到协议中：

①认定服务对象对问题的看法。

②与服务对象分享对问题的看法。

③描述为之工作的问题。

④确定目的和目标并说明行动的具体策略。

⑤总结和强调协议的主要内容。

为了郑重起见，与服务对象就服务协议的关键内容取得一致意见后，最好约服务对象到机构中，按机构公开的工作流程，签订正式的书面协议。如果是涉及第三方的协议，例如政府购买服务的服务协议书，就更应该在正式的场合签订相关书面协议，盖章签字后妥善保管。

示例

社工服务站项目（家综项目）是广州市北达博雅社会工作资源中心在广州市承办的政府购买服务项目，其中青少年服务是三大基础服务之一，主要为14—28岁青少年提供青春期教育、情绪管理、关系处理、压力舒缓、职业生涯规划等方面的服务，主要服务方式包括个案服务、小组服务和社区服务等。个案服务是社会工作者主要的工作手法之一，以有需要的个人或家庭为服务对象，运用个别化的工作方式，增强其解决困难和适应社会的能力，促进其与环境和谐发展的一种专业社会工作方法。为保证服务对象的权益，明确双方的权利义务，社会工作者与服务对象在真诚、保密、个别化、接纳的原则上，签订个案服务协议。本服务协议是一个个案服务协议，详细情况介绍如下：

表5.9　北京市市级社会服务项目服务协议的主要内容

问题确认	服务对象自述目前存在考试焦虑，在考场上会出现“手抖出汗”“脑袋空白”等情况，期望社工可以缓解其症状
工作目标	协助服务对象掌握放松的技巧，缓解考试焦虑
服务内容	运用任务中心模型理论，协助案主厘清考试焦虑的原因，评估焦虑带来的影响，以及双方可以采取什么措施和行动来缓解考试焦虑

续表

介入策略	1. 进一步探索服务对象考试焦虑的具体情况及触发原因，加强学习动机 2. 持续提高服务对象学习动机，进行自信训练，增强自信 3. 巩固服务对象信心，学习放松的方式，包括音乐方式、肌肉放松等 4. 进行系统脱敏的训练，强化服务对象应对考试焦虑的能力 5. 协助服务对象制订学习计划，进行有效的学习安排
角色与任务	社会工作者：服务提供者 服务对象：服务接受者 学校老师：资源提供者

（示例来源：广州市北达博雅社会工作资源中心）

个案服务协议书

（书面协议）

家庭服务项目社工张三（化名）在对服务对象李四（化名）开展服务工作，为更好地确立服务关系，便于工作的开展，双方协定本协议。

一、社工遵循真诚、保密、个别化、接纳原则进行服务，并保证服务对象在接受服务期间不受到来自中心或社工的伤害。

二、服务时间为期（2017年12月2日—2018年7月28日），预计服务10次。如若延长或提前结束服务时间需由社工及服务对象协定。

三、约定服务形式为（□面谈，见面地点为×××项目点

□电话联系 □网络联系 □其他__________________）

四、服务对象有权向中心提出服务终止服务，或在同意的情况下由中心转介至其他社会机构接受服务。服务对象有权对社工及社工服务过程提出意见或申诉。

五、申诉途径：

（一）项目名称：家庭服务　负责人：×××　联系电话：×××　项目地址：×××

（二）机构名称：×××；联系电话：×××　机构地址：×××

六、服务对象未满18周岁的，需监护人同意后，社工方可为服务对象提供服务，并由监护人共同签署服务协议书。

□服务对象□服务对象亲属李四（化名）愿意接受家庭服务项目社工张三（化

名）开展的服务工作，对服务时间、次数及申诉条件明白。在服务过程中本人会尽最大的努力配合和支持服务工作的开展，便于服务工作的开展，约定本协议。

服务对象签名：__________　　日期：__________

监护人签名：__________　　日期：__________

负责社工签名：__________　　日期：__________

示例分析

这个例子中，社会工作服务机构为存在考试焦虑症的青少年个案服务。服务协议是基于专业评估情况，并经过社会工作者与服务对象反复沟通和协商后订立的。协议中对于服务目标、服务内容、服务形式、双方的角色和义务等内容都进行了约定，是一个非常清晰、规范的服务协议。

原文

——配置资源；

解读

1. 对配置资源的理解

资源指的是实施社会工作服务所需要的人力、设备、场地、资金等。对任何一种社会工作服务而言，资源都是不可或缺的。在资源得到充分保证的情况下，服务的成效及完成时间会比较理想。反之，就有可能遭遇延期甚至无法完成。因此，有必要通过制订资源配置计划，确定在服务项目的每一个活动中需要的资源类型及数量，并进行合理配置，确保它和服务计划进度相匹配。

2. 社会工作服务项目的常见资源

如果服务对象不懂可以使用什么资源或者是不了解如何使用这些资源，他们就会陷入资源缺乏的困境。因此，配置资源的第一步就是认识资源，懂得资源的分类。根据不同的理论视角，资源会有很多不同的分类。从社区资产的视角来看，社会工作服务项目的资源可以分为四大类：

（1）个人资产，如知识、技能、价值观等。

（2）社区组织资产，如文化、康乐、社交等方面的组织。

（3）社会团队及部门资产，如政府部门、企事业单位、医院、学校等。

（4）自然资源与物质资产，如社区设施、广场、图书馆等。

3. 挖掘资源的原则和步骤

对服务项目及服务对象来说，手头可用的资源常常是有限的，因此挖掘资源的能力是社会工作者的必备技能之一。事实上，每个人身边都有资源。挖掘资源的基本原则是：凡是会受到这个服务项目所回应的问题直接或间接影响的人士，就可以向他们挖掘资源。

以设计一个帮助青少年预防家庭暴力的服务项目为例，除了服务对象之外，会受到这个服务项目所回应的问题（家庭暴力问题）直接或间接影响的人士还包括了社区人员、妇联、提供相关服务的社会服务机构、关注家庭暴力的社会团体、志愿者组织、医院、派出所等。社会工作者可以约见以上人士，挖掘资源，获得他们的支持。总结起来，挖掘资源的步骤可以分为以下几步：

（1）分析现有的数据和资源，例如：查看社区调查报告、机构服务记录中有关资源的信息、政府工作报告等。

（2）在进行社区调查、焦点小组或者重要人物访谈时，除了收集和问题相关的信息外，同时也可以收集与资源相关的信息。

（3）如果服务项目是扎根在社区里的，则可以“用脚看”，即走进社区观察各种资源。

4. 挖掘和配置资源的方法

挖掘和配置资源的方法很多，需要社会工作者从内外两方面采取介入措施：一是帮助服务对象运用自己的内在资源，以达到改变的目标。二是帮助服务对象运用现有的外部资源，将服务对象系统与资源系统连接起来，以增强服务对象的社会功能。

首先，帮助服务对象了解现有资源。服务对象的资源系统包括正式服务资源系统（群团组织及社会性资源，例如单位、工青妇联、学校、医院等）和非正式服务资源系统（家庭、朋友、邻居、同事、亲戚等）。

其次，可以进行转介。进行转介时要注意三点：一是征得服务对象同意；二是向要转介的机构出具正式的转介信和相关的转介资料，说明情况；三是进行转介后的跟踪服务。

再次，开展资源倡导。当服务对象所需资源缺乏时，社会工作者要发挥资源经纪人和倡导者的角色，将服务对象与资源系统连接起来。

最后，进行增能。增能的技巧包括：协助服务对象识别和善用自己的长处，用积极的自我形象代替消极的自我形象；提高服务对象的自我意识，了解与他们有关的资源系统；帮助他们组织起来，共同争取权益。

示例

2018年度北京市西城区常青藤可持续发展研究中心对机构品牌项目——“在城长”生活馆重新进行了服务项目资源配置的研讨。“在城长”生活馆这一旨在为流动青少年及其家庭提供整合性社会服务的社区服务机构已经在北京、青岛等城市进行规模化运营，每个生活馆有统一规范的管理模式，同时也已初具特色。

随着服务对象的需求和机构筹资方式发生变化，生活馆项目有必要从“输入型”模式向“在地化”模式发展。为回应这一变化，该机构从总干事开始，发动各部门的社会工作者参与了多次服务资源挖掘及匹配的调研和研讨会，最终决定通过自我造血和资源整合等多种方法，对社区的经费资源、教育资源、志愿者资源、媒体资源、机构资源、社区内部资源进行链接统筹，最终实现本社区的在地化可持续运营。以下是改革后的服务资源配置计划表。

表5.10 服务资源配置计划表

经费资源	政府采购	政府采购是社会工作者开展社区服务的主要资金来源，除此之外，机构还积极争取其他资金的支持，降低资金单一带来的风险
	基金会支持	
	企业捐赠	
教育资源	商业机构	机构以开展普惠性非正规教育课程和活动为主，多类型的教育资源链接可为青少年带来多元化的服务
	事业单位	
	教育工作者	
	学校教育资源	
志愿者资源	高校社团	通过对高校、社会、企业志愿资源的整合，为生活馆的发展提供了更多专业性的人才，缓解社会工作机构人员不足的服务现状
	社会招募	
	企业员工	

续表

媒体资源	传统媒体	通过多手段的媒介，加强机构宣传及教育理念的推广，营造良好的社会氛围，扩大社会效益
	户外媒体	
	新媒体	
机构资源	社会组织合作	机构与很多公益性的社会组织有着密切的联系，能广泛调动社会公益资源
社区内部资源	居民自组织	依靠社区内部的资源是在地化发展的必然选择，鼓励居民参与，不仅能缓解人力不足的压力，还能推动社区互助氛围的营造
	居民志愿者	
	居民教育资源	

（示例来源：北京市西城区常青藤可持续发展研究中心）

示例分析

该机构注意到随着服务对象的需求和机构筹资方式发生变化，相应的服务场馆的建设思路也需要改革，要从“输入型”模式向“在地化”模式发展，因此重新进行了资源挖掘和配置。他们首先发动各部门的社会工作者参与了多次服务资源挖掘及匹配的调研，召开不同资源方的研讨会，最终决定通过自我造血和资源整合等多种方法，对社区的经费资源、教育资源、志愿者资源、媒体资源、机构资源、社区内部资源进行链接统筹，找到适合的服务资源。

原文

——预估服务风险，设计应对方案；

解读

1. 对风险与风险管理的理解

风险是指潜在地影响组织目标的事件及其发生的可能性与严重程度。可能性意味着事情发生的不确定性，严重性意味着事情发生造成的冲击或损失。对社会服务而言，这些事情的发生可能会影响组织目标的达成，也可能会影响为服务使用者所提供的服务。

风险管理是指为了有效管理可能发生的影响事件及将其不利影响极小化而执行的步骤及其过程。风险管理不是追求“零”风险，而是强调在可接受风险下追求最大效益。风险管理不是等到服务实施后才进行的，而是从服务计划启动时就应当开始的，并贯穿服务设计和实施阶段。

2. 常见的社会服务风险

与社会服务相关的常见风险可以分为两大类，如表 5. 11 所示。

表 5. 11　常见的社会服务风险

风险类别	风险名称	具体内容
一般风险	成本	资金不到位、通货膨胀等
	人员	人员流失、招募困难、服务对象的配合度、人身意外等
	服务活动	活动现场秩序、活动挑战性等
	进度	延误或其他影响指标完成的潜在问题
	政策背景	新政策出台、政策更改
	天气	季节性气候、极端天气等
运营管理风险	场地	空间不足、不开放、破损等
	设备	设备损坏、被盗、设备缺乏等
	资讯科技	系统被攻击、软件落后等
	信息沟通	内部沟通不畅、信息管理不当、信息泄露等

3. 设计服务风险应对方案

(1) 准备风险管理框架

首先准备风险管理框架（如表 5. 12 所示），它包括以下栏目：目标（即服务目标）、任务（即服务要完成的各种任务及工作包）、风险（即识别出来的风险）、可能性/影响力（即风险的可能性和影响力）、措施（即针对风险的对策）、服务方案的处理（根据所设定的对策，在服务方案中进行修订）、负责人（负责处理风险的人）。

表 5. 12　风险管理框架表

目标	任务	风险	可能性/影响力	措施	服务方案的处理	负责人

（2）根据目标和任务识别风险

这一步是以服务目标和所设计的任务为依据，预估和识别风险。识别风险可以从以下角度入手：第一，要完成计划的每项任务，预估会出现什么风险；第二，要达到计划的每个目标，会出现什么风险？也就是说，我们需要从每个目标里的每项活动去检视，思考及列出可能遇到的风险，以保证服务的目标能够顺利达成。

（3）分析风险的可能性和影响力

根据风险的可能性和影响力的高、中、低三个级别，按以下步骤对风险处理的先后进行排序：

第一步，先在“风险管理框架表”第四栏填写风险的“可能性/影响力”的高、中、低级别。

第二步，准备一个矩阵图（如图 5.1 所示），纵轴为可能性，横轴为影响力，按风险的可能性和影响力三个级别，把风险的编号填写在矩阵图所属方格里。例如，把可能性中、影响力高的风险，放在中上角的位置。填满后，我们据此判断哪些风险需要处理。判断时有以下原则：

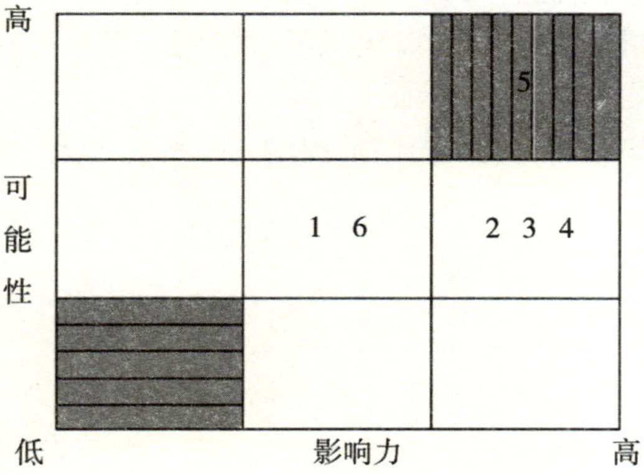

图 5.1　风险的可能性和影响力分析矩阵图

一是处于竖线部分的风险，发生的可能性高，影响力也高，为高风险，必须处理。

二是处于空白部分的风险，发生的可能性和影响力都不同时为高，为中度风险，需要处理。

三是处于横线部分的风险，发生的可能性和影响力都低，为低风险，暂可不理。

（4）制定应对措施

接下来，根据矩阵图的风险级别的分析结果，制定应对措施。处理风险可根据风险的高低采用四种策略：回避、减轻、转移和接受。风险高时多数采用回避或减轻策略，风险低则采取转移或接受策略。当思考措施时，我们可参考这四种策略，根据实际情况填写“风险管理框架表”第五列“措施”。

在填写完“措施”后，我们还需要把措施所需增加或减少的活动和资源在项目方案里同步进行修订，这就是表中第六列“服务方案的处理”所需说明的事宜。具体来说，如果应对措施与服务内容及任务有关，我们需要返回服务内容及任务明细表，进行增删或者修改相关任务；如果因为任务的改变而导致服务目标也同时需要改变，我们就需要返回目标设定环节，重新拟定目标。

一般来说，回避、减轻、转移三种策略的措施都能通过修订服务方案来回应，但采取“接受”策略的措施难以提前准备，需要等风险出现后才能处理。因此，需要把“接受”措施填写在服务方案里的“可预计风险与措施”部分，以此说明方案已经考虑到这些风险，并有所应对。

最后，我们需要为每项风险的处理措施安排负责人，这样才算完成整个风险管理过程。

示例

2017 年，沈阳市铁西区乐和社会工作服务中心开展“花 Young 年华·壹乐园社区 Club”青少年现场开放和宣传活动，并邀请“四点半”小课堂的学员与家长一起参与到活动中来，目的是希望通过本次活动增加家长对学堂服务的认识，同时可以增加学员与家长的沟通和互动，增进亲子关系。青少年社会工作者对活动中可能会出现的风险作出了分析，并形成了以下风险管理框架表，据此制作了风险预案。

表 5.13 风险管理框架表

目标	任务	风险	可能性/影响力	措施	服务方案的处理	负责人
增加家长对学堂服务的认识；增加学员与家长的沟通和互动，增进亲子关系	招募“四点半”小课堂的学员与家长	学员及其家长不确定能否参加活动	中/高	1. 积极与家长沟通，鼓励参与 2. 若学员和家长有事，需提前2天请假，突发情况除外	在内容明细表中增加了“活动人员参与表格信息”与“活动请假表”	项目负责人
提高学员参与活动的积极性	学员向家长展示学习成果、动手能力	1. 学员在制作食物期间，使用刀具时存在安全隐患	高/高	1. 志愿者要时刻认真观察参与者使用刀具的情况 2. 提前告知参与者应注意的事项 3. 家长积极配合看管子女的工作	在内容明细表增加“志愿者活动培训计划”	一线社工
		2. 活动期间学员到处走动，不听从安排，导致场面混乱	中/高	1. 提前告知学员应注意和遵守的事项 2. 志愿者现场维持秩序	在内容明细表增加“现场活动注意事项”	一线社工

（示例来源：沈阳市铁西区乐和社会工作服务中心）

示例分析

这个案例中，机构为了有效管理可能发生的影响活动的风险因素，按照风险管理的原则，对整个服务过程可能出现的风险作出了识别与分析，围绕着：要完成计划的每项任务，会出现什么风险；要达到计划的每个目标，会出现什么风险这两大问题，仔细地梳理了各种风险因素，作出服务风险管理框架表，在清楚列出服务目标和服务要完成的各种任务及工作包的基础上，对识别出来的风险及其可能性和影响力作出预估，制定出针对风险的对策，确定了负责处理风险的人，并根据所设定的对策及时对服务方案进行必要的修订。

原文

——明确评估指标，选择评估方法。

解读

评估作为服务设计的最后一环，旨在考查社会工作的介入是否有效，是否达到了预期的目的与目标。它可以监督介入工作的进度，发展本土社会工作专业知识和方法，促进专业成长，巩固改变成果，也是社会工作专业承担社会问责的重要一环。评估机制需要在服务方案实施前就建立好。

1. 对评估的理解

社会工作评估是指运用科学的研究方法和技术，系统地评价社会工作的介入结果，总结整个介入过程，考查社会工作介入是否有效、是否达到了预期目的与目标的过程。

2. 评估的目的、内容

（1）评估的目的

①考查社会工作介入效果、服务对象进步情况及介入目标的实现程度。

②总结工作经验，改善工作的方法和技巧，提升服务水平。

③验证社会工作方法的有效性。

④进行社会工作研究。

（2）评估的内容

①目标是否得当。

②工作方法和技巧是否得当。

③角色是否有效。

3. 评估的类型

对社会工作服务进行评估有不同的策略，根据评估目的不同也可以分成不同类型。比较常用的有过程评估和结果评估两种。

（1）过程评估。过程评估是对整个介入过程的监测，包括对社会工作介入进行的每一个步骤、每一个阶段分别作出评估。

（2）结果评估。结果是指介入行动最终完成的形态，包括目标结果和理想结果两个部分。

4. 对评估指标的理解

为了评估服务的效率、成效和影响，需要说明服务要达到什么标准，还要说明要用什么方法来达到这些标准。制定评估指标就是为了回应这些需要。

所谓评估指标，指的是在服务过程中出现的能证明服务成效已经达到的一些事情或标志。例如，为了评估一个对青少年进行垃圾分类的培训是否有效，评估指标可以是：有 80% 的青少年能进行日常垃圾的分类。

在设计评估指标时，需要注意以下三点：指标必须是具体和可以量度的；指标是服务提供者力所能及的；指标要以行为来表述（尤其是对于定性的指标，将其转化为行为比较容易被测量）。

5. 评估指标的设计方法

评估指标需要经过科学严谨的设计，方可应用在服务方案中。设计过程可以归纳为以下三个步骤：

第一，设计评估框架。以下的评估框架表在实务工作中使用的效果良好，可为青少年社会工作者进行评估方案的设计提供比较全面的思路。

表 5.14　服务评估设计框架表

服务方案设计阶段				服务完结阶段	
目标（此处填写服务的具体目标）	指标类	评估指标（能证明本服务的成效已经达到的一些事情或标志）	评估方法/工具（问卷、量表、签到表、访谈记录表等）	实际完成情况（可与策划阶段的评估指标进行对比）	反思与建议
	活动（指提供给服务对象的活动单位的产出）				
	参与者（指和服务对象接触的事件或接触单位的产出）				
	服务成效（提供给服务对象的活动所带来的改变）				

第二，认识评估框架里的各个概念。按照服务方案所处的阶段，完成框架内容的设计和填写。需要注意，活动成效有很多表现形式，知识、技巧、态度、行为、情绪、关系、状况等方面的改变均可计入，但一般不需要全部涉及。

第三，确定评估设计方案。根据以上评估指标及相应的设计，结合服务方案的目标，选取合适的评价方法和评价工具，便可形成服务评估设计方案。

6. 评估方法及选取原则

（1）常用的评估方法

评估方法大体分为两类，即质性方法和量化方法。社会工作服务评估的目的在于找出问题，总结经验，提升服务水平。所以，选择评估方法应从简单、可行和实用出发。根据评估的目的和需要，可选用以下评估方法及技巧开展评估。

①基线测量方法与技巧。基线测量方法是在介入开始时对服务对象的状况进行测量，建立一个基线作为对介入行动效果进行衡量的标准基线，

以评估介入前后的变化，并以此判断介入目标达到的程度。基线测量方法可以应用于对个人、家庭、小组或者社区的工作介入评估，通过对服务对象介入前、介入中和介入后的观察和研究，比较服务提供前后发生的变化。

②任务完成情况的测量方法与技巧。通常运用 5 个等级尺度来测量任务的完成情况：没有进展（0 分）、极少实现（1 分）、部分实现（2 分）、大体上实现（3 分）、全部实现（4 分）。将每项任务的最后得分加到一起，然后除以可能获得的最高分数，再乘以 100%，就能确定完成或者介入行动成功的百分比。

③目标实现程度的测量方法与技巧。这种评估方法是对介入目标的评估，包括：

一是目标核对表。可以使用目标核对表来罗列与界定目标并记录下来，服务任务完成后进行前后对照。

二是个人目标尺度测量。制定个人测量化的尺度来回应千变万化的服务对象，例如使用 5 级制来测量和计划出服务对象实现个人化目标的情况。

④介入影响测量方法与技巧：

第一，服务对象满意度测量。由服务对象用口头或书面形式，包括填写问卷来表达对介入的看法。

第二，差别影响评分。这是一种更为结构性的评估方法。首先由服务对象对介入影响进行自我陈述，报告自己有哪些变化。其次分析区别出哪些是介入本身带来的变化，哪些是其他因素带来的变化。与满意度测量一样，社会工作者也要注意这种方法有可能带有服务对象的主观色彩。

（2）选取评估方法的原则

①方便度：评估数据是否容易收集到？

②经费：评估数据是否需要花经费才能收集？该项服务有多少经费可以用于评估工作？

③时间：评估数据是否需要长时间的收集？服务实施期间能否完成？

示例

北京市海淀睿博社会工作事务所于2013年针对海淀区范围内居住的12—25岁的闲散青少年以及具有不良行为的青少年开展了“阳光关爱行动——北京市海淀区青少年特殊群体外展社会工作服务项目”。该服务项目由专业社会工作者和受过训练的志愿者，运用外展社会工作理论与方法，就目标群体在家庭、学业、情感、职业、休闲、人际关系等方面遇到的问题，提供专业帮助及成长引导，使其能够正确处理生活中的困扰或问题，发展个人的潜能，完善家庭关系及社会关系，预防犯罪，健康成长。

为系统地评价社会工作的介入结果，考查社会工作介入是否有效，是否达到了预期目的与目标的过程，机构在服务设计阶段就运用服务评估设计思维框架，设计出评估指标，选取了评估方法。如表5.15所示。

表5.15 服务评估设计思维框架

服务方案设计阶段			
目标	指标类	评估指标	评估方法/工具
为不良行为的青少年目标群体提供专业帮助及成长引导，使其能够正确处理生活中的困扰或问题，完善家庭关系及社会关系	活动	①完成调研报告1份 ②完成示范性光盘1份 ③完成工作手册1份	过程评估/问卷、活动签到表等
	参与者	①在个案、小组、社区层面，为500名特殊青少年提供间接社会工作服务 ②对其中100人左右闲散及不良行为青少年及家庭成员提供社会工作专业服务 ③对其中20名重点对象建立个案帮扶跟踪档案，配备专人开展困难帮扶、心理疏导及成长引导，记录帮扶过程	过程评估/接案及综合状态评估量表、访谈记录表、服务记录表
	服务成效	①帮助服务对象明确成长方向，促进服务对象健康成长 ②建立相关实务工作模式	结果评估/服务评估表、服务记录表

社会工作者根据此评估设计方案及项目委托方的要求，决定采取过程评估和结果评估两种方式进行项目评估：(1) 过程评估。在服务项目实施过程中，由机构邀请社会工作领域专家学者、政府人士、资深社会工作者组成评估团队，制定评估方案，对服务项目实施情况进行监督、评估和指导，撰写评估分析报告，提出评估意见。(2) 结果评估。服务完结后，机构针对“服务介入的效果以及是否达到项目预期目标”“服务对象在服务结束以后是否有能力继续提升和改变”这两个评估问题，开展社会服务项目本身效果、对外部环境的影响、对社会工作专业发展的促进等方面的评估。（示例来源：北京市海淀区睿搏社会工作事务所）

示例分析

该服务项目的目标群体人数众多，涉及的专业方法多种多样，服务机构在设计阶段能按照评估设计框架进行整体评估方案的规划设计，把目标量化为评估指标，指标中又详细区分了针对不同目标人群的可测量、可量化的数字指标，设定了适合的评估方法，规定了有效的获取评估资料的工具。这样的评估规划设计图清晰完整，可操作性强，是下一步开展服务的指南针和罗盘，能保证服务项目的执行方向正确、效果可期。

第三节　服务实施

原文

7.3　服务实施

在服务实施过程中应完成的主要工作包括但不限于：

——分解服务任务；

解读

1. 对分解服务任务的理解

分解服务任务是青少年社会工作者实施服务时需要进行的一个重要工作。它是以可交付成果为导向的、对服务方案各要素进行的任务分组，是对服务方案全部工作的更详细和更具体的切分，也是制订进度计划、资源需求、成本预算、风险管理计划和采购计划等的重要基础。

2. 分解服务任务的步骤

对服务任务的分解，是一个从目标到过程目标、从过程目标到活动的逐层分解的过程。它可以通过工作分解结构来进行。工作分解结构将服务内容及任务分解到相对独立的、内容单一的、易于成本核算和检查的工作单元，并能把各工作单元在整个服务方案中的地位与构成直观地表示出来。其操作步骤是：

（1）识别服务目标，明确项目最主要的成果。这一步最重要的是厘清要实现项目目标需要完成的主要工作。

（2）确定每一个可交付成果的详细程度是否已经达到了足以编制适当的成本预算和历时估算的要求。如已达到，则可以进入后面的第四步。如果没有，就进入第三步。

（3）确定可交付成果的组成元素，用平实的语言和可验证的结果来描述它们，以便进行绩效评估。这一步最重要的是说明为了完成上述各个组成部分需要做哪些更具体的工作。

（4）审查每一级工作元素，以保证确认了全部的工作。

（5）继续将元素分解到工作包的层级。每分解多一级，就代表着对服务内容和任务进行更详细的切分和说明，直到分解不下去为止。看最低层级的工作元素是不是足够清晰完整、可不可以分配到相关的具体的职责部

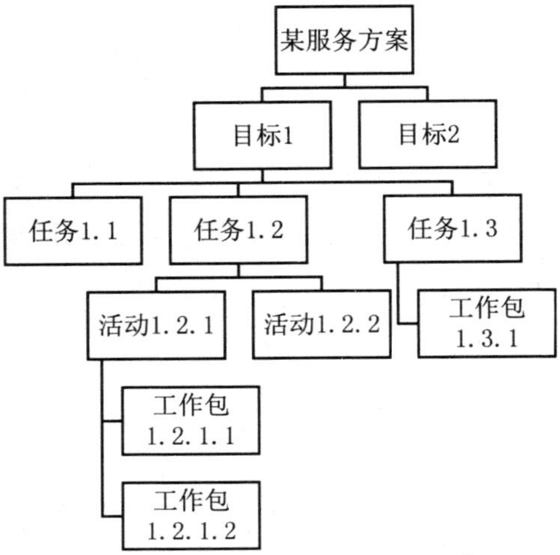

图 5.2　分解服务任务的步骤图

门来完成、能不能适当地编制服务进度和预算表。如图 5.2 所示。

（6）与利益相关者一起审查服务任务分解表，确保覆盖服务方案的所有工作，并进行必要的调整、编码、完善，上报审批。

3. 分解服务任务的常用工具及使用方法

工作分解结构图（Work Breakdown Structure，简称为 WBS）是将服务项目按照其内在结构或实施过程的顺序进行逐层分解而形成的结构示意图。WBS 可以作为青少年社会工作者进行服务任务分解的常用工具。它是完成服务所必须进行的全部活动的一张清单，能够清晰地展示服务的内在架构，说明各项用以实现目标的任务、活动、工作包以及它们相互之间的关系，也可以作为团队职责分工的参考基础。

表 5.16 是一种常用的 WBS 表格，它首先列出目标、任务、活动及工作包，其次把目标分解成需要完成的任务，最后把任务分解为活动及工作包。分解时可以直接书写，也可以把内容的关键词写在便笺条上，再把便笺条放置在相应格子里，适当进行挪动，以确保所设计的内容相互之间的逻辑性及时间顺序。

表 5.16　分解服务任务的 WBS 表

	任务	活动	工作包
目标 1			
目标 2			
目标 3			
……			

4. 分解服务任务应当遵循的原则

（1）子项目的规模要适中。社会工作服务专业方法的特点决定了子项目本身的规模不能太大，也不能太小。过大失去了任务分解的意义，过小则增加了不必要的管理难度。

（2）所有子项目的分解都要以服务目标为依托，而目标要以社会工作专业伦理为指导。社会工作是一个以价值为本的行业，它必须遵循严格的价值伦理。社会工作不会仅仅按照效率和预算的要求与限制来制定目标，而是始终以服务对象的利益为中心来制定目标。如果仅出于效率上的衡量，项目可能会采用某些干预手法，导致对服务对象来说最有效的服务方法（可能不是那么有效率）无法付诸实践；如果仅出于预算上的考虑，也可能导致服务的削减，不利于服务对象最佳利益的实现。

示例

2018年暑期，北京市朝阳区立德社会工作事务所为北京中医医院开展了“暑期托管班”项目。这个项目主要是为了解决暑期青少年无人看管的问题。事务所根据服务需求，对服务目标进行了分解。具体服务目标确定为：让各位职工父母能够正常规划自己的工作与生活；督促青少年高效完成暑期作业，丰富暑期生活；使青少年能够在暑假期间培养自己的兴趣爱好，通过体验不同课程促进身心健康成长。根据服务的目标，社会工作者再把服务任务分解为：完成25日次的全天式托管服务；开展文化学习课堂、主题实践类活动预计41节次；开展兴趣特长小组活动预计44节次。如表5.17所示。

表5.17　服务任务分解表

目标	任务	活动	工作包
目标1：让各位职工父母能够正常规划自己的工作与生活	完成25日次的全天式托管服务	为青少年开展暑期班的活动	1. 学员报名时填写《暑期班报名表》《暑假班学员详情表》《暑期班安全协议表》 2. 为暑期班同学购买意外伤害保险（学员家长出资） 3. 每班配备一名班主任、3名助教管理班级，防止学生发生意外情况 4. 对管理老师进行安全教育培训
目标2：督促青少年高效完成暑期作业，丰富暑期生活	开展文化学习课堂、主题实践类活动预计41节次	课堂辅导活动；主题实践类活动	1. 作业完成及辅导课 2. 传统中医特色课堂、环保主题课堂等多类型的主题教育课堂
目标3：使青少年能够在暑假期间培养自己的兴趣爱好，通过体验不同课程促进身心健康成长	开展兴趣特长小组活动预计44节次	兴趣小组活动；特长班	1. 小主持人课堂 2. 国标舞课程 3. 书法课程 4. 中国传统文化小课堂 5. “我是演说家”故事分享课 6. 欢乐手工坊 7. 美术学习课程 8. 运动体能课程

（示例来源：北京市朝阳区立德社会工作事务所）

示例分析

北京市朝阳区立德社会工作事务所根据暑期青少年托管的服务需求，先用量化、清晰的语言描述并制定出服务目标，在此基础上开始了服务方案的分解工作。首先，社会工作者根据服务内容的时间以及逻辑顺序对服务的目标进行了分解；其次，根据服务目标进行服务任务的分解；再次，根据分解的服务任务对服务活动进行分解；最后，把服务活动的内容制作了工作包。这个分解表逻辑清楚，任务具体，规模适中，能把服务目标、任务、活动以及工作包内容等一一确定，是一个非常有指导作用的服务任务分解图。

原文

——明确人员分工；

解读

1. 人员分工的必要性

青少年社会工作服务通常由专业机构组建专门的服务团队来提供。为了满足服务对象的需要，服务团队可能由来自同一机构的社会工作者构成，也有可能由跨部门、跨领域甚至跨地域的人员构成。这个团队分享共同的愿景与目的，通过成员彼此之间的讨论、互相辅助、沟通与分工协作，达成被赋予的目标或任务。在这样一个服务团队中，社会工作者需要与他人通过有效的分工和协作，才能达成助人目标。

2. 人员分工的基本原则

青少年社会工作服务的管理者要根据所确定的服务环节进行人员分工。这里的人员分工不仅包括社会工作者团队的分工，也包括志愿者等其他参与服务人员的分工①。在分工时，社会工作者要坚持“因岗选人、人岗匹配、人事相宜”的原则。

“因岗选人”指的是根据岗位的要求来考虑和选择合适的人员，不能

① 池仁勇，等．项目管理（第三版）[M]．北京：清华大学出版社，2015.

因人设岗；“人岗匹配”是要进行人员分析和岗位分析，确保选择的人员无论是性格还是能力都能胜任工作要求；“人事相宜”是说明人员分工要达到的最终效果，指的是应通过合理的人员分工，实现人力资源的合理、充分利用，达到工作最优化①。

3. 明确工作职责的具体方法

如何让服务团队的所有人都能够明确自身的职责，是人员分工之后的一项重要工作。社会工作者可以编写工作说明，以书面形式对各个岗位的工作性质、任务、职责等进行具体描述，帮助服务团队成员理解和掌握。社会工作者还可以进行工作说明，通过绘制人员分工结构图的方式，让服务团队的每一个人都清楚地了解团队内部的工作关系，如领导关系、协助关系等。此外，工作分工会议与培训也是有效明确职责分工的方法。总之，社会工作者可以根据工作需要，选取一种或多种方法，帮助团队中的每个人明确自己的工作职责。

示例

广州市越秀区“阳光家庭”服务项目把区内青少年残疾人群体作为项目的重要服务对象。按照《共建残疾人社会保障体系和服务体系建设先行市协议》的要求，社会工作者仔细对“阳光家庭”计划方案进行研读，通过对过往相关服务的总结以及考察多家机构服务模式，最后制定出“阳光家庭”计划的项目执行书，制定了工作目标、工作理念、工作内容及流程，并对人员管理、档案管理等方面进行了规范，确定了人员架构（如图5.3所示）和各小组成员及其职责（如表5.18所示），为“阳光家庭”服务项目的顺利开展打下了坚实的基础。以下是对“阳光家庭”项目中服务人员分工和职责情况的介绍。

① 池仁勇，等. 项目管理（第三版）[M]. 北京：清华大学出版社，2015.

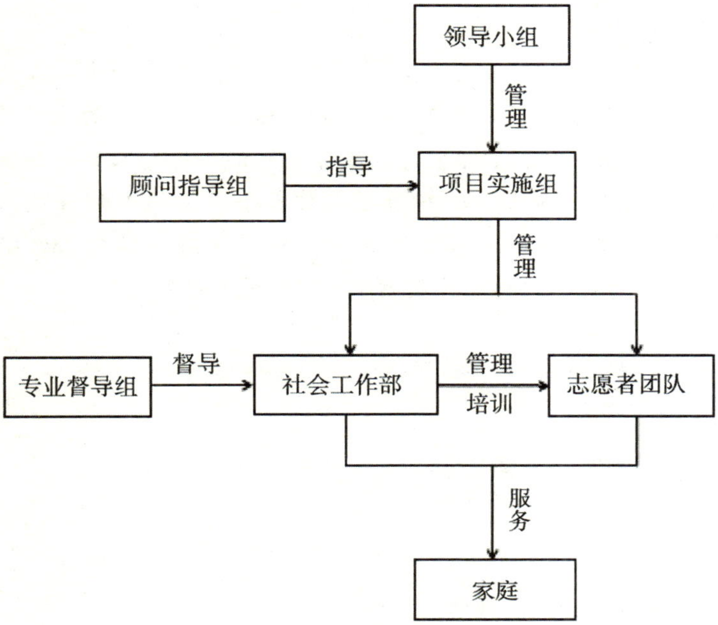

图 5.3　广州市"阳光家庭"服务项目人员架构图

表 5.18　广州市"阳光家庭"服务项目各小组成员及其职责介绍

组别	成员构成	职责
领导小组	由区政府、区残联、区卫生局、区民政局相关人员组成	业务指导、工作协调
顾问指导组	由广东省社会科学院、广东工业大学、华南农业大学等相关专业人员组成	专业指导，项目监督、评估，实践与经验分析
专业督导组	由香港新生精神康复会资深顾问、资深社会工作者组成	对社会工作实务、工作技巧的指导
项目实施组	由专职社会工作者及其他成员组成	组织项目的具体实施

（示例来源：广州市越秀区残疾人联合会．阳光家庭的实践与思考——越秀区"阳光家庭"行动计划项目经验总结［M］．广州：南方日报出版社，2014）

示例分析

广州市越秀区“阳光家庭”服务项目为了满足服务对象的需要，并让服务团队的所有人都能够明确自身的职责，根据人员分工的基本原则，首先，通过绘制人员架构图的方式，让服务团队的每一个人都清楚地了解团队内部的工作关系。其次，以书面形式对各个岗位的工作性质、成员构成、职责进行具体描述，以帮助服务团队成员理解和掌握。这些措施为“阳光家庭”服务项目的顺利开展打下了坚实的基础。

原文

——控制服务进度；

解读

1. 对服务进度管理的理解

在服务的执行过程中，由于各种主客观条件发生变化而导致大大小小的偏差是常有的事。所以，在制订详细科学的进度计划之后，还要在服务进行过程中不断监控进程。一旦发现偏差，要尽快采取有效措施使服务计划按预期的进度和目标进行。这个监控调整纠偏过程就是对服务进度的管理，它是为了确保服务准时完成而必须进行的一系列管理活动与工作，可通过制订服务进度计划来实现。一般来讲，服务进度计划要说明服务的起止日期、具体的服务实施方案与相关措施。

2. 服务进度控制的内容与步骤

服务进度控制的内容主要包括：确定进度是否已经发生变化；对造成进度变化的因素施加影响，以保证这种变化朝着有利的方向发展；在变化发生时，对这种变化实施管理。服务进度控制必须与服务方案整体变化控制的其他控制过程如成本、质量控制过程紧密结合。

服务进度控制主要包括以下四个步骤：

（1）对进度进行跟踪与监控。通过执行情况报告来分析进度，找到哪些地方需要纠正。

（2）确定应采取哪种具体的纠正措施。

（3）将纠正措施列入服务计划，形成变更报告。

（4）重新计算进度，调整进度计划，并估计纠正措施的效果。

如果计划采取的纠正措施仍无法获得满意的进度安排，则必须重复以上步骤。

3. 服务进度管理的工具

（1）进度跟踪报告

通过定期填报和分析进度跟踪报告，青少年社会工作服务的管理人员可以及时发现进度的偏差。表 5. 19 可以用来跟踪需报告的信息。

表 5. 19　服务进度跟踪报告表

<table>
<tr><td colspan="6">服务进度报告</td></tr>
<tr><td>负责人姓名</td><td></td><td>服务项目名称</td><td></td><td>本周结束日期</td><td></td></tr>
<tr><td colspan="3">关键问题</td><td colspan="2">是</td><td>否</td></tr>
<tr><td colspan="3">任务范围有变化吗？</td><td colspan="2"></td><td></td></tr>
<tr><td colspan="3">超过预计日期了吗？</td><td colspan="2"></td><td></td></tr>
<tr><td colspan="3">工作量估算有问题吗？</td><td colspan="2"></td><td></td></tr>
<tr><td colspan="3">有专业技术方面的问题吗？</td><td colspan="2"></td><td></td></tr>
<tr><td colspan="3">有审核方面的问题吗？</td><td colspan="2"></td><td></td></tr>
<tr><td colspan="6">对跟踪项目的解释：</td></tr>
<tr><td colspan="6">下一周任务计划：</td></tr>
<tr><td colspan="6">发现问题和解决办法：</td></tr>
<tr><td>完成人/日期</td><td></td><td colspan="2">审核人/日期</td><td colspan="2"></td></tr>
</table>

（2）服务进度计划表

服务进度计划表也是常用的服务进度管理工具，它将服务的行动计划转换成一个时间表，该时间表可作为监控活动的基础，也可与计划和预算结合起来构成进度管理的主要工具。在实务工作中，可以使用关键日期法、甘特图、关键路径法等绘制各类服务进度计划表，进行服务进度的控制和管理。以下简单介绍甘特图的绘制和使用方法。

甘特图是最常用的进度管理工具之一，其功能包括规划时间、计算所需资源（即人力、物力、设施设备等），社会工作者可以根据甘特图对服务进度进行有效的控制。绘制甘特图时，把工作分解结构作为基础，将目标、任务、活动、工作包等各层级的内容依序绘入表格中，其中目标、任务、活动、工作包以及时间安排是不可或缺的内容。如表 5.20 所示，其中横轴表示进度或活动时间，纵轴表示工作包含的内容。横道线处标明了每项工作的起止时间，线的长度表示了该项工作的持续时间。甘特图的时间轴决定服务计划粗略的程度，根据计划的需要，可以用小时、天、周、月等作为度量进度的时间单位。

表 5.20　服务进度计划表

工作任务/时间	1	2	3	4	5	6	7	8
A	→	→						
B	→	→	→	→				
C				→	→			
D					→	→	→	→

4. 控制服务进度的流程

完成了服务进度计划制订工作后，服务管理者的主要精力应转移到监控进度计划的执行效果上来。可以通过实地观察、阅读服务进度报告、会议研讨等多种渠道了解实际执行的信息。当需要控制服务进度时，可以通过比较执行情况与计划是否吻合、对出现的偏差采取适当措施等步骤来实现目的。详细操作流程如图 5.4 所示。

5. 控制服务进度的方法

服务管理者要对进度状况作出正确的分析和判断，首先要收集以下几方面的信息：

（1）服务进度计划。服务管理团队制订的各级进度计划是进度控制的基础。进度控制的主要目的就是保证实际进度与计划进度相吻合，如果缺乏详细的进度计划则谈不上进度控制。

（2）服务实施报告。服务实施报告可根据需要按月或季度提供，要说明有关服务进度的基本情况，如哪些活动按计划完成了，哪些部分完成或者没有完成，影响进度的主要因素有哪些。

（3）服务变更请求。服务变更对进度会产生极大的影响，应对变更严格控制。通过建立服务变更的评估与审批规定，明确变更的要求并了解其对进度的影响。

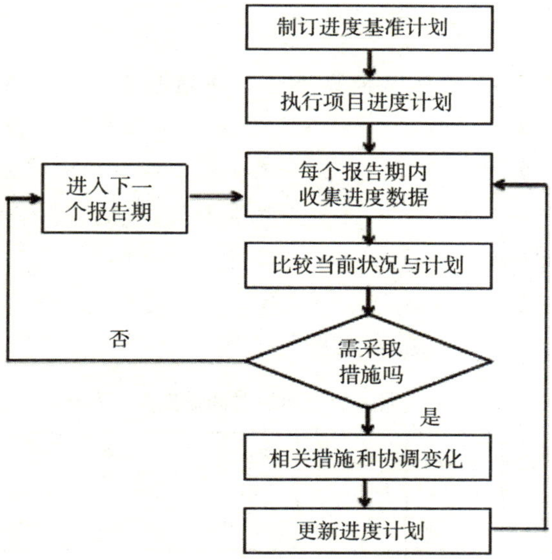

图 5.4 服务进度控制流程

(4) 评估中发现的进度问题。过程评估中发现的进度偏差或者高层管理者在检查中发现进度的问题都需要服务团队及时解决。

(5) 进度管理制度。服务方案中确定的关于如何制订计划、执行计划、调整原计划以及奖惩管理制度的相关安排。

(6) 风险因素。如关键人力资源不能到位或离职、服务场馆不能按时交工、无法招募到足够的志愿者等，这些风险都会对进度产生极大影响，在风险管理预案中需要有所反映。

在信息完整的前提下，服务管理者可通过定期召开月度状况汇报会、周期性例会等来进行有效的服务进度控制。这类会议要研究的内容包括：分析上阶段服务完成情况；分析未完成工作对服务的影响，何时才能完成，是否需要采取纠偏措施，需要什么资源和支持，何时才能回到计划轨道；确定下阶段工作目标、重点和难点。如果是时间紧张、计划复杂的大型服务项目，应保持适当的会议召开频率，会期相隔太长会导致大量的进度问题得不到及时处理，积压下来造成的进度延误很有可能会失去纠偏的最佳时机，造成不可挽回的后果。

示例

“自由翱翔——凤山区精神障碍者及家属服务方案”是我国台湾地区高雄佛明社区复健中心执行的一个为该中心的慢性精神障碍者（青年居多）及其家庭提供的服务项目。为了确保服务能够准时完成，为服务对象提供更好、更有效率的服务，社会工作服务团队通过制作甘特图来对服务进度进行控制和管理，确认每一项工作任务的起始时间和持续的时长，并通过甘特图来对服务进度进行监控管理。以下是服务项目执行期间的甘特图，因篇幅所限，仅截取部分图表。

表 5.21　服务执行期的时间进度表（部分）

工作任务/时间	第一周 2012.7.17–7.23	第二周 2012.7.24–7.30	第三周 2012.7.31–8.6	第四周 2012.8.7–8.13	第五周 2012.8.14–8.20	第六周 2012.8 21–8.27	第七周 2012.8 28–9.3
与相关单位联系							
个案管理服务							
个案管理服务督导							
办理手牵手家属支持成长小组（第二批次）							

（示例来源：黄松林，赵善如，陈宇嘉，万育维．社会工作方案设计与管理（二版）［M］．台北：华杏出版机构，2012：352）

示例分析

为了确保服务能够准时完成，“自由翱翔——凤山区精神障碍者及家属服务方案”服务团队制作了甘特图来对服务进度全程进行控制和管理。此处截取的是服务执行期的部分甘特图。图中第一列纵轴把这个时期预期要完成的服务工作任务（任务已经分工到适合机构的运作单位安排工作的层级，不宜再切分）一一罗列出来，然后在横轴上对完成任务的时间以周为单位做好规划，十分清晰有序、一目了然。社会工作者可以根据此表对服务进度进行有效的控制。

原文

——优化服务内容；

解读

1. 优化服务内容的必要性

在青少年社会工作服务实施过程中，为了保证服务能满足青少年的需要，服务管理者需要对照服务目标、进度管理计划、服务实施标准等来不断监测正在进行的服务活动的各个阶段。一旦发现服务内容出现预期计划与执行情况之间的差距、偏离（不论是专业理论、方法、价值观、时间进度、活动规模、社会影响等任何方面，均有可能出现此类问题），管理者需要及时纠正，对服务内容进行优化，确保服务目标实现。

2. 优化服务内容的方法

以下情况需要青少年社会工作服务人员及管理者及时进行服务内容的优化：

（1）当发现“计划赶不上变化”时

由于服务对象及人数的变更、服务区域的变更、服务需要的变更导致服务目标的变更、人力资源的变更等各种主客观原因，致使原计划的服务内容无法保质保量完成，社会工作者需要经过行政程序来处理这些变更。但这些变更不能随意处理，需要先向上级提出变更申请，批准后方可行动。对于管理层来说，这些变更记录及上报的过程非常重要。

当服务需要作出某些变更时，需要记录变更的详情，一般包括：变更事项、处理与结果、跟进人等。如果这些变更涉及某些利益相关方，社会工作者需要先与其沟通，再采取行动。记录变更的方式没有一定的标准，可参照表 5.22。

表 5.22　服务变更汇总表参考模板

序号	变更事项	处理与结果	跟进人

（2）当发现成员表现不达标时

当服务团队成员的能力表现不达标导致服务进度或者成效不如预期时，要想办法从人力资源培养角度，选择适当的培养方式，使他们能够胜任服务。培养方式可包括以下几种：

①在职训练：在日常工作中，由管理者和资深社会工作者对下属或资历较浅的成员进行训练。这样可以一边工作，一边接受指导，从实践中学习。

②提供督导：由资深社会工作者提供督导，督导功能分为行政性、教育性和支持性，形式可以是个人、团体或现场督导等。

③朋辈学习：团队成员之间相互交流、指导，形成情感上和专业上的支持。

④培训：以集体授课形式，过程包含演讲、示范、游戏等；培训种类可以是互动较多的工作坊，维持一年的系统课程，或者是远程网络课程。

⑤外出参观：选择机构外有参考意义的服务项目进行参观学习。

⑥个人成长方案：根据成员的需要和期望，制订成长计划，由管理者定期跟进。

示例

2018 年 7—8 月，深圳市立民社区公益事业服务中心开展“阳光地带——心灵驿站”青少年服务项目。根据深圳市龙岗区“阳光地带——心灵驿站”项目服务统计及相关服务档案显示：在接受社会工作服务的对象当中，除了项目要求的本区内的社区青少年群体以外，还包括龙岗区以外的青少年服务对象，导致部分本区青少年申请不到名额参加服务；同时机构也收到几位青少年投诉，认为一些服务项目不够新颖，没有什么意思。社会工作者们讨论认为，针对本区名额不足问题，由于服务协议中有规定，且服务资源有限，从服务完成情况来考虑，部分资源流失到项目服务对象以外的人群中会给服务带来压力，对符合项目资格的服务对象来说也欠公平，因此需要强调对服务对象资格的筛选；针对服务不够新颖的问题，也需要调整服务方案，引进新元素吸引青少年。因此，负责本服务的社会工作者运用表5.23，对服务内容作出优化。

表5.23　提出优化服务建议

建议与意见	改善措施
项目的资源分散，有本社区的青少年投诉没有参与名额	只接受本社区内的青少年群体参与项目，在活动报名阶段做好服务对象的排查工作。对于不属于机构服务范围的服务对象，提供适切的转介服务
进一步完善项目社会工作者的专业化进程	制订小组计划及周期性检讨；引入“复元”新概念，服务更趋人性化；强化服务工具，体现社会工作者的专业服务

（示例来源：深圳市立民社区公益事业服务中心）

示例分析

深圳市立民社区公益事业服务中心为了保证服务能满足社区青少年的需要以及符合服务项目的要求，服务管理者在各个阶段对服务活动进行了监测。在监测过程中发现服务对象人数及服务质量方面出现了预期计划与执行情况之间有偏离的情况，可能导致资源不足、服务质量下降，于是社会工作者对此采取了及时的纠正，并对服务的内容进行了优化，不仅保证了服务本社区的青少年，还为其他感兴趣的青少年提供转介服务，既能确保服务目标的实现，又可以为更多的青少年寻求机会。

原文

——应对服务风险。

解读

1. 对服务风险进行管理

对服务风险进行管理需要开展四项工作，按内在逻辑顺序先后是：风险识别、风险分析、风险评估与风险处理。要注意每一项工作均贯穿在服务实施的每一个阶段，并非发生风险后才去进行管理。

（1）风险识别：指使用一套系统的程序，在相关服务工作领域内进行广泛搜寻，以发掘可能发生风险的事件及其发生的原因和方式。社会工作服务机构可成立风险评估小组，评估服务会发生什么风险，这些风险将如何、为何、在何处、在何时发生；并通过发展机构常见风险辨识程序与记录方法，以记录所评估的风险，逐渐形成日常服务领域的常见风险识别指南。

（2）风险分析：指系统性运用有效信息，以判断特定风险事件发生的可能性及其影响的严重程度。社会工作者将影响及发生的概率结合起来，就可以得出风险的等级。

表 5.24　风险分布及等级表

影响（冲击或后果）	风险分布		
非常严重（3）	3（high risk）高度危险的风险，管理层应督导部署拟订计划并提供资源	6（high risk）高度危险的风险，管理层应督导部署拟订计划并提供资源	9（extreme risk）极度危险的风险，须立即采取行动
严重（2）	2（moderate risk）中度危险的风险，必须明定管理层的责任范围	4（high risk）高度危险的风险，管理层应督导部署拟订计划并提供资源	6（high risk）高度危险的风险，管理层应督导部署拟订计划并提供资源
轻微（1）	1（low risk）低度危险的风险，以一般步骤处理	2（moderate risk）中度危险的风险，必须明晰管理层的责任范围	3（high risk）高度危险的风险，管理层应督导部署拟订计划并提供资源
结论	几乎不可能（1）	可能（2）	几乎确定（3）
	概率	概率	概率

（3）风险评估：将上一步风险分析后所决定的风险等级与先前订定的风险标准相比较，挑出需要优先处理的风险，一一确定风险处理优先顺序。

（4）风险处理：这一步要制定出把风险评估后选出的不可容忍之风险降低到可容忍程度的对策，继而执行相关对策，以降低事件发生的可能性或其影响的严重程度。

2. 常用的风险控制对策

表 5.25　常用的风险控制对策表

对策	说明
规避	修订或放弃执行方案，保护服务方案免受风险影响
减轻	提前采取预防措施，选择使用适当技巧及管理原则，以降低风险发生概率及影响力
转移	通过购买保险、签订承诺书或其他方式，将风险转移给第三方承担
接受	接受风险，制定应对措施，迎接风险随时发生，承担风险所造成的损失，或为组织的财务损失负责

近年来，我国在社会服务风险转移领域出现了一些可喜的新做法。例如，在社区活动中心开展青少年社会服务时，服务机构可以购买中国人寿财产保险股份有限公司和益宝计划共同开发的“公益活动场地公众‘责任险’”，来转移服务对象因活动中的意外导致的医疗、致残、身故等风险责任。长远来看，社会服务风险转移领域的这类新做法如果能形成机制，进入到政府购买清单中，对于提升社会服务机构的抗风险能力无疑是一种有力保障。

青少年社会工作服务的管理者需要具备风险管理意识，及时监督风险跟进情况，适当通过日常工作交流、工作例会等方式，向团队成员了解风险管理情况，确保服务顺利推进。管理者还需要注意新的服务风险有可能会出现。这是因为随着服务项目进入到实施阶段，新的难以预料的风险可能会出现，故在服务实施中也需要定期进行风险评估。当发现新风险时，需要及时启动以上风险管理机制并由专人负责跟进。

示例

2018年12月5日，广州市海幢街社会工作服务站准备组织青少年志愿者在海幢辖区开展"'义暖耆心'——长者探访活动"。出于对风险的管理，在开展活动前的一周，广州市海幢街社会工作服务站的社会工作者与青少年志愿者们进行了工作沟通，并为他们购买了第三方保险。活动当天下午，青少年社会工作者在带领青少年志愿者外出到海幢辖区开展活动时，其中一名青少年志愿者突然感到身体不适，并伴有晕眩、呕吐和全身乏力现象，于是社会工作者立即根据该项目的风险预案（参见表5.26），启动了风险管理措施。该事件经过社会工作者的冷静处理，没有造成任何不良后果，风险记录表附后（参见表5.27）。

表5.26 风险预案

	预期风险	应变措施
预期风险及解决方法	志愿者临时有事无法参加活动	1. 提前与青少年志愿者进行沟通，若有事需提前3天请假，突发情况除外 2. 对于志愿者有突发情况不能参加活动的，中心在活动前期会制订后备方案及准备后备补充的人员
	工作人员或志愿者突发性身体不适	1. 事先准备一些常用药品，如：肠胃药、消毒药品等 2. 与志愿者签订服务协议，并为他们购买第三方保险。如有紧急情况出现，直接活动负责人需要马上拨打120急救电话，并通知上级领导请求指导
	服务对象突发性身体不适	1. 事先准备一些日常药品，如：肠胃药、消毒药品等 2. 工作人员应马上联系直接活动负责人，并拨打120急救电话，疏散围观人群，并根据服务对象的实际情况进行简单的急救治疗

表 5.27 风险记录表

<table>
<tr><td>风险等级</td><td>严重</td><td>发生时间</td><td>2018.12.5</td></tr>
<tr><td>相关负责人</td><td colspan="3">蔡××（社会工作者）</td></tr>
<tr><td colspan="4">风险描述（客观描述风险发生的时间、地点、相关人、内容、未处理的后果）：
2018年12月5日下午4名社会工作者带领16名大学生青少年志愿者外出去往永龙社区进行长者探访活动。14点35分时，一位志愿者突然感到身体不适，并出现晕眩、呕吐和全身乏力情况，如果不及时处理可能会出现休克的状况，甚至造成生命危险</td></tr>
<tr><td colspan="4">应对描述（客观描述相关负责人，包括直接负责人和所属领导所采取的应对方式和成效）：
直接负责的社会工作者蔡××判断此事风险等级为严重，立刻带着该名志愿者到阴凉的地方休息并拨打120急救电话，同时按风险预案规定的流程，电话通知上级领导请求指导处理。随后蔡××让该名志愿者平躺在地上，并询问他的一些基本情况以及以前的病史，后来该名志愿者在地上休息了一会儿之后症状有所缓解。按照上级的指示，蔡××请另一名同事陪同该名志愿者上了120救护车前往医院检查，随后带着其他志愿者继续完成长者探访活动。活动结束后，蔡××马上打电话给同事，了解和跟进身体不适的青少年志愿者的身体状况，得知由于及时治疗，该名志愿者身体已逐步恢复。蔡××将此情况立即告知上级领导，并向本项目组的组长刘××完整汇报此事</td></tr>
<tr><td>记录人</td><td>刘××(社会工作者)</td><td>记录时间</td><td>2018年12月5日15：30</td></tr>
</table>

（示例来源：广东善缘社会工作服务中心）

示例分析

广东善缘社会工作服务中心根据风险管理的原则，在活动开始前已制定了风险预案，并采用了风险转移的对策，为青少年志愿者购买了第三方保险，转移服务对象因活动中的意外导致的医疗责任。在服务风险发生时，相关负责人立刻对风险作出辨识，把风险等级评定为严重，并立即按流程对服务风险进行了妥善处理，既及时处理了风险，又保证了服务顺利推进。

第四节　成效评估

原文

7.4　成效评估

共青团组织负责青少年社会工作服务成效评估制度建设和业务指导，在成效评估过程中应完成的主要工作包括但不限于：

——自我评估和接受第三方评估，第三方评估由具备条件的专业机构在共青团组织指导下开展；

解读

共青团组织是我国青少年社会工作服务成效评估制度建设和业务指导的主管单位，负责从宏观的制度层面和具体的业务层面指导各级有关部门开展青少年社会工作服务的成效评估工作。明确共青团组织作为主管单位，既可以有效整合相关资源，规范及有序地推进青少年社会服务工作的开展，又能提升青少年社会服务评估工作的权威性。

《关于印发〈关于做好政府购买青少年社会工作服务的意见〉的通知》中指出："各地各有关部门要建立健全由购买主体、青少年社会工作服务对象以及第三方机构共同参与的绩效评价机制，要注重过程评价与结果评价、短期效果评价与长远效果评价、社会效益评价与经济效益评价相结合。在绩效评价体系中，要侧重服务对象的满意度评价，加大服务对象评价的比重。绩效评价结果要向社会公开，并作为选择购买青少年社会工作服务承接主体、编制以后年度政府购买青少年社会工作服务项目和预算的重要参考依据。"这是我国青少年社会工作服务开展评估工作和设计评估体系的重要指导思想和出发点。

1. 自我评估、第三方评估的定义和功能

青少年社会工作评估是运用科学的研究方法对青少年社会工作服务项目的设计、实施和效果等方面进行测度、诊断和评价，以增进其成效。根据评估主体的不同，可将青少年社会工作评估分为由社会工作者（或社会服务机构）开展的自我评估、在共青团组织指导下开展的第三方评估等。

（1）对自我评估的理解

自我评估是由服务提供方即承担服务的社会工作机构或社会工作者开展的评估。从评估者的类型来看，属于利益相关者评估；从服务提供者与评估者关系看，社会工作者或服务机构进行的评估属于内部评估。

当服务机构作为评估主体时，一般是机构管理层出于管理目的进行自上而下的评估，也可以由机构参与服务的社会工作者对服务质量进行评估。

服务提供方能够根据不同的评估目标和适用情境选择不同的评估方法，如运用需求评估来瞄准服务对象的需求，以便帮助制订有效的服务计划；或者运用过程评估来重点考察服务的传输和实施过程是否满足了服务对象的需求，并为及时调整和改善服务计划提供必要信息。

（2）对第三方评估的理解

第三方评估是由与社会服务机构及其资助者无关的机构对社会服务机构进行的评估，所谓第三方必须是相对独立的一方。从评估者的类型来看，属于利益无关者评估；从服务提供者与评估者关系看，第三方评估属于外部评估。

共青团组织指导的青少年社会工作第三方评估是指：在共青团组织指导下，由专门的评估机构或专门组成的专家组实施的相对独立的评估，具有科学客观的特点。专门评估机构是指对青少年社会工作有专门研究的、有资质的、专业的调查、研究和评估机构。专家组则通常是由受到共青团或其他方面的委托、对青少年社会工作有专门研究的、有资质的专家们构成。在相对独立的前提下组成的专家组开展的评估，可以视为第三方评估。

2. 常见的评估方法

（1）定量评估。定量评估是指运用定量研究方法进行评估研究。具体地说，就是通过将观察到的现象转化为数字，并以图形、频数分布及其他统计值对研究问题加以描述的评估。定量评估方法的特点是标准化、系统化、操作化。传统评估研究形式中的财务管理和审计都是以定量的形式呈现的。以成本为基础的收益和效益评估以及其他各种项目评估，也大量表现为定量形式。定量评估是最传统、最常见的评估研究方法之一。

在社会服务项目评估中，定量评估方法侧重测量与计算，通过数字和量度来描述，强调客观事实和现象之间的关系，强调变量之间的因果联系。当实际的评估研究以理论的检验为目标时，也通常采取定量的方式进行，其焦点是开展对服务项目的特征、进程、影响的测量，使服务项目的有效性得到高可信度评估。

（2）定性评估。定性评估即采用定性方法进行服务评估。定性评估方法的特点具有自然情境、归纳性、互动性、整体性和动态发展性。常见的定性评估方法有观察法、访谈法等。定性评估的优点在于能够通过更为深入和更容易感知的挖掘来发现专业服务内在的状况，比较尊重个体差异，能深度呈现服务给参与者带来的效益或改变，还能够抓住不同服务之间精确而细微的差别。

3. 常见评估方法的一般过程

表 5.28　常见评估方法的一般过程

过程	定量评估方法	定性评估方法
界定问题	强调项目各方的参与要求，确定项目绩效的维度和标准	通过观察、访谈的方式收集定性资料的工具
研究设计	制定相关调查方案，确定调查方法，做好时间和经费安排，进行样本的实际抽取和问卷设计。其中，样本抽取多采取概率抽样	确定分析单位，抽取样本以及设计资料收集的工具，设计安排相对灵活一点，标准化和程序化。样本抽取多采取非概率抽样
具体实施	深入实施，接触被研究者，或者要设计出实验环境，实地实验刺激和测量，或者收集大量的文献资料	多采取实地研究的方式，观察法、无结构式访谈的运用较多
资料分析	对定量资料进行系统的审核、整理、归类、统计和分析	对定性资料进行分类、建档和编码
结果呈现	撰写评估研究报告，评估研究质量，交流研究成果	撰写定性研究报告

示例

“武汉市金鹤园学校社会工作服务项目”是金鹤园青少年空间于2013年在金鹤园学校中针对青少年所开展的服务，服务总目标是培养青少年的独立人格，促进青少年心理健康发展。服务的分目标是帮助青少年建立和谐健康的人际关系，感受来自他人的关心，获得良好的适应能力以及热爱生活的能力。具体服务内容包括专题讲座、适应性辅导、心理辅导课程、小组活动、关怀服务、学业辅导、危机干预等。那么，金鹤园青少年空间的这些服务内容和介入方式是否实现了项目目标？这种服务的效果如何？

为了回答这些问题，参与本项服务的社会工作者从以下几个方面对“武汉市金鹤园学校社会工作服务项目”进行了自我评估：第一，开展服务项目需求评估。考察项目实施者、落地学校、服务目标、服务对象的需求。第二，开展服务项目过程评估。针对空间开展适应性问题的介入、学业辅导、人际互动辅导、心理健康辅导等服务的过程进行评估。第三，从实现服务性预期目标和实现承担社会教育目标两方面开展服务目标评估。第四，从项目实施前的切入点、社会工作实务方法的使用、资源整合三个方面开展条件评估。第五，从服务项目的产出、服务的不足两方面开展结果评估。通过系统地汇集各种资料、总结工作过程中运用的方法、检查介入成果与介入目标的匹配程度，将前一阶段的服务经验作了进一步提升，找出了服务中存在的问题，针对服务项目后期跟进也提出了一些建议。(示例来源：王梅．社会工作服务项目评估研究——以武汉市青少年空间金鹤园学校服务项目为例［D］．武汉：华中师范大学，2014)

示例分析

金鹤园青少年空间为保障服务内容和介入方式的合理性和有效性，根据不同的适用情境，综合运用定量和定性的评估方法开展自我评估。首先，通过需求评估了解服务对象的需求；其次，在实施过程中针对空间开展的服务进行过程评估，考察服务是否满足青少年需求；最后，从项目产出和项目反思两个方面进行结果评估。以上评估角度多样，项目全面，专业性强，最大限度满足了服务对象的需求，也使得服务项目的有效性得到高可信度评估。

原文

——测量目标达成情况；

解读

1. 对测量目标达成情况的理解

测量目标达成情况是指在青少年社会服务项目的评估和改进过程中，根据计划阶段设定的目标，评估服务对象是否达到了预设的目标以及达到的程度。测量是在评估研究中获取对象属性的基本手段，主要表现为根据青少年服务对象的属性或品质的程度差异而赋予其不同数字的量化过程。

开展目标达成情况测量具有重要意义。它不仅是社会工作者与青少年服务对象共同确认服务成效的要求，也是社会服务机构回应团中央对此项工作问责的要求，更是社会工作者开展总结反思工作的基础。进行规范的测量，有助于帮助青少年社会工作者和服务管理者改进、推广服务，明确行动方向，优化服务结构，扩大服务项目和机构的影响力，为青少年社会服务机构和青少年争取更多的支持，筹措更多的服务资源。

2. 测量目标达成情况的任务及一般方法

（1）测量目标达成情况要完成的两个重要任务

一是确定问题的范围并定义指标。在测量目标达成情况时，首先应确认服务目标中确定的要解决的核心问题，找出该服务方案中哪些是对青少年最重要的问题以及最可能发生变化所作的干预，开展测量指标的设计。测量指标是表明青少年社会工作服务是否取得预期效果的关键信息。在目标达成情况的测量中，指标是服务目标的操作化，明确定义指标有助于确认指标的完成程度及完成时间。

表 5.29　不同服务项目的结果和指标的范例

服务项目类型	干预结果	指标
初中生的功课辅导	学生的学业成绩提高	服务项目完成之后学习成绩比在开始之前有所提高的学员数量和比例
被确认为有虐待青少年风险的父母的辅导	风险因素减少，青少年虐待事件不再发生	项目结束后的 12 个月内，青少年保护服务记录显示没有发生虐待青少年行为的父母数量和比例

二是对每个指标分档进行测量。每个指标必须是具体的、可测量的。在这个步骤中，社会工作者可按照从低到高的顺序，依次使用五个数字来

代表指标的五个档次（如表 5.30 所示，把想要戒烟的青少年每天抽烟的数量从-2 到+2 予以分档），从而详细说明实际结果的等级范围，并且为每个指标设计一个简明扼要的名称以便测量。

表 5.30 目标实现程度量表

等级水平	目标：戒烟
比希望的预期成果差很多（-2）	每天抽烟 2 盒及以上
比希望的预期成果差一些（-1）	每天抽烟 1 盒及以上
符合预期的成果（0）	每天抽烟在 4—6 支
超出希望的预期成果一些（+1）	每天抽烟在 1—3 支
超出希望的预期成果很多（+2）	每天抽烟少于 1 支

（2）测量目标达成情况的步骤

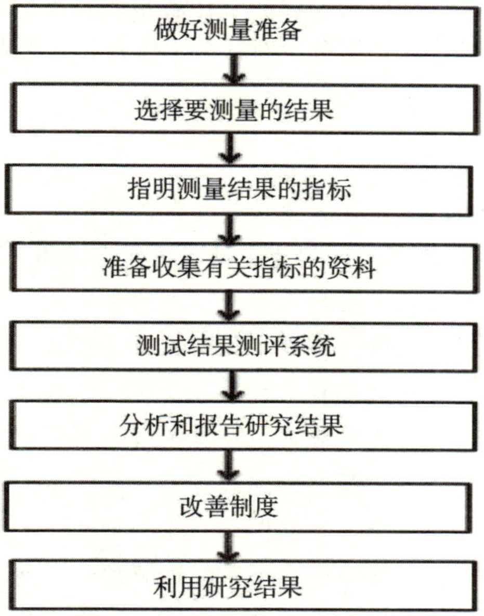

图 5.5 测量目标达成情况的步骤

为了测量目标的达成情况，需要完成以下步骤：

①做好测量准备。了解被评估的青少年社会工作服务的基本情况，并明确评估的目的和范围。

②选择要测量的结果。对青少年社会服务的目标进行梳理，选择共青

团、服务机构及青少年所关注的核心目标和测量结果。

③指明测量结果的指标。将确定的测量结果进行概念化和操作化，作为测量指标。

④准备收集有关指标的资料。根据测量指标，收集来源和方法合理可靠的、能够支持最佳评估工作的相关资料，包括文字、音频、视频、各类表格和记录单等。

⑤测试结果测评系统。对收集的数据进行整理和测试，把产出与要测量的结果进行比较。

⑥分析和报告研究结果。在分析评估所需的数据后，用恰当的形式将评估结果呈现出来，向共青团、服务机构分享信息。

⑦改善制度。根据评估结果，对原有的青少年服务进行分析和检讨，以改善相关制度。

⑧利用研究结果。为机构和社会工作者指明发展的方向，并确定和实施在后续的青少年社会工作服务中对社会工作者和志愿者的培训需求。

示例

武汉市青少年暑期社区托管项目是武汉博雅社会工作服务中心以“小时候·启航十三五 创享新生活”为主题，依托全市旗舰型、标准型和便利型青少年空间，组织教师、社会工作者、志愿者等人员进驻青少年空间开展服务的项目。项目根据青少年的实际需求开展了七大主题周活动，这些活动周的主题涉及爱国主义教育、社会主义核心价值观教育、传统美德教育、安全自护教育、社会实践教育、素质拓展教育、创新创造教育、科普知识教育、法律文明教育、国学传承教育等。项目的总目标是通过引进专业社会工作理念与专业工作方法，以青少年空间为依托，将个人与其所在的系统一起进行考虑，充分整合各个系统的资源，为青少年建立社会支持网络，开展各项活动满足青少年多样化的需求，在丰富多彩的活动中实现对青少年的社会教育，让全市青少年度过一个安全、愉快、充实的假期。具体目标为：(1) 进行课业辅导，督促青少年完成暑期作业；(2) 开展各种类型的活动，丰富青少年的假期生活，让他们度过一个安全、愉快、充实的暑期；(3) 促进青少年思想道德建设以及身体素质的全面提高；(4) 扩大青少年的知识面，给青少年提供参与社会实践的机会，培养青少年的创新创造意识，挖掘青少年的兴趣爱好，促进青少年综合素质的提高；(5) 改善青少年的不良行为习惯。

为了考察服务项目的目标达成情况，对目标达成情况进行了测量和评估。

表 5.31　评估指标完成情况一览表

编号	指标内容	指标数量	累计完成量	完成百分比
1	制订托管点服务计划或课程	各托管点 1 份	9 份	100%
2	培训志愿者	4 次	8 次	200%
3	现场指导、协助开展托管服务	12 次	50 次	417%
4	远程指导	24 次	30 次	125%
5	优秀案例的整理	2 份	2 份	100%
6	总结报告	1 份	1 份	100%

表 5.32　服务目标达成情况评估

活动	活动目标	目标完成情况	完成率
课业辅导	1. 督促托管青少年完成他们的暑假作业 2. 养成良好的学习习惯，提升他们对学习的兴趣，掌握有效的学习方法	1. 青少年全部完成他们的暑期作业 2. 大多数青少年改掉了一些不良的学习习惯	98%
主题活动	1. 满足青少年兴趣团体活动的需求、陪伴与关爱的需求和人际交往的需求 2. 让青少年在丰富多彩的活动中发现和培养自己的兴趣，在活动过程中感受到小伙伴的陪伴与关爱，和他人之间的人际互动，改善自己的人际关系	1. 青少年在暑期托管班中既学到了知识又参与了各种丰富多彩的活动 2. 青少年不觉得孤独也交到了很多朋友 3. 完成了七大主题活动，并根据托管点及青少年的实际情况开展了其他丰富多彩的主题活动	100%
社会工作专业活动	通过专业的方法解决青少年存在的问题，满足青少年的需求	通过小组活动和个案辅导，改善了青少年的不良情况，解决了他们的问题，满足了他们的需求	98%

（示例来源：裴娟娟．多元服务模式下青少年社会教育的社会工作介入研究——以武汉市青少年暑期托管项目为例［D］．武汉：华中师范大学，2017）

示例分析

武汉博雅社会工作服务中心根据团市委的要求及项目计划阶段所设定的目标，对项目目标达成情况进行测量，他们首先对焦项目目标中确定要解决的核心问题，做好测量准备；其次对项目核心问题进行测量指标设定；最后根据指标对目标达成情况进行测量和评估，掌握项目完成情况。

原文

——评估服务满意度；

解读

1. 对满意度评估的理解

满意度评估是社会服务领域最常见的对象取向的评估类型之一，指的是借助服务对象对所获得的服务是否符合或满足自己的愿望及心意的反应为途径，对该服务项目的成效加以评价的评估方法。服务对象对服务的满意度如何，是判断一个服务项目成功与否的重要依据，是衡量服务成效最为简洁的主要标准。

由于青少年社会工作服务的根本目的是促进青少年群体的健康成长和全面发展，因此这种服务对象取向的评估更能反映出服务实效。它强调服务对象对评估过程的参与，进而保证社会服务项目更好地服务于青少年群体的需要。

2. 评估服务满意度的方法

对服务满意度进行评估是对青少年社会工作服务进行成效评估的重要组成部分。开展服务满意度评估通常是在服务执行完毕之后，但也可以用在对现有项目进行改进或者扩大服务规模时。

满意度评估的方法包括：使用标准化指数和量表的评估方法、通过自建指数及量表的评估方法、使用定性资料的评估方法三种类型。前两种方法属于定量方法，后一种属于定性方法。

使用标准化指数及量表来进行满意度评估，具有效度高、简单易行、便于比较等优点。目前常用的公认具有较好信度及效度的社会服务满意度评估量表包括：服务对象满意度问卷（CSQ-8）及其简化版（CSQ-4）。服务对象满意度问卷（CSQ-8）由关于服务质量、内容、需要满足、项目推荐、满意程度、问题解决、总体满意度和再次选择八个方面的问题构成，能够较为全面地反映服务对象对社会服务项目的满意度情况，也便于比较不同项目的满意度情况。由于不同群体在接受服务的过程中会有自己独特的感受和要求，因此社会工作者使用以上的量表时，需要注意其适用性及使用范围。

通过自建指数及量表的评估方法来进行满意度评估，具有针对性强、深入具体等优点。对于一些较为新颖的社会服务项目而言，这个方法更为适合。在使用自建指数和量表来开展满意度评估时，首先要参照成熟的理论，根据相关项目服务内容的概念加以操作化，把抽象的概念与具体的、可观察到的社会现象建立联系；其次要保证量表中指标体系的科学性，重点是指标体系的效度问题。量表设计者可以通过征询该领域专家的意见来对初步确立的指标体系进行鉴定，并对原有的指标体系加以修正完善。最后，为了最大限度避免以上环节的主观性带来的影响，可通过实证方法对指标体系进行科学客观的筛选。

示例

“抗逆小童星”社会工作实务项目组主要为流动青少年提供抗逆力训练服务，旨在通过精心设计的小组活动、个案辅导、社区活动等方式，实现安全意识提升、社交技巧提升、习得情绪表达技巧、认识目标制定规则、提升学习能力等预期目标。在为期一年多的服务中，该项目组共设计并回收了八套小组活动评估问卷来了解青少年接受服务的情况，共回收问卷784份。这些问卷从青少年对社会工作者和活动的满意度、对活动形式的满意度等方面进行了服务满意度的评估，为该项服务的实效评估提供了有力证据，有利于青少年社会工作者的反思和改进服务。这些评估结果还可为未来设计同类项目或为服务同类对象设计新型项目提供了大量基础数据。满意度评估表及统计结果如表5.34和表5.35所示。

表 5.34 “抗逆小童星”社会工作实务项目社会工作者满意度评估表（%）

N=98

分目标	十分不满意	比较不满意	一般	比较满意	十分满意
你对社会工作者的评价	6.2	3.1	12.4	9.3	69.0
社会工作者给了我很大的鼓励	1.0	2.1	12.4	27.8	56.7
社会工作者协助我处理自己的问题	2.1	4.2	12.5	21.8	59.4
社会工作者让我有机会说出我的困难	1.0	3.1	13.3	17.3	65.3
社会工作者对我的帮助很大	4.2	—	15.8	21.1	58.9
你对“抗逆小童星”活动的评价	7.4	1.1	10.5	12.6	68.4

表 5.35 “抗逆小童星”社会工作实务项目活动形式满意度评估表（%）

N=98

活动形式	很少帮助	一点帮助	一般	比较大帮助	很大的帮助
社会工作者讲授	—	3.1	14.3	17.3	65.3
个人发言分享	1.0	4.1	21.6	20.6	52.7
角色扮演	1.0	6.1	14.3	26.5	52.1
小组讨论	2.0	5.1	15.3	22.4	55.2
家庭作业	6.1	2.0	19.4	19.4	53.1

（示例来源：王思斌．社会工作硕士专业学位研究生（MSW）教学案例集［M］．北京：北京大学出版社，2016：75-76）

示例分析

“抗逆小童星”社会工作实务项目组在满意度评估过程中，运用了自建指数及量表的评估方法。项目组首先基于服务目标，对项目服务内容的概念加以操作化，科学设定满意度评估表中的指标；其次由服务对象参与评估，较为全面地反映服务对象对该项目的满意度情况。

原文

——评估服务对象及环境系统的改变；

解读

1. 对服务对象及环境系统改变的理解

（1）对服务对象改变的理解

我们开展青少年社会工作服务是希望能令服务对象发生正向的改变。这些变化是个人或群体在参与青少年服务活动后所得到的收益，会受到服务项目产出的影响。大体来说，这些改变可以分为两类：一是服务对象能力（认知、态度、技能、价值观等）的改变，例如学会了新知识、获得了技能的提升、改变了消极悲观的价值观等；二是服务对象状况（生理状态、地位或其他属性）的改变，例如偏差行为得以修正、身体状态变好、社会地位得以提升等。

（2）对环境系统改变的理解

环境系统是指对服务对象的生存和成长带来影响的各种因素的综合，包括自然环境系统和社会环境系统。在青少年社会工作中，环境系统的改变主要是指对青少年产生影响的社会环境的改变。按照从微观系统到宏观系统的顺序，主要包括家庭、朋辈群体、学校、组织、社区、大众传媒、文化、社会等系统的改变。

2. 服务对象及环境系统改变的评估方法

在对服务对象及环境系统改变的评估中，可采用心理行为特征测评量表等工具来衡量服务对象在某方面的改变情况。对青少年社会工作者来说，常用的测评量表有自尊指数量表、压力指数量表、焦虑量表、父母态度指数量表、孩子对母亲（父亲）的态度量表、兄弟（姐妹）关系指数量表、家庭关系指数量表等。通过前后测对比来反映服务对象及环境系统改变的具体情况，再根据测量结果判断服务的成效。以下是常用的前后测对比研究方法。

（1）实验设计

标准的实验设计有6个步骤：

①提出研究假设。

②获取基线数据（对因变量进行测量）。

③将潜在的服务对象随机分为干预组和不干预组（控制组）。

④进行干预或提供服务（引入自变量）。

⑤对因变量再次进行测量（后测）。

⑥计算干预组和控制组之间的差异，看是否有统计学意义上的显著性。

（2）准实验设计

表 5.36　准实验设计的常见方法

常见的方法	具体操作
前测-后测对照设计	根据一些基本特征，建构一个与服务对象的特征相匹配的对照组，在服务之前和之后，对两组分别做前测和后测
无对照组的前测-后测设计	难以找到对照组，只能对服务对象进行前测、后测
运用统计方法控制相关变量，考察青少年服务与服务对象之间的某种状况是否有关	对服务对象在内的青少年进行抽样调查，将是否接受过青少年社会工作服务作为问题纳入调查问卷，在分析问卷数据时，运用回归分析等手段，控制一些可能跟某种结果相关的变量，由此得出我们关注的变量对某种结果是否有影响

（3）非实验设计

表 5.37　非实验设计的常见方法

常见方法	具体操作
简单的截面设计	对服务对象进行一次问卷调查，对问卷数据进行分析时，重点考察服务对象的改变与服务对象的年龄、性别、收入、教育水平、接受服务时间长短或次数多少等变量之间的关系
个案研究设计	用于考察极端案例或典型干预，以深入了解某个过程、事件或者情形，并解释导致某种结果的原因，可以用一个个案或者多个案例，具体个案可以随机选择，也可以根据一定的标准特意选择
追根溯源法	排除法、因果链接、前后相继、比比皆是、相关强度、生物梯度、连贯性、类比

（4）三种设计方法的对比

表 5.38　三种研究设计方法的比较

设计方法	关键特征		可行性	适用情况
	随机的控制组	非随机的对照组		
实验设计	是	否	较差	用来比较接受服务的人群与未接受服务的人群
准实验设计	否	有可能	较强	1. 比较类似但不完全一样的两组人群 2. 先后接受某项服务或干预的同一人群
非实验设计	否	否	更强	1. 接受服务前后的比较 2. 接受服务前后的多次重复测量的时序设计 3. 对同一组员进行小样本多次访问研究法，并反复检测结果 4. 对不同组别参与者进行服务后测比较

综上可见，三种常见的研究设计方法中，在条件具备的情况下，实验设计最为严谨。但是在实际的社会工作服务中，开展标准的实验设计的条件往往难以齐备。因此，只要做到实验态度真实、实验数据准确，同时尽量减少人为的干扰和不必要的影响，准实验设计和非实验设计也是可以接受的设计方法。

示例

社会工作者在对出现问题行为的青少年进行介入的过程中，发现来自家庭的教养和管理方式会对他们产生较大影响，因此决定以家庭系统理论为支撑，针对该群体的低收入单亲父母进行小组社会工作辅导。在小组开展前，由社会工作者对青少年的父母进行 1 个小时的面谈，探讨教育与管理子女时遇到的困扰。此次辅导服务包括 6 次小组活动，每个小组由 5 至 8 名青少年的父母组成，由 2 名社会工作者担任小组领袖或助手，小组活动每周1次，每次90分钟。每次小组活动均先由社会工作者进行角色扮演，然后让家长通过角色扮演学习各种行为技巧。此外，社会工作者还给小组组员布置家庭作业，让其在下次小组活动时报告自己的表现和反馈结果。第6次小组活动结束一个月后有一次跟进活动，由组员分享自己保持的情况，看看有没有退步或是遇到了什么新问题。

在项目评估中，评估者采取前测、后测的方式，将77位母亲分为两组，即接受服务的实验组和尚等待接受服务的控制组，每隔3个月测量服务的效果。测量运用了艾伯格的青少年行为量表、父母症状量表和易怒、抑郁、焦虑量表三个量表。评估发现：在该小组辅导过程中，服务降低了父母生闷气或发火、抑郁的次数，改善了单亲妈妈的心理健康状况，从而显著降低了青少年出现问题行为的次数及严重程度。不过，大部分父母管理孩子的技巧并没有显著变化。（示例来源：吴帆，郑飞北．社会服务评估实用教程［M］．北京：高等教育出版社，2018：146）

示例分析

本案例中，社会工作者发现出现问题行为的青少年会受到其家庭比较大的影响。因此根据服务对象及环境系统改变的评估方法，进行准实验设计，首先运用测量表获取基线数据，将青少年的家长分为实验组和控制组；其次对实验组提供服务，定期测量服务效果；最后对比实验组和控制组的差异，反映出青少年及环境系统改变的具体情况，由此判断这个服务项目的成效。

原文

——服务的结束及跟进。

解读

1. 对服务结束的理解

服务结束是指在社会工作专业服务中，当服务对象的问题已经解决，或服务对象已经有能力自己应付和解决问题因此不再需要社会工作者的专业协助，或他们由于其他原因要被转介到其他机构等导致社会工作者和服务对象根据协议逐步结束服务等情况。服务的结束是青少年社会服务项目的一个转折性标志事件，对社会工作者而言意味着助人工作告一段落，对服务对象而言则意味着另一种新生活经验的开始。

2. 服务结束时要处理的工作

服务结束时，社会工作者需要谨慎处理如下工作：

（1）总结工作：包括各类服务活动的总结、过程记录的总结等。

（2）处理分离的感受与情绪。在服务结束阶段，服务对象可能会出现正面或负面两类情感反应，其具体表现和应对方法如表 5. 39 所示。

表 5. 39　服务结束时处理分离感受与情绪的方法

情绪类型	具体表现	应对方法
正面情绪	1. 对获得成长与成功的欣喜 2. 对整个工作过程带给他们新认识的肯定 3. 感觉视野开阔 4. 对与社会工作者关系的满意 5. 对社会工作者的帮助充满感激 6. 对未来充满信心等	对服务对象给予肯定，并适时、适当地进行加强，以增强其对未来的信心
负面情绪	1. 否认，不承认已到结案期 2. 倒退，回到以前的状态 3. 依赖，对社会工作者过分依恋 4. 抱怨，对社会工作者不满 5. 愤怒，批评、攻击和挑战他人 6. 讨价还价，寻找理由延长服务期限 7. 忧郁，无精打采、失落、无助，对结束关系充满焦虑	1. 提前与服务对象一起讨论对结案的准备情况 2. 提前让服务对象知道结案时间，早些做好心理准备 3. 逐渐减少与服务对象的接触，提醒服务对象要学会自立，给服务对象以心理支持 4. 待稳定了服务对象的改变成果时，才最后结束专业助人关系 5. 必要时安排正式的结案活动，让服务对象分享各自的收获

（3）巩固已有改变（进行模拟练习、形成信心、肯定正面感受、跟进聚会、取得他人的支持、鼓励独立等）。

（4）解除专业关系。

（5）撰写结案记录。

3. 对服务跟进的理解

服务的跟进是服务结束阶段的有机组成部分。它是指社会工作者在服务结束后的一段时间内，定期对青少年服务对象进行回访和跟踪，了解他们的情况和服务需要，必要时提供专业帮助。

服务的跟进有助于社会工作者了解服务是否真正有效，也使服务对象感受到社会工作者的关心，增强他们持续改变的动机和信心。

青少年社会工作者在提供跟进服务时，可以采用电话跟进、个别会面、集体会面以及跟进服务对象的社会支持网络等方法，从服务效果、服务内容、工作方法与工作制度、社区或社会环境的支持等多层面对青少年进行帮助，最终实现助人自助的目的。

示例

2018 年 10 月 14 日，北京市海淀睿搏社会工作事务所的社会工作者小章要为海淀区困境未成年人社会保护工作项目中的服务对象进行第 11 次个案辅导。这次辅导后，社会工作者将结束该个案的服务。

社会工作者小章与服务对象于 2018 年 8 月 8 日建立专业关系。服务对象身体状况良好，性格固执、叛逆心强；数学成绩不好，缺乏学习兴趣，甚至存在抵触情绪；对于学校或学习中出现的不公平现象，态度较为强烈，有自己的想法，与同学相处较为融洽，但与某些老师关系比较紧张，导致其学习兴趣更加缺乏。服务对象父亲身患残疾，无法起到有效的抚养效果，存在一定的“缺位”情况；服务对象与母亲关系较为紧密，但存在母亲掌控过多的情况。为此，小章在与服务对象建立初步信任关系后，共同制定了提高服务对象的学习兴趣，寻找适合服务对象的有效学习方法，提高其数学成绩，并为其找回学习自信和自尊心的服务目标。

在 8 次服务后，小章发现，通过为服务对象提供的每周两次的课业辅导，帮助服务对象消除了对学习的部分抵触情绪，一定程度提升了其学习兴趣，并使其逐渐形成了良好的学习习惯，提升了服务对象的沟通能力和学习能力；通过提供心理辅导和心理支持，激发了服务对象的抗逆力和自信心，使服务对象部分消除了对学校和老师的抵触情绪，恢复了部分同学校的情感联结。小章对每一次的个案辅导作了详细的计划、评估、记录等，内容详尽，为服务对象提供了个性化的、恰当的服务方案。通过结果评估，她认为该个案已达成了先前所设定的个案具体目标。

为此，小章上周已经与服务对象沟通，在处理了离别情绪后，按照计划在本周进行服务的结案。服务对象的情绪表现比较正向，表示会继续坚持努力学习，和老师、同学保持良好的关系。小章对服务对象的改变给予了肯定，并适时、适当地进行了巩固和加强，增强服务对象对未来的信心。

结案后，小章每月一次定期以电话回访的方式对服务对象进行服务跟进，表示如果服务对象产生新的学业、生活方面的需求，机构将乐意为之提供服务。(示例来源：北京市海淀睿博社会工作事务所)

示例分析

本案例中服务对象的问题已经得到解决，社会工作者评估服务对象已经有能力自己应付和解决问题，不再需要社会工作者的专业协助，因而顺利进入了服务的结束阶段。社会工作者在结束服务的过程中，首先进行服务结果评估，预先与服务对象沟通并正确处理分离的感受与情绪，在巩固服务对象已有的改变后顺利结束专业关系。在结案后，鉴于青少年在成长中常常出现曲折反复，社会工作者采取电话回访的方式提供跟进服务，增强服务对象继续改变的动机和信心，确保服务的有效性。

参考文献

1. 李爽，俞鑫荣．人情与面子——本土社会工作专业关系建立的探索［J］．中华女子学院学报，2014.

2. 社会工作者职业水平考试命题研究组．社会工作实务：中级［M］．北京：中国劳动社会保障出版社、中国人事出版社，2014.

3. 许莉娅．个案工作［M］．北京：高等教育出版社，2013.

4. 中国就业培训技术指导中心．社会工作者：国家职业资格三级［M］．北京：中国劳动社会保障出版社，2010.

5. 魏爽．青少年社会工作案例评析［M］．北京：中国社会出版社，2016.

6. 全国社会工作者职业水平考试教材编写组．社会工作实务［M］．北京：中国社会出版社，2015.

7. 顾东辉．社会工作者：国家职业资格四级 三级［M］．北京：中国劳动社会保障出版社，2006.

8. 中国就业培训技术指导中心．社会工作者：国家职业资格四级［M］．北京：中国劳动社会保障出版社，2008.

9. 吕青．社会工作实务［M］．上海：华东理工大学出版社，2010.

10. 陆士桢，王玥．青少年社会工作（第3版）［M］．北京：社会科学文献出版社，2018.

11. Peter M. Kettner , Robert M. Moroney, Lawence L. Martin. 服务方案之设计管理（第 4 版）[M]. 高迪理，译. 新北市：扬智文化，2013.

12. 全国社会工作者职业水平考试教材编写组. 社会工作实务 [M]. 北京：中国社会出版社，2010.

13. 徐美燕，董海宁. 社会工作实务 [M]. 杭州：浙江大学出版社，2012.

14. 项目臭皮匠. 项目百子柜 [M]. 北京：中国社会出版社，2017.

15. 池仁勇等. 项目管理（第三版）[M]. 北京：清华大学出版社，2015.

16. 孙莹. 服务方案策划与评估 [M]. 北京：国家开放大学出版社，2017.

17. 康路晨，胡立朋. 项目管理工具箱（第 2 版）[M]. 北京：中国铁道出版社，2017.

18. 邹学银. 社区社会工作服务指南 [M]. 北京：团结出版社，2016.

19. 黄松林，赵善如，陈宇嘉，万育维. 社会工作方案设计与管理（二版）[M]. 台北：华杏出版机构，2012.

20. 毕星. 项目管理（第三版）[M]. 北京：清华大学出版社，2017.

21. 王忠平，沈立伟. 志愿服务组织建设与项目管理 [M]. 北京：中国人民大学出版社，2018.

22. 黄源协. 社会工作管理 [M]. 上海：华东理工大学出版社，2018.

23. 共青团中央办公厅. 关于印发《关于做好政府购买青少年社会工作服务的意见》的通知（中青联发〔2017〕16 号）[EB/OL]. http：//www.ccyl.org.cn/documents/zqlf/201707/P020170727601377272003.pdf. 2017：9.

24. 顾东辉. 社会工作评估 [M]. 北京：高等教育出版社，2009.

25. 万巍，祝建华，何铨. 社会项目评估 [M]. 上海：世纪出版集团、格致出版社、上海人民出版社，2012.

26. 吴帆，郑飞北. 社会服务评估实用教程 [M]. 北京：高等教育出版社，2018.

27. Leon H. Ginsberg. 社会工作评估：原理与方法 [M]. 黄晨曦，译. 上海：华东理工大学出版社，2013.

28. 戴维·罗伊斯，布鲁斯·A. 赛义，德博拉·K. 帕吉特，T.K. 洛根. 公共项目评估导论 [M]. 王军霞，涂晓芳，译. 北京：中国人民大学出版社，2007.

29. 王思斌. 社会工作硕士专业学位研究生（MSW）教学案例集 [M]. 北京：北京大学出版社，2016：75-76.

30. 张兴杰. 社会工作导论 [M]. 北京：科学出版社，2016.

31. 劳伦斯·纽曼，拉里·克罗伊格. 社会工作研究方法：质性和定量方法的应用 [M]. 刘梦，译. 北京：中国人民大学出版社，2008.

32. 何洁云，谢万恒. 社会工作实践 小组工作 [M]. 香港：香港理工大学，2002.

第六章 《指南·管理》解读

青少年社会工作服务需要标准化的管理制度、内容、方法和程序。青少年社会工作服务管理首先需要制定相应的规章制度，依据规章制度进行管理。而规章制度的制定需要依据《青少年社会工作服务指南》的总体要求和标准，根据青少年社会工作服务的服务对象、服务内容、服务场域等具体情况制定并适时修订。青少年社会工作服务管理的主要内容包括质量管理、督导管理、档案管理和人员管理。《青少年社会工作服务指南》规定了建立质量管理体系与评估体系，并明确提出需要建立督导制度，确保定期提供督导服务，通过质量管理与评估体系以及明确的督导制度来确保服务质量。《青少年社会工作服务指南》对于档案管理也提出了明确的要求，即建立服务对象档案、服务档案以及质量监督与评估档案等系列档案，并做好档案的保密工作。《青少年社会工作服务指南》对于开展青少年社会工作服务人员的资格提出了明确的要求，并对服务人员的工作伦理操守以及继续教育与培训工作作出了规定。标准化的管理制度、内容、方法和程序是确保青少年社会工作服务有序开展、青少年社会工作服务对象获得有品质保障的社会工作服务的必要条件。

第一节 制度建设

原文

8.1 制度建设

青少年社会工作服务机构应制定相关规章制度，包括但不限于：

——青少年社会工作项目管理规定；

解读

青少年社会工作服务机构的管理必须依靠严格规范的规章制度。没有标准化、规范化的制度，无法确保管理水平和质量。通常青少年社会工作机构的管理制度应当包括项目管理制度、督导管理制度和档案管理制度等。

青少年社会工作服务项目管理是指在青少年社会工作服务机构中，根据特定的环境和要求，利用一切可利用的资源，在规定的时间和规定的范围内，按照一定的性能、质量、数量和技术指标等要求来完成预定任务的过程。

青少年社会工作项目管理制度可以根据青少年社会工作服务机构的服务内容和服务特色来制定，按照项目来进行日常工作管理。主要内容包括：项目服务目标制定、项目服务流程标准制定、项目服务方法标准制定、项目人员设置、项目评估体系制定、项目总结报告标准制定等。

1. 项目服务目标制定

通常青少年社会工作服务项目需要设定具体详细、明确清晰、可操作化、可测量化以及可实现的项目目标。项目目标的设定是项目管理的基础和依据，社会工作服务项目要有明确的项目目标，包括明确的服务对象群体、明确的项目实施时间阶段、明确的项目实施计划、明确且合理的资源投入与使用计划以及能够量化的服务成效的设定等。

青少年社会工作服务项目在制定目标时除了遵循通用的项目目标制定标准外，还需要兼顾社会工作服务性和公益性的特征，项目目标应当聚焦于社会民政服务、公益服务，项目的服务对象群体应当是社会特殊群体，项目旨在解决的问题是某一范围内，目前提供的相关服务不足的情况下，迫切需要解决的问题。项目针对的目标服务对象，应该定位准确清晰，对服务对象的需求应当有清楚的描述和分析，服务对象受益人群的数量和服务提供的标准和层次都需要认真考量。

作为社会工作服务项目，项目目标设计还需要体现创新性和推广性，在项目的服务理念、服务内容、服务模式、服务方法、管理实施方法等方面的设计过程中有所创新。同时在制定项目目标时，充分考量项目后续的可推广性、可示范性、可持续性和可复制性，在设计项目时就应当考虑未来该项目在条件类似的其他地区可以推广借鉴。

青少年社会工作服务项目在制定目标时，还需要围绕明确的项目目标来设定一套保障性的制度以实现项目目标。这些保障性制度包括：规范标准、计划进度、实施方案、资源动员方案、项目管理实施团队等。通过这些保障性配套制度来确保项目顺利开展实施，最终达到预期成效。

青少年社会工作服务项目在制定目标时，还需要充分考量项目开展所在的范围和领域，充分掌握项目开展所在地区以及所涉及的其他相关组织和部门的情况。社会工作服务机构应与项目相关部门、项目实施的其他组织和所在社区建立起良好的合作关系，不同主体协同合作，相互配合与支持，才能保障项目顺利开展实施，实现项目目标。

2. 项目服务流程标准制定

青少年社会工作服务项目管理依据项目目标，还应当制定具体的项目服务流程标准。服务流程标准的具体内容根据各个机构不同服务项目的具体情况而定，制定流程标准时可以从以下几个方面来考量：

（1）服务范围限定

青少年社会工作服务机构应当对本机构的服务范围事先做好严格的限定，在项目策划阶段，制定项目目标时就应当在本机构已设定好的服务范围内再进一步聚焦本项目服务范围。只有限定清楚项目的服务范围，才能确保项目实施和执行过程中实现项目目标。服务范围限定清楚了，社会工作者才能在第一次接触潜在服务对象的时候，就考虑该潜在服务对象所需要的服务是否在本组织的服务范围内，本组织是否能够为其提供服务。

（2）服务标准限定

青少年社会工作服务机构还应当对服务标准作出严格的限定，并将该服务标准通过各种途径传递给机构的每一位成员，以保证从第一次接触潜在服务对象时就保持统一口径的服务标准。

（3）服务程序限定

青少年社会工作服务机构对于服务程序也需要作出严格的限定，从项目设计阶段开始，到项目总结阶段，服务程序应该是明确一致的。

（4）服务责任限定

青少年社会工作服务机构的社会工作者在面对服务对象时需要有清楚的服务责任限定，社会工作服务机构应当运用一致的服务程序和标准来帮助社会工作者限定其服务责任。

3. 项目服务方法标准制定

青少年社会工作服务机构依据项目目标，还应当制定具体的项目服务方法标准。项目服务方法标准制定需要做到以下两点：

（1）服务方法细分

青少年社会工作服务机构首先需要将项目可能涉及的服务方法细分并分层级，社会工作服务方法、项目基本服务方法、具体服务方法、服务程序指引等不同层次的服务方法的划分帮助社会工作者可以更清楚地掌握不同的服务方法。

（2）服务方法标准化

青少年社会工作服务机构根据本机构细分的服务方法，制定一套标准化的服务方法程序指引，以便社会工作者可以准确把握服务方法和服务标准，从而确保项目目标的实现。

4. 项目人员设置

青少年社会工作服务机构应当依据项目目标，制订项目人员安排计划，依据需求设置不同的项目人员配备。项目人员设置需要依据项目目标和机构环境以及其他具体社会环境作出具体安排。项目人员设置的核心要素包括：

（1）项目岗位分析

青少年社会工作服务机构首先应当对项目目标和内容作出分析，依据具体项目目标来测算出预期需要的岗位类型。社会工作服务项目通常需要包括社会工作者、社会工作助理、行政人员、志愿者、社会工作督导等。

（2）项目人力分析

依据具体项目目标来测算出预期需要的岗位类型的同时，还需要测算每一种岗位所需要的人员的数量和人员专业层次水平。

5. 项目评估体系制定

青少年社会工作服务项目在项目策划的过程中就需要依据项目目标制定相应的项目评估体系。项目评估体系的制定应与项目策划和项目目标制定的过程一致并协同，实现项目评估与项目计划、项目实施一体化。项目评估体系一般包括两个重要部分：

（1）过程评估

过程评估是指对于项目实施过程的评估，通过对项目过程的回顾和评量以考察服务过程是否指向项目设计的目标。过程评估可以在项目开展的过程中进行，便于及时发现问题，采取措施保证项目计划的落实。过程评估的内容至少应当包括：

①项目提供了哪些服务？

②这些服务是如何提供的？

③服务过程是否指向计划目标？

（2）结果评估

结果评估是对项目运行结果的评估。结果评估的重点在于了解项目的服务成效以及服务的可持续性，包括：

①组织所提供的服务的实际效果。

②实际效果与预期效果的关系。

③达成效果的原因及影响因素。

④服务效果（服务对象人数、服务对象结果、影响深度、可持续性等）。

6. 项目总结报告标准制定

青少年社会工作服务机构还需要对项目总结报告作出标准化的规定。项目总结报告是项目评估的结果的呈现和总结。社会工作服务机构有责任对服务项目在服务成果、服务品质、财务和其他具体问题上，向相关方面解释说明具体情况，以证明本项目的服务效能、服务效率、服务成果和资源的最大化利用，机构有责任将项目总结报告呈交给不同的相关方面，从而对相关方面作出交代。一般来说，相关方面包括服务对象群体、资助方、相关政府部门以及社会大众等。

针对不同相关方面所需要呈交的项目总结报告可能是不尽相同的。特别是在有关服务对象个人信息和隐私信息的披露方面，需要遵循严格的保密原则和不同层级的信息披露制度。

示例

烟台市微泉青少年事务服务中心自成立以来致力于青少年社会工作服务，目前已经组建了一支16人的专业青少年社工服务队伍，建设了覆盖城市和农村的2个青少年服务中心、9个社区服务站，涵盖针对外来务工子女、服刑人员家庭子女、贫困家庭子女、农村留守儿童、涉罪未成年人等八类困难青少年群体的服务。该服务中心目前正在积极开展机构制度建设，目前已经初步建设完成的制度包括项目管理制度、服务质量管理制度、督导管理制度、档案管理制度。其中项目管理制度包括总则、原则、立项和申请、项目的启动与实施、项目的控制五个部分：

第一条　总则

为规范机构社会工作项目的管理，根据社会工作理论要求和本机构实际，结合其他工作项目管理的要求和经验，制定本制度。

第二条　原则

项目实施过程中，社工应恪守社会工作的价值伦理，综合运用社会工作专业方法，真诚、同理同感、尊重接纳，向社区提供最需要最及时的服务。不得向服务对象收取报酬、接受服务对象的捐赠或者向服务对象借钱、借物、谋取其他利益。

第三条　立项和申请

1. 需求调查：立项前需开展需求调查，收集服务对象的需求、意见和建议。

2. 项目设计：根据服务对象需求进行项目设计，项目设计要充分考虑实施背景和理论支持，确定项目实施的长期目标和阶段目标，在实施区域、周期、服务对象、实施方式、具体活动内容、实施频率、项目成本和效益目标等方面作出具体的规划，选定项目实施的具体人员，制定《项目执行计划书》。

3. 项目设计应充分考虑具体的社会工作方法，原则上一个项目应综合运用社工个案、小组、社区工作法。

4. 为项目实施提供可靠的资金保障，有需要的签订项目合作协议。

第四条　项目的启动与实施

1. 项目确定实施后，应尽快由相关人员尽快组织实施。由项目具体执行人制订项目推进计划，推进计划应严格按《项目执行计划书》各项内容编制。

2. 项目实施过程中应开展相适应的项目宣传，采用多种途径扩大影响力，提高公众对项目的认识和信心。

3. 为项目配备必要的、能力相适应的人员（含志愿者），对相关人员开展必要的培训。

4. 严格按《项目执行计划书》实施项目活动，如有特殊原因确需更改，应书面说明更改原因和新的计划，报项目督导和机构负责人审批，获得批准后方可实施。

5. 项目实施中，应密切关注服务对象的需求，如发现对象需求改变或与项目设计时不符的，须根据需求作出相应调整，并报请项目督导和机构负责人审批，经审批后方可实施。

6. 每次开展项目活动，应编制相应的活动计划，活动完成后2日内编写活动简报，对活动实施情况进行总结和反思。

7. 做好项目结束的相关工作：与服务对象、协作方展开沟通，征求各方意见和建议并作出反馈，对项目实施过程进行总结。

第五条　项目的控制

1. 项目执行人应按月对照《项目书》和《项目执行计划》进行检查，如发现遗漏项目，要采取相应补救措施。

2. 按机构项目督导制度，按月进行项目督导，对项目执行情况、项目标进行检查，如项目重点活动进行现场督查，如发现偏差，应提出督导意见，项目执行人应根据督导意见作出说明或采取调整工作方法，以期达到项目目标。

3. 机构应定期考核项目执行人工作，督促项目执行人及相应工作人员按项目计划和机构内部管理制度开展工作。（示例来源：烟台市微泉青少年事务服务中心）

示例分析

烟台市微泉青少年事务服务中心的项目管理制度中明确规定了项目目标制定与计划的过程和相关要求，并且对项目执行过程中的标准、方法、人员、评估与总结报告等方面内容作出了明确的规定。

原文

——青少年社会工作督导管理规定；

解读

督导管理制度是青少年社会工作服务机构保证服务质量的重要依据。督导管理制度的主要内容包括：督导任职资格与标准制定、督导培育与选拔机制制定、督导流程标准制定、督导工作职责制定、督导方案制订、督导评估标准制定等。

1. 督导任职资格与标准制定

青少年社会工作服务机构在制定督导管理制度过程中，首先需要确定督导任职资格与标准。不同服务领域、不同服务对象、不同机构对于督导的任职资格与标准不可能统一，每个机构可以依据本机构的实际情况来制定标准。

2. 督导培育与选拔机制制定

青少年社会工作服务机构还需要制定督导培育与选拔的机制和规范。当前在我国相关政府部门的大力推动下，广大社会工作机构正在积极开展本土督导的培育工作。机构可以根据当地相关政府部门的规定以及本机构的具体情况来制定相应的措施。

3. 督导流程标准制定

青少年社会工作服务机构应根据服务对象群体的特性、服务内容和服务方法，制定不同的督导流程标准。通常督导工作流程包括：

（1）制定督导方案。

（2）建立督导工作团队。

（3）撰写督导详细计划书。

（4）实施督导。

（5）撰写督导日志。

（6）实施评估。

（7）撰写督导总结报告。

4. 督导工作职责制定

青少年社会工作服务机构还需要制定督导工作职责。通常督导工作职责包括：

（1）依据社会工作服务机构的宗旨与目标制订督导方案与计划。

（2）按照社会工作服务机构的要求与分工执行督导计划实施督导。

（3）给予被督导者行政上、教育上和情感上的支持。

（4）按照社会工作服务机构的要求对督导过程中的相关问题开展调查研

究，及时向机构总结报告情况，为社会工作服务机构决策提出意见与建议。

（5）为服务对象群体的利益和社会工作专业发展积极开展社会倡导。

5. 督导方案制订

青少年社会工作服务机构应当根据本机构的服务对象特征与服务项目的目标和性质制定适合本机构的督导方案。通常制定督导方案的基本要素包括：督导目标、督导团队构成、督导内容、督导形式与方法、督导计划与安排、评估方案。

6. 督导评估标准制定

青少年社会工作服务机构应当制定明确的督导评估标准来确保督导管理工作有序进行。督导工作评估的思路、方法、策略应当在督导工作设计初期就同步考虑。督导的评估与整体督导选拔、聘任和管理工作方案应该是一体化的、系统化的。

示例

济南山青社工服务中心是山东省首家由组织机构申请的专业社工服务机构。机构于2014年2月在济南市民政局正式注册，以“需求为本，多元培育；专业投入，植根本土；与时俱进，追求卓越”的专业价值观为指导，以“促进青少年全人成长，发展社会工作专业服务，助力青年社工能力建设”为发展使命，以青少年社会工作和社区治理创新服务为工作重点。目前机构有全职专业社会工作者70名，开展社会工作专业服务项目27个。济南山青社工服务中心除了开展青少年社会工作服务等直接服务外，还开展了社会工作专业评估、社会工作专业督导、项目管理与监控、社会工作研究与政策建议等简介社会工作服务。济南山青社工服务中心在机构的制度建设上走在了行业前列，初步建设完成的制度包括督导制度、实习制度、培训管理制度、例会制度等。

济南山青社工服务中心的督导制度包括总则、督导内容、督导的组织与认定、督导的成效评估、督导评估评分、附则等六个部分。在第二部分督导内容中规定了中心督导的形式，包括内部督导、高校社会工作专业教师督导和行业督导三种方式，并分别规定了每种督导的工作职责：

内部督导是指机构内部任职、具备督导认定条件、被聘为机构督导的层级较高的社会工作者，负责机构日常督导工作。主要工作职责包括：

（1）指导被督导者制订和推行服务方案和计划。

（2）合理安排被督导者的工作量。

（3）与被督导者探讨服务介入技巧、方法等，提供专业意见。

（4）检查被督导者的实务工作记录，确保服务质量。

（5）协调有关业务工作、促进资源链接。

（6）对被督导者的服务成效及效率进行评估。

（7）监督被督导者坚持正确的职业操守。

（8）采集被督导者反映的意见。

（9）帮助被督导者做好职业发展规划。

（10）对被督导者给予必要的支持，避免个人情绪等影响服务工作。

高校社会工作专业教师督导是指在济南市范围内从事社会工作教学科研，符合督导认定条件，被机构认定为督导的高校教师。主要职责包括：

（1）指导被督导者拟定服务方案和计划。

（2）与被督导者探讨服务介入技巧、方法等，提供专业意见。

（3）抽查被督导者的实务工作记录，对服务质量改善提出建议。

（4）协调有关业务工作、促进资源链接。

（5）监督被督导者坚持正确的职业操守。

（6）采集被督导者反映的意见。

（7）对被督导者做好职业发展予以指导。

（8）对被督导者给予必要的支持，避免个人情绪等影响服务工作。

行业督导是指在济南市范围内的社会组织、城乡社区、机关事业单位等从事社会工作服务管理工作或政策，符合督导认定条件，被机构认定为督导的行业专家。主要职责包括：

（1）指导被督导者拟定服务方案和计划。

（2）与被督导者探讨服务介入技巧、方法等，提供专业意见。

（3）抽查被督导者的实务工作记录，对服务质量改善提出建议。

（4）协调有关业务工作、促进资源链接。

（5）监督被督导者坚持正确的职业操守。

（6）采集被督导者反映的意见。

（7）对被督导者做好职业发展予以指导。

（8）对被督导者给予必要的支持，避免个人情绪等影响服务工作。

济南山青社工服务中心的督导制度中还规定了督导的主要形式和基本流程，包括团体督导、个别督导和文案督导。督导需要根据所督导项目具体需要，采用多种督导方式相结合，对各个服务项目开展督导。每次督导结束后，被督导社工须完成《济南山青社会工作服务中心服务督导记录》，督导须完成《济南山青社会工作服务中心督导反思表》。年度内《记录》和《反思表》须由项目主任归档，形成项目档案，同时所有督导检查考评分数将作为年底机构督导聘任、评优的重要参考依据，由机构统一给予相应表彰及奖励，对评分等级为不合格者，下年不予以聘任。（示例来源：济南山青社工服务中心）

原文

——青少年社会工作档案管理规定。

解读

标准化、规范化、科学化、制度化的档案管理对于社会工作服务机构来说至关重要。档案管理作为青少年社会工作服务机构行政管理的一个重要组成部分，档案作为一种重要的信息资源，为机构制定规章制度，提升机构行政效率提供保障。

青少年社会工作服务机构的档案记录是机构工作进展与服务过程的真实记录，真实有效的档案记录是社会工作服务机构设计策划社会服务项目、有效开展社会工作服务、评估机构和服务项目的基础。

青少年社会工作服务机构制度化、规范化的档案记录，真实记录社会工作服务过程，可以确保服务对象的正当权益不受损害，同时也可以确保社会工作服务机构和社会工作者的正当权益。

青少年社会工作服务机构的档案也是一种重要的教育与研究资料。通过总结机构社会工作项目与服务的经验与教训，不仅可以为本机构所用，还可以为提升社会工作专业水平作出贡献。

规范、科学、有效的档案管理是社会工作服务机构必须要做好的基础性工作。档案管理制度是评价青少年社会工作服务机构服务质量的重要标准之一。青少年社会工作服务机构应当依据自身的服务特色来制定档案管理制度，遵守档案管理的保密原则。档案管理制度核心包括两个方面：一是档案分类管理制度，二是档案安全管理制度。

1. 档案分类管理制度

通常社会工作服务机构的档案可以分为两大类：管理类档案、服务类档案等。

（1）管理类档案包括：项目管理档案、项目报告档案、财务管理档案、人事管理档案、志愿服务管理档案、机构资源档案等。

（2）服务类档案包括：服务对象档案、服务记录档案、服务评估档案、督导档案等。

2. 档案安全管理制度

青少年社会工作服务机构有责任对机构的各类档案安全管理，做好分类分级安全保密工作。档案安全管理工作涉及以下几个重要环节：档案录入安全、档案保存安全、档案查阅安全。

（1）档案安全管理的第一个环节就是档案录入安全。青少年社会工作服务机构的档案一般采用三种录入方式：手写录入、计算机录入、手写录入之后计算机录入。无论采取何种方式，从信息录入过程开始就应当制定信息安全保密措施。

（2）档案安全管理的第二个环节就是档案保存安全。青少年社会工作服务机构档案的保存方式通常有三种：纸质版存档、电子版存档、网络信息平台存档。不同存档方式面临的安全风险不尽相同，机构需要根据自身情况选择适合的存档方式。

（3）档案安全管理的第三个环节就是档案查阅安全。档案记录存档之后的查阅需要制定规章制度，在确保信息安全的前提下，有效使用档案。

示例

为深圳市5A级社会组织、全国优秀民办社工机构、全国社会工作服务标准化建设示范单位。目前中心已经完善了档案管理制度、督导制度、服务成效评测制度和员工伦理管理制度等。

深圳市龙岗区至诚社会工作服务中心的档案管理制度规定了：档案类型、档案管理、归档制度、档案保管制度、档案借阅制度、档案管理操作指引等几个方面的内容。

中心把档案分为三种类型：服务档案和行政档案，以及其他认为需要存档的档案。服务档案包括：个案、小组和社区活动档案，项目实施和管理方面的档案，阶段性反思总结档案，评估档案等。行政档案包括：人事管理、培训督导、宣传资料、财务、对外宣传等档案。

档案管理工作实行部门自治、分级管理的原则，分层负责，专人管理，各部门设立档案管理员，负责对本部门的档案实行统筹管理。各服务点设立档案管理员，负责保管和借阅本服务点的档案，并对本服务点的档案的规范性、完整性进行监督和审核。

中心认定的档案都需要遵循机构的统一管理制度完成归档，专业服务档案须与服务量完成情况相符合，每一项已完成服务都要有相关的档案配合，并同时保存电子版和纸质版。档案应及时打印并及时交由相关社工、督导签名（手写），保存。各项目、各服务点应于每年 1 月 30 日前将所有档案的电子版资料交于各自的服务部进行存档；合同期不是以自然年为单位的岗位和项目还需要在合同期完结一个月之内上交电子版档案。

中心档案的保存也要遵循相关要求，例如，设存放档案的专门箱柜，并根据实际情况做好相应防火、防潮等工作。档案管理员要妥善保管好档案柜钥匙，维护档案完整、准确、系统与安全。归档资料要进行登记，编制归档目录。档案管理员要根据档案内容，应用专业知识对档案进行分类、编排、组卷编目工作，检查档案是否完整。档案管理人员熟悉所管理的档案资料，了解使用者的需求，掌握使用规律。已归档的档案，如需更改，须经负责人同意批准后方可修改。如修改内容较多，需报废原件时，应另出新件代替并注明。专业档案无特殊情况均在存档 5 年后销毁。专业档案销毁经运营机构充分研究后，编制《销毁档案目录》，经运营机构充分讨论决议后方可销毁。档案销毁后，部门备案，销毁清册和报告及审批手续需永久保存。档案将严格执行档案的保密制度，维护档案的安全。凡不能查阅和摘录的材料，一律不准泄露。凡档案管理员调离岗位前必须做好资料移交工作，方可办理调动手续。

中心还规定了档案借阅的规范，专业服务档案涉及运营机构机密及案主隐私，未经许可不得外借、外传。外单位人员未经机构负责人批准不得借阅。档案如需借阅、复印需充分遵守专业伦理和价值守则，由部门负责人充分研究探讨后报机构负责人审批同意，签署借阅档案资料保密协议后在各服务点负责人的陪同下操作。借阅档案，必须履行登记、签收手续，未经允许档案不得携带外出。借阅档案资料者必须妥善保管档案资料，不得任意转借或复印、不得拆封、损污文件，归还时保证档案材料完整无损，否则，追究当事人责任。借出档案材料，因保管不慎丢失时，要及时追查，并报告本部门负责人及时处理。

档案管理操作指引部分还详细规定了档案编号规则，电子版文件命名规则，档案的格式，档案的装订，档案的排序，服务档案的立卷与归档等具体细则。

深圳市龙岗区至诚社会工作服务中心的档案管理制度经过多年的实践总结目前已相对较为完善，实现了档案的标准化、规范化、科学化和制度化的管理。(示例来源：深圳市龙岗区至诚社会工作服务中心)

第二节　质量管理

原文

8.2 质量管理

青少年社会工作服务机构应对本机构内的服务进行质量管理，主要任务包括但不限于：

——建立社会工作服务质量管理体系；

解读

青少年社会工作服务机构应当把提升机构服务质量作为机构最重要的目标来管控。服务质量是关系机构生存与发展的生命线，同时也是关系服务对象权益与福祉的最根本的保障。因此，青少年社会工作机构需要根据机构自身的服务目标与服务内容，在机构所处的具体社会文化背景下，建立起本机构的社会工作服务质量管理与监控体系。

社会工作服务质量管理体系的建立过程是社会工作服务机构通过一系列的制度、规章、方法、程序、指引等，把社会工作机构服务质量管理与监督过程制度化、程序化。社会工作服务质量管理体系的核心要素是：服务质量标准化、服务方式规范化、服务过程程序化。

示例

烟台市微泉青少年事务服务中心自成立以来，一贯注重服务质量，并将服务质量管控过程总结凝练为规范化的制度条例，制定了中心的服务质量管理制度。该制度包括：总则、服务质量控制制度的基本内容、对服务质量承担的领导责任、职业道德规范、人力资源、服务需求调研及项目策划、服务项目执行与过程控制、活动及服务底稿、监督与评估、附则等十项重要内容。

该制度首先规定了服务质量控制制度的基本要素及主要内容包括：（一）对服务质量承担的领导责任；（二）职业道德规范；（三）人力资源；（四）服务需求调研及项目策划；（五）服务项目执行与过程控制；（六）活动及服务底稿；（七）监督与评估。

对于服务需求调研及项目策划方面，给出了具体指引和标准，包括青少年调研的主要内容，青少年调研的方法，开展青少年调研的适用情况，青少年调研信息的管理。

对于青少年需求评估也作出了相关规定，包括开展青少年需求评估的目的，青少年需求评估的一般步骤，注意事项等。

机构在青少年调研与需求评估的基础上，结合机构使命、价值、愿景、社工伦理价值与操守以及项目团队的实际情况等进行服务项目策划。青少年服务项目策划的主要内容为：项目背景、项目目标、项目受益人群及预期成效、项目主要内容及创新性、实施项目的工作人员及详细分工、项目监督管理与考核评估、财政预算及经费来源、可能遇见的问题及解决方法等内容。

机构在服务项目执行与过程控制中还分别对个案过程和小组过程加以区分，在对个案过程控制中规定了服务申请及开展、结案和转介等服务过程的具体规范。例如，受理服务申请后应安排求助者进行咨询个案面谈，对案主情况进行了解和初步评估，不能开案的进行咨询个案处理，填写咨询个案记录表，并于5个工作日内通过口头或书面将咨询结果告知案主，并说明原因。咨询面谈结束后，经评估双方同意开案的，应签订接受服务协议，建立专业关系。之后进行跟进，社工应填写主要问题摘要及服务使用者问题评量表、个案服务记录表、个案计划书，在5个工作日内报告机构主任（或督导助理），负责开案的社工应在10个工作日内约见案主。属危机个案的，社工应及时处理，尽快报告督导和相关部门，采取必要措施，防止危机发生。社工应定期向机构主任或督导助理汇报个案处理情况，机构主任或督导助理亦可定期召开个案会议。机构主任或督导助理应对小组个案进行管理，包括个案编号，小组个案服务数量统计、介案资料存档等。目标达成后终结。当达到与案主共同订立的服务目标后服务便可终结。在三个工作日内填写个案结案报告，并提交给机构主任或督导助理批复。

机构在小组服务过程控制中规定小组活动开展时所用到的工作纸、《小组活动签到表》《小组活动记录表》《小组活动参加者意见表》必须保存原版。每节小组结束后2天内撰写小组每节记录，并提交机构主任或督导助理。小组活动结束后5个工作日内完成《小组活动检讨报告》《经费预算及实际使用情况对照表》，服务结束后10个工作日内，社工对服务进行评估完善相关资料，报给机构主任及主管单位领导。

机构还规定了监督与评估的具体内容。机构由专业副总干事和项目管理部履行监督与评估责任。监督与评估内容包括确定质量控制制度的完善措施，包括要求对有关继续教育与培训的政策和程序提供反馈意见；与机构项目管理部沟通已识别的质量控制制度在设计、理解或执行方面存在的缺陷；由机构项目管理部或其他适当人员采取跟进措施，以对质量控制政策和程序及时作出必要的修正等。

机构应周期性地选取已完成的服务进行检查，在每个周期内，对机构主任的工作职责至少选取一项进行检查。机构在选取服务及活动进行检查时，需至少提前2个工作日告知相关社工。机构将对各工作人员遵守服务质量控制政策和程序的周期性监督与评估结果及时反馈给相关负责人并作为社工绩效评估考核的重要参考依据做好记录。

烟台市微泉青少年事务服务中心制定的服务质量管理制度，可以有效地规范机构服务质量控制，明确质量控制责任，保证专业服务质量与效果，促进机构健康有序运作。(示例来源：烟台市微泉青少年事务服务中心)

原文

——建立外部监督和内部监督相结合的服务质量监督与评估机制；

解读

青少年社会工作服务机构除了需要建立起内部的质量管理与监控体系，作为社会组织，依据《中华人民共和国慈善法》《社会团体登记管理条例》《基金会管理条例》《民办非企业单位登记管理暂行条例》《社会组织评估管理办法》等相关法律法规，还必须每年定期向社会组织登记地的民政部门作出报告，接受民政部门或第三方机构的外部评估。外部监督与内部监督相结合的服务质量监督与评估机制才能确保社会工作服务机构的服务质量。

示例

深圳市龙岗区至诚社会工作服务中心自2009年12月成立至今，拥有前线服务员工500余名，被评为深圳市5A级社会组织、全国优秀民办社工机构、全国社会工作服务标准化建设示范单位。中心一直以来都高度重视服务质量的监督和评估机制，经过多年实践总结制定出一套中心专门的服务成效测评制度。

服务成效测评机制包括日常服务管理和跟进、定期服务成效测评（社工进行服务成效自评、服务对象满意度调查、用人单位满意度调查）、督导日常跟进和管理、服务成效激励等几个部分。

日常服务管理是一项基础工作，对保证服务成效具有非常重要的意义，项目团队的日常服务管理和跟进包括以下几个部分：

团队日常服务测评一览表

序号	服务内容	测评时间/频率	服务成效测评方式	使用资料
1	个案服务	个案服务过程中	填写问卷	附件1：《C03服务使用者问题量表》

续表

序号	服务内容	测评时间/频率	服务成效测评方式	使用资料
2	个案服务	季度、半年、一年	撰写报告	附件2:《C08个案检讨表》
3	个案服务	个案完结时	填写问卷访谈	附件3:《C13个案服务使用者意见表》 访谈提纲（依据实际情况制定）
4	小组工作	小组开展前后	填写问卷	前后测的问卷（依据实际情况制定）
5	小组工作	小组完结及过程中	填写问卷访谈	附件4:《G06小组参加者意见表》 自制的访谈提纲（依据实际情况制定）
6	小组工作	小组完结时	撰写报告	附件5:《G07小组总结报告》
7	社区活动	完结时	撰写报告	附件6:《S02社区活动总结报告》
8	社区活动	完结时	填写问卷访谈	附件7:《S03活动参加者意见表》 附件8:《S04活动参加意见反馈总表》 自制的访谈提纲（依据实际情况制定）
9	所有服务对象	日常服务过程	意见建议收集	附件14:服务意见、建议收集及跟进处理记录本

服务质量监督评估还包括督导日常的跟进和管理。督导者通过平时的个人督导和小组督导及时对社工的实务工作进行指导、监督以保证服务成效。运营机构层面通过收集查阅社工填写的《督导内容记录表》了解社工的服务情况，了解督导者对社工服务的评价，跟进处理社工提出的问题和困难。通过机构月例会和平时跟督导者的沟通，了解督导者所带领的社工团队的情况，如优势、劣势、面临的问题等，并就共性问题进行讨论，提出解决策略。

阶段性服务成效测评是服务质量监督评估的重要环节。每月定期召开月度服务反思会议，总结当月服务开展情况，并做好会议记录。每季度完结后，根据《月度服务反思会议记录》进行总结讨论，并撰写《季度服务反思总结报告》，反思总结服务当中的优势和不足，以及改善的行动策略，保证服务不断完善。运营机构根据需要每个季度开展一次档案检查，通过查阅档案/社工访谈等方式，了解服务管理、服务进程及服务成效。

除此之外，民意测评也是重要评估手段，包含内部民意测评和外部民意测评两大板块。内部民意测评是指为保证机构可以持续发展和有效运行，针对机构内部管理工作的执行情况、整体运营的方方面面开展的民意测评工作制度；外部民意测评指服务用人单位、出资方、合作方、服务对象等多元主体进行的测评，包含服务遴选、满意度、意见建议反馈等。

机构还制定了明确的成效激励制度。运营机构会在机构大会或定期的例会上对服务成效较好的团队进行表扬。运营机构年终根据团队总体表现（其中服务成效会占重要比重）进行表彰奖励。根据机构奖惩制度，社工个人或团队若在服务方面有出色表现获得荣誉奖励，机构会给予现金奖励。具体细则见《奖惩制度》。

深圳市龙岗区至诚社会工作服务中心的服务成效测评制度建立了清晰、完整、具体、可执行的机构内部的服务质量监督与评估体系，并与外部监督相结合，确保社会工作服务质量。（示例来源：深圳市龙岗区至诚社会工作服务中心）

原文

——对相关社会工作服务情况进行信息公开，确保青少年知情权；

解读

青少年社会工作服务机构如果通过与政府的购买服务协议接受了政府的资助，还应当特别向提供资助的政府部门作出报告，接受购买服务的相关政府部门的评估与监控。

除了政府购买服务的资金支持外，机构如果接受了其他社会组织、基金会以及企事业单位的资金，也需要接受出资方的评估与监督。

青少年社会工作服务机构有责任向服务对象群体公开信息，确保其知情权，并接受其监督。

青少年社会工作服务机构还有责任定期向社会大众以及其他利益相关方作出报告，接受其监督。

示例

北京中青社会工作发展中心是中国青年政治学院举办的社会工作服务、咨询、培训和研究中心，是5A级社会组织。中心专注于青少年和家庭需要，引入国际最新青少年正向发展理论和实践，为青少年的成长提供专业服务，同时助力国家社会工作人才队伍建设需要，提供高质量专业培训，依托强大专家团队开展项目评估和咨询服务。中心于2017年经北京市民政局考核和遴选，获得北京市社会组织评估工作资质、作为首批社会工作机构代表参加北京市对口援建内蒙古的“牵手计划”。2018年，中心成为全国首批青少年事务社会工作人才实训基地。目前中心已经开展一些涉及青少年和家庭的社会工作专业服务，包括青少年及家庭历奇辅导项目、农业与青少年服务、青少年向导服务、“亲益荟”志愿家庭培育和支持计划以及与各街道合作开展的服务项目。承接全国青少年事务社会工作示范项目、全国示范性青少年综合服务平台建设项目等各项专业服务项目。中青社工积极使用社会工作专业最新前沿成果，在发展型社会工作服务、青少年正向发展实务和绿色社会工作领域均有探索成果。

中心在服务青少年的过程中，非常注重服务质量管理，特别是在面对未成年人、特殊困境青少年时，严格遵守中心内部服务质量管理制度，同时还依据项目服务协议向服务购买方、服务对象群体、社会大众公布服务信息，严格遵守服务伦理守则，在知情同意原则下开展青少年服务，在保密原则下公开青少年服务信息。

例如，北京中青社会工作发展中心规定需要招募青少年及其家庭参与活动时，社会工作者必须向青少年及其家长，配合服务介绍材料进行充分说明。针对持续开展的小组、个别服务（如向导服务）、具有一定活动风险的室内/户外服务活动（如历奇辅导，无论高低程度）和单次的体验/实验性服务，均应与青少年监护人签订《服务知情同意书》，双方签订后，视作确立服务关系，并为服务对象购买意外伤害险。

正是有这样的制度化、规范化的操作标准，北京中青社会工作发展中心的向导服务、历奇辅导、绿色社会工作服务得以有效开展，减少了传统补救性社会服务给青少年带来的“污名化”和“标签化”。（示例来源：北京中青社会工作发展中心）

原文

——根据服务质量评估情况改进服务，完善制度。

解读

无论是内部评估还是外部评估，最终目的都是要通过监督和评估来促进青少年社会工作服务机构不断提升社会工作服务水平，帮助机构更好地实现既定目标，保证社会工作服务质量，确保服务对象群体的利益。青少年社会工作服务机构应当根据内部评估与外部评估的情况，不断总结经验，提升机构服务质量，完善机构评估与监督机制。

示例

深圳市龙岗区至诚社会工作服务中心自成立以来高度重视服务质量管理，制定出一套中心专门的服务成效测评制度，其中明确规定了要根据服务质量评估情况改进服务，完善制度。

依据中心制定的服务成效测评制度第四条，阶段性服务成效测评中，第三点要求，每半年对服务对象的意见建议进行总结，通过服务对象的意见建议制订改善计划，总结服务成效。服务成效测评制度第四条第四点要求，每半年对服务对象的意见建议进行总结，通过服务对象的意见建议制订改善计划，总结服务成效。运营机构根据实际需要每年进行一次或两次全方位的、综合性的服务成效评估，从服务对象、用人单位、社工多角度，通过深度访谈、问卷调查、查阅档案资料等多种形式评估服务成效。评估完成后会通报评估结果，服务部门根据评估的情况督促各项目团队完善不足之处。

在改进服务上，中心还有一项专门的处理手段——“跟进处理记录本”，中心专门设计了这一记录本，来记录需要跟进处理的情况，有利于及时发现问题，处理问题，并且及时总结经验，修正制度。（示例来源：深圳市龙岗区至诚社会工作服务中心）

第三节　督导制度

原文

8.3 督导制度

青少年社会工作服务机构应建立社会工作督导制度，开展督导工作，主要工作包括但不限于：

——建立社会工作督导制度，明确督导关系；

解读

督导是协助社会工作者提升专业能力与专业价值观的一种工作模式，是指在有经验的督导者的监督、指导、支持和帮助下，社会工作者完成社会工作服务，提高自身专业水平，提升专业价值观的过程。督导也是社会工作者与同行分享社会工作知识、澄清工作思路、提升专业技巧的学习过程。

督导制度的确立对于青少年社会工作服务机构来说至关重要，可以确保社会工作服务的专业水平，保证社会工作服务质量。同时，督导制度作为一种专业训练方法和管理方法，还可以传授专业知识技能，促进社会工作者的个人成长，保持社会工作专业的独立性。在一些国家和地区，社会工作者接受专业督导也是获取社会工作执业证照的重要条件之一。

督导的最终目的是连接知识与实务。督导者不仅要具备丰富的社会工作专业相关知识，更要具备丰富的社会工作实践能力和操作技巧。青少年社会工作服务机构必须建立起明确的社会工作督导制度，选拔聘任有资质的督导者，定期对社会工作者提供督导服务，帮助社会工作者更好地运用社会工作专业知识和技能，更好地遵循社会工作专业伦理守则，从而更好地为青少年群体提供有质量保证的社会工作服务。

通过制定督导制度，可以帮助机构社会工作者建立起明确的督导关系。一般来说，督导关系中需要明确以下几个方面的问题：主要负责督导及其团队构成、督导者的责任与权力、被督导的社会工作者构成、被督导者的责任与权力、督导方案与计划、督导周期与时间、督导方式与方法、督导内容与侧重点。

青少年社会工作机构建立督导制度，其中应当包括对于督导资格的明确要求、督导岗位职责、督导工作规范、督导伦理责任、督导人才选拔与管理、督导考核评估等方面的内容。

示例

深圳市龙岗区至诚社会工作服务中心建立了较为完善的督导制度，明确规定了督导的目的和依据，督导的类型，督导的岗位职责，督导工作规范，督导内容，工作要求，督导计划，督导人才管理，督导伦理，督导评估等方面的内容。

中心督导制度规定机构督导人才队伍包括中级督导（部门负责人及以上）、初级督导（区域负责人）和督导助理（团队负责人）三个级别的社会工作者。

（一）中级督导岗位职责

1. 机构整体服务成效及进程管理控制

（1）协助开展机构专项工作规划，维持机构正常运转和促进发展。

（2）协助制订机构年度计划，提升服务质效。

（3）参与机构重大工作事项的研讨及决定。

（4）参与机构人才培养战略，促进社工成长。

（5）监察所管辖区域的工作。

2. 为行业发展献计献策，推动行业发展

（1）每年参与行业组织统筹的1个课题小组，进行课题研究。

（2）至少参与撰写并在市级以上刊物公开发表专业学术文章1篇。

（3）参与社工学院课程，每年度至少完成2个社工专业相关课件。

（4）每年为行业发展提供至少4条建设性意见/建议，且被行业或主管部门采纳。

（5）积极参加由政府主管部门或行业协会等组织的行业发展专题会

议，并参与行业发展报告撰写。

（6）积极响应由政府主管部门、行业协会、机构等组织的行业应急公共服务项目，维护行业利益。

3. 按规定完成实务督导工作

（1）每月为所负责团队的初级督导提供即时的面对面的督导，督导时数以实际初级督导的工作需求为准。

（2）每月采取面谈、访谈、调研、探访等方式定期为所负责团队的督导助理提供督导，督导时数以督导助理实际需求为准。

（3）每月为初级督导和督导助理提供1次团体/小组督导。

4. 按规定完成一线服务

（1）每年度开展特殊个案，如疑难个案、创新性个案3个以上。

（2）每年度至少独立完成小组2个，每个小组不少于5节次。

（3）每年度至少组织或参与2个社区活动。（第2条和第3条可选择性完成一项）

（二）初级督导岗位职责

1. 部门/区域内服务成效及进程管理控制以及承担机构其他重要事务

（1）落实机构服务与行政管理策略，参与机构专业发展与服务管理。

（2）开展专业教育培训，提升团队专业知识和服务技巧。

（3）审查社工专业价值伦理，保障社工服务的职业操守。

（4）预防团队职业倦怠，激发团队工作动力，保障团队工作效率，提升团队执行力。

（5）走访利益相关方，强化行政功能和维护、优化的服务环境。

（6）总结、提炼服务管理与实务发展经验，为机构发展建立品牌效益。

（7）加强专业研究，年度内完成4篇专业文章的撰写，年度内发表1篇专业文章在市级以上刊物，为机构和行业增添荣誉。

（8）积极整合社会资源，全力发展机构特色服务项目及拓展机构业务范围。

2. 积极参与行业实务，推进行业发展

（1）积极承办社协分领域培训沙龙，提升行业专业社工的各项能力。

（2）按照市社协要求定期递交工作或政策建议报告。

（3）积极参与市社协组建的督导人员组织、政策研究、培训及其他相关活动等。

3. 按规定完成实务督导工作

（1）初级督导实务督导工作量不少于总工作量的60%。

（2）初级督导每月必须为所负责团队的督导助理提供至少1次的个人（面对面）督导，督导时间可以实际需求为准。

（3）初级督导每月需采取面谈、访谈、调研、探访等方式定期为所负责团队的一线社工提供督导，督导时数以一线社工的实际需求为准。

（4）初级督导每月必须为一线社工及督导助理提供至少1次的团体/小组督导，每次团体/小组督导不少于2小时。

4. 按规定完成一线服务

（1）初级督导每年度的一线社工服务量不少于总工作量的5%。

（2）初级督导每年至少独立完成疑难个案3个。

（3）初级督导每年至少独立完成辅导/治疗小组1个；小组节数不少于5次。必须跟随完整小组计划流程，具备完整小组记录；

（4）初级督导年度内至少组织或参与完成社区活动1个。

（三）督导助理岗位职责

1. 负责所督导的团队服务成效及进程管理控制并积极承担机构其他事务

（1）贯彻执行机构的行政与服务管理的方针、政策和制度。

（2）承担承上启下的职责，增强社工对机构的归属感。

（3）带领团队规划年度服务目标，推进服务开展及协调工作。

（4）指导和检查一线社工圆满完成工作任务和服务指标。

（5）发掘优秀的社工人才，为机构的发展加强专业人才队伍建设。

（6）组织社工学习和践行社工价值伦理及专业技巧，提升社工职业素养。

（7）整合服务资源，拓展服务范围，致力于改善社工服务环境。

（8）完成专业文章的撰写，努力发表高质量的文章，为机构和行业增添荣誉。

2. 积极参与社协分领域培训沙龙的策划与实施

结合督导岗位实际，协助承办社协分领域沙龙的策划和实施工作。

3. 定期开展实务督导工作

（1）观摩学习、部分参与督导针对一线社工的督导，并根据督导团队需求开展个别督导和小组督导。

(2) 督导助理每月必须按照区域主任的要求为一线社工提供至少1次的个人(面对面)督导,每次督导时间不少于2小时。

(3) 督导助理每月必须在区域主任的指导下为一线社工提供至少1次的团体/小组督导,每次团体/小组督导不少于2小时。

(4) 督导助理必须认真批阅一线社工的档案文书,并签字同意之后方可执行。

4. 按要求完成一线实务工作

(1) 协助一线社工开展疑难个案,给予支持,条件允许的情况下可跟进一线社工转介的疑难个案。

(2) 在完成督导助理岗位上的工作内容之外,还需承担其小组中一线社工平均指标量的70%以上。(示例来源:深圳市龙岗区至诚社会工作服务中心)

原文

——定期为督导对象提供督导服务。

解读

督导工作应当依据青少年社会工作服务机构制定的督导制度规范化、有序开展。定期对社会工作者提供督导服务是机构的工作责任。

示例

深圳市龙岗区至诚社会工作服务中心的督导制度明确规定了督导工作规范,以及机构开展督导工作的原则、时间、地点、频次等内容。例如中心督导制度第四条督导工作规范中第一点规定了不同类型督导的人数:中级督导:原则上所辖不少于3名初级督导,不少于9名督导助理或不少于63名一线社工;初级督导(区域主任):原则上不少于21名社工,限于21—50人,含3名及以上督导助理;督导助理:原则上不少于7名一线社工。

中心督导制度第四条督导工作规范中第二点规定了督导的分配原则:

督导助理对一线社工的督导工作负责，初级督导/区域主任对督导助理的督导工作负责，中级督导对初级督导/区域主任的督导工作负责的原则，亦可根据实际需求进行跨级督导。

中心督导制度第四条督导工作规范中第三点规定了督导时间和次数：督导时间根据督导总体督导时间及督导社工人数进行合理分配，原则上每个社工每个月至少接受一次个人督导，社工经验不满6个月者每个月至少接受2次个人督导，社工工作经验在6个月以上的社工每个月至少接受1次个人督导。

中心督导制度第四条督导工作规范中第四点规定了督导地点：督导地点本着“方便一线社工”的原则选择。督导地点可以定为一线社工工作场所，也可以定为机构督导室。具体地点可根据实际情况，由督导和一线社工自行商定。

中心督导制度第四条督导工作规范中第五点规定的督导内容包括：

（一）行政性督导内容

1. 考察监督社工是否严格遵守伦理守则。
2. 社工招募、甄选以及岗位调整安置。
3. 社工季度绩效考核评估评分及面谈。
4. 年度计划撰写的指导和审阅。
5. 服务指标及工作任务的分配。
6. 检查监督社工服务指标完成情况及进度安排。
7. 开展季度/年度总结及反思工作。
8. 定期检查行政档案及服务档案规范性。
9. 用人单位及主管单位的关系协调。

（二）教育性督导内容

1. 社工价值理念的澄清，提升社工的专业认同感。
2. 疑难典型个案的应对策略的辅导。
3. 组织学习社工专业理论及服务技巧。
4. 关注社工个人成长与进步，提供职业生涯规划指引。
5. 提升社工对社会工作实务研究的能力，并鼓励发表专业文章。

（三）支持性督导内容

1. 社工职业倦怠情绪的处理与跟进。
2. 社工工作效率提升及服务成效的改进。

3. 社工对环境适应的支持。

4. 对社工减压和负面情绪的辅导。

5. 总结社工实务工作经验，提升社工专业成就感。

中心督导制度第四条督导工作规范中第六点规定了督导工作要求：

（一）需严格遵守协会制定的各项规章制度，尤其是督导制度，按时、按质完成工作任务，接受协会考核，保守行业协会与机构秘密。

（二）坚持专业操守和职业道德，遵守国家《社会工作者伦理守则》。

（三）在工作中坚持求真务实原则，结合本土实际，不照搬套用不符合实际的专业理论、实务知识，在工作中服从协会专业和行政指导者。

（四）督导人员应具有高水平专业素质，除社工专业知识外，要求督导人员努力学习社会学、心理学、教育学、管理学、法律等方面知识，加强实务能力和技巧提升，积极开展实务探索和社工理论研究。

（五）督导工作必须留存督导记录，由督导人员负责填写督导记录本，交由被督导者签字确认并保存，督导服务部进行不定期的审阅。（示例来源：深圳市龙岗区至诚社会工作服务中心）

第四节　档案管理

原文

8.4 档案管理

青少年社会工作服务机构应加强服务档案管理，主要工作包括但不限于：

——建立基本服务档案，包括青少年的基本信息、服务提供者、服务场所、服务过程及服务成效等；

解读

社会工作服务档案是社会工作者在服务过程中得到的关于服务对象的一切信息以及社会服务机构给予服务对象的一切协助的资料。社会工作服务过程中填写各类表格和记录在社会工作者的日常生活中占有极为重要的地位，这些社会工作者对于服务对象的情况的记录以及对于开展服务过程的记录，不仅是社会工作者计划、执行、总结工作的唯一依据，也是社会工作机构掌握服务过程和评估服务质量的唯一依据，也是社会工作机构向服务对象、服务伙伴、出资方、相关利益方以及社会大众作出交代的依据。同时，这些记录经过系统的整理和分析，可以从中总结经验，提炼社会工作实践知识和理论，并为社会政策的制定和完善提供依据。

青少年社会工作机构应当建立档案记录、保存和管理制度。同时，青少年社会工作机构应当依据本机构的服务目标和内容，规定档案记录的内容和方式。青少年社会工作者应依据本机构的要求，使用正确的专业术语，及时记录。档案记录应当清晰、完整、真实、简明扼要。

青少年社会工作机构通常需要建立基本服务档案和服务质量监督与评估档案，并根据青少年的实际情况分类、分级管理档案。基本服务档案包括青少年的基本信息、服务提供者、服务场所、服务过程及服务成效等。服务质量监督与评估档案包括是否符合基本服务要求、目标完成情况、服务评估情况等。

示例

上海市阳光社区青少年事务中心是一家从事社区青少年的教育、管理与服务的民办非企业社团，于 2004 年 2 月在上海市民政局正式注册成立，承担政府委托的社区青少年教育、管理和服务工作，负责对全市青少年事务社工进行业务指导、管理和调配，支持其参加资格认证、职业培训等，推动上海市社会工作站点的建设，在各区县设立工作站，负责对本区域内所属的青少年事务社工进行业务指导、绩效考核和日常管理，整合各种社会资源，开展对外交流等。自成立以来，中心形成了众多品牌工作项目，包括加强青少年事务社工和服务对象之间联系的品牌项目，满足社区青少年就学就业需要的工作项目，以及宣传青少年社会工作的理念和内容，让社区青少年更加了解社区青少年工作的活动等。

上海市阳光社区青少年事务中心自成立以来就非常注重服务档案的管理，目前中心的服务档案已经高度结构化、制度化，形成了一系列社会工作服务表单，服务过程中，社会工作者必须完成过程中的系列服务表单，并为服务对象建立服务档案。系列服务表单包括两个服务类别：个案工作表单和小组工作表单。

青少年个案工作表单包括：个案工作申请与预估表、个案工作服务计划书、个案工作服务记录表、个案工作具体行动完成情况量表、个案工作服务对象满意度调查问卷、结案摘要报告、跟进服务进度表、跟进服务评估表等。

个案工作申请与预估表是社工在准备开展个案时填写的表格。该表格记录个案对象的基本情况、问题预估结果以及申请开案的理由。

个案工作服务计划书是个案审批后、社工准备开展工作前填写的表格。该表格记录社工针对服务对象的问题解决所预设的目标和方案。

个案工作服务记录表是社工在个案工作过程中填写的工作记录表格。该表格记录社工对个案进行重大服务时的情况，以及接触后对原有计划作出调整情况。

个案工作具体行动完成情况表是社工在个案工作开展一段时间后进行阶段总结时使用的表格。记录社工对个案对象开展服务后各项目标和计划的达成情况，以此反映个案工作开展的进程。

个案工作服务对象满意度调查问卷是个案临近结案阶段服务对象对社工服务进行满意评估的表格，以此反映社工阶段性服务被服务对象接受的程度以及社工工作的成效。

结案摘要报告是社工在认为个案工作可以结案时填写。记录社工开展个案服务目标达成情况，并阐述申请结案的理由。

跟进服务进度表是社工在个案结案后对服务对象开展跟进工作时填写的记录表格。记录社工在结案后对服务对象开展的跟进服务。

跟进服务评估表是社工请服务对象填写的跟进服务成效的评估表格，以此准确掌握服务对象的情况，及早应对服务对象可能出现的反复或新的问题。

小组工作表单包括：小组工作申请表、小组成员资料表、小组契约书、单元计划书、单元记录表、小组成员自我参与评估表、小组带领人评估表、小组成员评估表、小组结案评估表等。

小组工作申请表是社工在申请开展小组工作时填写，记录社工开展小组工作的目标、招募方式、小组工作的基本计划流程等信息，以明确该小组工作的目标及意义。

小组成员资料表是小组工作开始前填写的记录组员基本信息的表格，

以此利于掌握服务对象情况，便于小组工作开展。

小组契约书是小组工作开始时填写的表单，以此在小组成员间形成一种约束，利于小组工作的开展。此表格选填。

单元计划书是每节小组工作开展前填写的表单，记录本节小组工作的目标、实施方案以及预备方案等，以有效计划和把握每节小组工作的开展。

单元记录表是每节小组工作后填写，记录小组过程中值得关注的情况和细节，社工对本节小组活动的评估和社工对下一节小组活动的建议意见的表单，以使社工准确掌握服务对象的情况，利于下阶段工作的开展和整体服务的评估。

小组成员自我参与评估表是小组工作进行过程中，由服务对象填写、反映服务对象对自身参与小组活动的感受和投入情况，以此从服务对象层面反映小组工作的被接受程度。

小组带领人评估表是小组工作进行过程中及结束后，由小组工作带领社工填写，反映社工对小组工作评价的表单，以此从社工层面反映小组工作进行情况和工作成效。

小组成员评估表是在小组每节活动结束后或小组整体活动结束后，由服务对象填写、反映服务对象对小组工作服务成效评价状况的评估量表，以此从服务对象层面反映小组工作进行情况和工作成效。

小组结案评估表是小组工作结束时由社工填写，记录小组工作的进行情况、目标达成情况以及社工对小组工作的整体评估和反思的表单。（示例来源：上海市阳光社区青少年事务中心）

原文

——建立服务质量监督与评估档案，包括是否符合基本服务要求、目标完成情况、服务评估情况等；

解读

青少年社会工作服务机构还应当建立起服务质量监督与评估档案，确保社会工作机构提供的服务有质量保障和依据。服务质量监督与评估档案的核心内容包括：服务过程记录、服务过程评估、服务结果评估、督导记录等。

青少年社会工作服务机构通常会根据本机构的特色和服务对象的特点，设计专门的服务过程记录表格，以便社会工作者及时、准确、高效、快速地记录社会工作服务开展的过程。服务过程记录是服务质量监督与评估的最原始资料，也是最重要的评估依据。

青少年社会工作服务机构通常还会针对不同服务项目开展服务过程评估，服务过程评估记录也是服务质量监督与评估的重要档案。服务过程评估记录通常也是由青少年社会工作服务机构根据机构服务特色和服务项目特征来个别化设计的。

青少年社会工作服务机构的服务结果评估一般会采用更为正式化的表格或报告的形式呈现。服务结果评估记录是服务质量监督与评估档案最重要的组成部分。

青少年社会工作服务机构开展督导工作，也需要将督导记录存档，作为服务质量监督与评估的材料之一。

示例

烟台市微泉青少年事务服务中心为了加强档案管理，充分发挥档案的作用，根据《中华人民共和国档案法》及其实施办法和有关标准管理的规定，制定了烟台市微泉青少年事务服务中心档案管理制度。通过建立健全档案管理制度，加强服务质量监控和评估。中心档案包括五大类：参加外机构会议或培训文件、机构人事档案、项目档案、机构机构管理文件和机构各社工工作领域文件等。

参加外机构会议或培训文件包括：会议邀请函；大会通讯录；大会日程安排；大会发行文集及相关资料；与会议相关的音像资料；参会其他相关机构资料、折页等；大会最终形成的会议成果等。机构人事档案包括：员工履历材料；绩效考评材料；工资、任免、退（离）休材料等。

项目档案包括：项目概况、背景材料；项目书；协议、合同；项目进度报告；财务类材料；项目执行材料；项目期间的来往信函；项目音像资料；媒体报道资料等。

机构机构管理文件包括：机构建设管理类；机构会议类；在研究领域

形成的成果性材料等。

机构各社工工作领域文件包括：各领域前期调研资料、督导记录、会议资料、个案记录、小组计划及报告、各类活动计划和报告、季度总结和年度总结等。

烟台市微泉青少年事务服务中心档案管理制度中对档案管理工作还作出了具体规定，例如，要按照档案形成的特点，保持档案之间的历史联系，充分利用原有基础，使整理出的档案能够反映各领域活动的真实面貌，便于保管和利用。

对接收按要求整理好的档案进一步系统化。包括：对所接收的档案进行严格检查，检查的内容有：以件为单位的件内的档案是否完整，分类、排列、组卷、编目等工作是否正确。还要对档案进行必要的编目工作，根据它的分类方案和排列次序，将案卷顺序上架。其次，还要定期对档案进行全面整理。包括：档案的分类、立卷、拟制案卷标题、案卷排列等；定期对档案进行局部整理，对不符合整理要求的案卷进行加工、调整。

制度化和规范化的档案管理还包括做好对档案的统计工作。烟台市微泉青少年事务服务中心档案管理制度规定了要认真做好档案年度案卷数量统计。以原始记录为依据，做到准确、可靠。坚持进行档案提供利用及利用效果的统计。建立健全统计台账，掌握档案的收进、整理、利用、移出、销毁和本部门内各种情况数据，按照有关规定及时报送各种报表。按机构要求进行定期的综合或专项统计分析。找出存在的问题，提出改进措施、建议，报告机构领导。通过档案统计工作，总结和掌握档案的发展规律，不断提高档案的科学管理水平。

烟台市微泉青少年事务服务中心建立起科学化和规范化的档案管理制度，不仅注重对档案的分类保存和管理，还强调要更好地利用档案，掌握服务过程中的各项数据，从而更好地监督和评估服务质量。（示例来源：烟台市微泉青少年事务服务中心）

原文

——根据青少年实际情况进行分类、分级管理档案，做好信息的保密工作。

解读

青少年社会工作机构应当做好青少年档案信息的分级、分类管理和保密工作。社会工作服务机构依据面对的青少年服务对象，面对的问题和困境不同，社会工作开展的目标不同，社会工作服务方法不同，可以将青少年分为不同类别，对其档案信息分类、分级管理。同时对于青少年档案信息要严格恪守社会工作保密原则。

示例

上海市阳光社区青少年事务中心自成立以来就严格依据青少年分级分类管理档案的原则，根据青少年实际情况分级分类管理档案，同时做好信息的保密工作，为此还制定了青少年分类管理办法。

中心的青少年分类管理办法将青少年分为三大类别：红色服务对象、蓝色服务对象、绿色服务对象。

红色服务对象包括“轻微罪错”青少年、“严重不良行为”或比较明显的心理障碍/疾病的社区青少年。“轻微罪错”青少年是指经公安、检察、法院批准分别作暂缓治安处罚、相对不起诉、暂缓判决处理的青少年。

蓝色服务对象包括有“不良行为”、12个月以上持续失学/失业或比较严重的心理问题的社区青少年。

绿色服务对象是指除上述两类外的社区青少年。

在三类青少年的档案管理中，及时更新青少年情况登记表，并整理归档，分别用红、蓝、绿三色荧光笔标记，定期填写工作统计数据统计报表。同时与公安、检察、法院、街道和团委等相关部门建立信息联动机制，及时掌握最新数据，充分利用“上海市社区青少年信息管理系统”，掌握青少年动态，进行分类管理。通过登录该信息系统，填写或变更相关数据，包括：社区青少年个体状态和社区青少年整体状态。通过该系统可以了解到三类青少年在全市的总体分布情况，并形成一套指标体系：包括青少年学历、婚姻状况、目前状态等方面的人数比例；家庭结构中离婚、单亲、矛盾、重组、分居、父母双亡的比例；没有任何技能的青少年比例；持续失学、失业时间超过12个月的青少年比例、社区青少年犯罪率等。

上海市阳光社区青少年事务中心将社区青少年依据其所遭遇到的问题的性质和问题的程度来分级和分类，并将青少年信息档案与相关部门共享，建立信息联动机制，并建立起信息管理平台体系，有利于青少年信息的有效管理和保密工作。(示例来源：上海市阳光社区青少年事务中心)

第五节　人员要求

原文

8.5 人员要求

开展青少年社会工作服务的社会工作者应：

——获得国家颁发的社会工作者职业水平证书或者具备国家承认的社会工作专业大学专科及以上学历；

解读

2004年7月1日社会工作正式被确定为国家新职业，作为第九批新职业正式向社会颁布国家职业标准，并收编入国家职业大典。从2006年9月1日起，我国对社会福利、社会救助、社会慈善、残障康复、优抚安置、卫生服务、青少年服务、司法矫治等社会服务机构中从事专门性社会服务的专业技术人员实行职业水平评价制度，纳入全国专业技术人员职业资格证书制度统一规划。从事青少年社会工作服务的专业人员应当获得国家颁发的社会工作者职业水平证书，包括助理社会工作师、社会工作师、高级社会工作师三个级别。

本标准还认定具备国家承认的社会工作专业大学专科及以上学历的人员也符合要求。

示例

北京中青社会工作发展中心以青少年为主要服务对象，在人员要求上，除了需要获得国家颁发的社会工作者职业水平证书或者具备国家承认的社会工作专业大学专科及以上学历这个基本要求外，还根据不同服务手法的要求，对社会工作人员提出了不同的要求。

例如中心针对青少年及其家庭开展家庭治疗服务项目，就特别要求开展服务的社会工作者以及服务督导团队中必须要有心理学和家庭治疗资质人员参与服务的设计和执行过程，以保证服务效果。

北京中青社会工作发展中心的历奇辅导工作颇具特色，在青少年群体中受到广泛的欢迎，中心规定开展历奇辅导服务的社会工作者应当接受过历奇辅导服务的特别训练，同时服务督导团队中有相应资质的人员直接参与或督导服务的设计和执行过程，以更好地保障服务安全和效果。（示例来源：北京中青社会工作发展中心）

原文

——遵循社会工作专业伦理，遵守《社会工作者职业道德指引》；

解读

开展青少年社会工作服务的社会工作者应当遵循民政部于2012年12月28日发布的《社会工作者职业道德指引》。该《指引》规定的社会工作者职业道德主要包括：尊重服务对象，全心全意服务；信任支持同事，促进共同成长；践行专业使命，促进机构发展；提升专业能力，维护专业形象；勇担社会责任，增进社会福祉等。

示例

北京中青社会工作发展中心自成立之日起就注重社会工作者的职业道德，严格依据《社会工作者职业道德指引》的要求和标准要求社会工作者树立专业价值观，坚守专业伦理操守，遵循社会工作职业道德标准，在社会工作者的职业道德问题上，中心一贯采取一票否决制的严格态度，一旦发现社会工作者有违社会工作者职业道德的行为严惩不贷。

由于中心主要开展青少年社会工作的服务对象群体是青少年，其中包括部分18岁以下的未成年人，因此中心还特别强调开展青少年社会工作服务的社会工作者应明确社会工作服务意识，树立以青少年为中心的服务理念，在工作中应当尊重青少年，保护青少年隐私，以青少年的权利和需求为本。

另外，北京中青社会工作发展中心根据青少年社会工作服务的特点，结合中心开展的各类青少年社会工作服务的实际情况，还要求青少年社会工作者在开展青少年服务过程中，严格遵守其他与青少年权益相关的公约和法律，包括：《联合国儿童权利公约》《中华人民共和国未成年人保护法》《中小学综合实践活动课程指导纲要》等。(示例来源：北京中青社会工作发展中心)

原文

——按照《社会工作者继续教育办法》，接受继续教育，不断提高职业素质和专业服务能力。

解读

开展青少年社会工作服务的社会工作者还应当遵循民政部于 2009 年 9 月 1 日发布的《社会工作者继续教育办法》，不断更新、补充知识，提高专业水平和能力，提高服务质量。

根据民政部发布的《社会工作者继续教育办法》的规定，助理社会工作师在每一登记有效期（3 年）内接受社会工作专业继续教育的时间累计不得少于 72 小时；社会工作师、高级社会工作师在每一登记有效期（3 年）内接受社会工作专业继续教育的时间累计不得少于 90 小时。继续教育时间的计算包括：参加社会工作培训并取得合格证明的，接受继续教育时间按实际培训时间计算；参加社会工作专业学历教育，取得学历或者学位的，一次性记 90 小时；未取得学历或者学位的，接受继续教育时间按考试合格的专业课程实际授课时间计算。

示例

济南山青社会工作服务中心鼓励社会工作者参加继续教育培训，积极鼓励并推荐社会工作者参加省级、市级、区级的各类社会工作者继续教育培训，同时还大力鼓励社会工作者积极报考在职研究生和成人本科生，还专门制定了济南山青社会工作服务中心培训管理制度，加强社会工作者的培训工作。

中心的培训工作分内部培训、外部培训和综合培训形式，机构于每年12月30日前制定下一年度培训需求和计划，由分管副总干事报总干事审核，经审核后报机构理事会确定。经批准后的年度培训计划由分管副总干事下发。

中心培训的内容包括：对新入职社工进行机构愿景、宗旨、理念、文化、规章制度、常规工作等方面的培训，使其了解机构的基本设置和情况。培养新入职社工的基本员工爱岗敬业的思想基础，使其更好地走上及适应工作岗位。

中心还安排入职培训。确定入职新员工，由人事部门制作参训人员名单，根据参训人员的岗位及入职培训的基本内容要求，制订入职培训计划；确定培训课程、讲师人选以及培训日程，做好培训具体筹备工作；培训结束后通过培训反馈表或评估问卷进行培训评估及反馈。

同时，中心还对项目主任、协调主任等老社工进行专业技术、团队带领、团队督导等方面的培训，提高工作各项目的服务效率和服务推进，保障专业服务的质量和团队的状态。

中心的在岗培训是每年度的重要工作规划。地区主任每年12月通过访谈及个别意向表达的形式进行下一年度在职社工培训需求评估，将分析结果呈报总干事层，作为制作培训计划的参考标准。分管副总干事根据培训需求分析制订年度培训计划，培训计划内容应包括培训部门、培训对象、培训目标、培训内容、培训讲师、培训方式、培训经费预算、培训时间等。培训计划经理事会决议后确定。

济南山青社会工作服务中心培训管理制度中明确规定了对于外部机构发出邀请的各类临时培训，由总干事提出建议人选并经理事长统一后，确定参与培训人选。培训结束后将进行培训分享及培训反馈。

济南山青社会工作服务中心培训管理制度中对于培训形式也作出了规范。培训形式包括：“老带新”，由一位专业水平或工作经验高的项目主任、协调主任主要负责对应新社工的成长；现场培训：根据工作需要由有关行政人员或资深社工在工作现场进行培训；“以会代训”：通过机构月度例会、内部讨论会、项目例会进行培训，同时可邀请督导共同参会进行督导；专家讲座：协调安排有关专家教授、学者进行社会工作专业培训及督导，同时机构内部专业督导根据专业理论及实务进行统一宣讲、授课及培训。外部培训是指根据相关单位、机构给予的培训通知，由机构选派社工参加由本机构以外单位组织的各类培训。综合培训是机构根据发展需要在有关人员自我培训的基础上进行特定项目的培训，培训形式包括内部培训和外部培训的组合，如历奇培训、督导培训等。

济南山青社会工作服务中心通过制定培训管理制度，可以更有效地、更规范地提升机构培训管理工作水平，推进社会工作者继续教育和培育。(示例来源：济南山青社会工作服务中心)

后 记

《〈青少年社会工作服务指南〉解读》一书由许莉娅担任主编，具体策划和编辑任务由全国社会工作标准化技术委员会秘书处承担。撰稿者由《青少年社会工作服务指南》起草组成员、全国社会工作标准化技术委员会秘书处成员以及业内专家学者等共同组成。各章作者如下：

第一章　王颖

第二章　王渭巍

第三章　韩辉、赵记辉

第四章　彭振

第五章　林霞

第六章　王玥

《〈青少年社会工作服务指南〉解读》一书的出版是众多专业人士共同努力的结果，经过了多次研究、讨论以及多次修改、润饰。本书的最终出版得到了共青团中央社会联络部、民政部慈善事业促进和社会工作司的悉心指导，得到了广州市团校的资助。同时，北京中青社会工作发展中心、北京厚德社会工作事务所、北京同理社会工作服务中心、上海市阳光社区青少年事务中心、南京市爱心传递社会工作服务中心、济南山青社会工作服务中心、烟台市微泉青少年事务服务中心、广州市北达博雅社会工作资源中心、深圳市龙岗区至诚社会工作服务中心等组织机构还为本书提供了丰富鲜活的案例。在此，我们表示衷心的感谢！由于本书的编辑出版时间比较仓促，疏漏在所难免，恳请读者批评指正！

编　者